品牌蓝皮书

BLUE BOOK OF BRAND

中国住房租赁品牌发展报告（2018）

REPORT ON THE BRAND DEVELOPMENT OF CHINESE RENTAL HOUSING INDUSTRY (2018)

品牌中国战略规划院　迈点研究院　联合编写
主　　编／汪同三
执行主编／才大颖　乔　毅
副 主 编／丁晓宇　穆　林

社会科学文献出版社
SOCIAL SCIENCES ACADEMIC PRESS (CHINA)

图书在版编目(CIP)数据

中国住房租赁品牌发展报告.2018/汪同三主编
.--北京:社会科学文献出版社,2018.12
(品牌蓝皮书)
ISBN 978-7-5201-4205-2

Ⅰ.①中… Ⅱ.①汪… Ⅲ.①住宅市场-租赁业-品牌战略-研究报告-中国-2018 Ⅳ.①F299.233.5

中国版本图书馆CIP数据核字(2019)第010953号

品牌蓝皮书
中国住房租赁品牌发展报告(2018)

主　　编／汪同三
执行主编／才大颖　乔　毅
副 主 编／丁晓宇　穆　林

出 版 人／谢寿光
项目统筹／周　丽　王玉山
责任编辑／王玉山

出	版／社会科学文献出版社·经济与管理分社 (010) 59367226
	地址：北京市北三环中路甲29号院华龙大厦　邮编：100029
	网址：www.ssap.com.cn
发	行／市场营销中心 (010) 59367081　59367083
印	装／三河市龙林印务有限公司
规	格／开　本：787mm×1092mm　1/16
	印　张：18.25　字　数：275千字
版	次／2018年12月第1版　2018年12月第1次印刷
书	号／ISBN 978-7-5201-4205-2
定	价／98.00元

皮书序列号／PSN B-2019-798-4/4

本书如有印装质量问题，请与读者服务中心 (010-59367028) 联系

▲ 版权所有 翻印必究

《中国住房租赁品牌发展报告（2018）》编委会

主　　任　刘振华

编　　委　汪同三　李永忠　张建明　曹定爱　王连生
　　　　　　恽铭庆　才大颖　赵胄豪　常继生　孙　瑞
　　　　　　乔　毅　丁晓宇

主　　编　汪同三

执行主编　才大颖　乔　毅

副 主 编　丁晓宇　穆　林

编 审 组　孙　瑞　张　典　郭美晨

编 写 组　穆　林　郭德荣　任开荟　申思聪　陈志商
　　　　　　刘　斌　袁　野　郝　磊　张智聪　张爱华
　　　　　　刘　洋　柳　佳　罗　意　王戈宏　高　靖
　　　　　　金光杰　刘　翔　熊　林　甘　伟　刘　辉
　　　　　　金　辉　郑　华　王翼飞

权威·前沿·原创

皮书系列为
"十二五""十三五"国家重点图书出版规划项目

主编单位简介

品牌中国战略规划院

品牌中国战略规划院是在多位国家领导人和国家相关部门的关心和支持下,经国务院有关部门专门会议批复,由品牌相关领域专家学者、企事业单位共同发起组建的,专业从事品牌战略规划和研究的学术性、公益性、国际性智库研究机构。

品牌中国战略规划院以维护国家战略安全为出发点,以建设中国品牌高端智库为使命,以党和国家领导人有关品牌建设的系列论述为指导,以研究品牌发展战略问题、维护国家经济安全、提升品牌核心竞争力为己任,发挥多学科交叉、跨专业融合、系统化研究的智库优势,积极推动品牌相关领域的学术研究、行业应用、产融结合、专家咨询、人才培养等交流活动,推动品牌发展,倡导品牌消费,为实现中国品牌强国的目标提供坚强的智力支持和人才保障。

迈点研究院

迈点研究院成立于 2009 年,是国内领先的商业空间资产战略研究咨询机构。其长期致力于大数据商业分析平台建设,用"数据生产力"改变认知、提升企业效能,为寻求进入与扩大商业空间领域业务的企业与公共机构,提供基于情报＋数据＋服务的多元化大数据解决方案。化"数"为"据",辅助客户制定重大决策,识别投资风险。

迈点研究院率先开展商业空间品牌资产研究,将无形的品牌资产通过有形的数据维度呈现,创新开发了品牌动态数据监测系统——MBI(迈点品牌指数)、MCI（迈点区域酒店舆情指数），并以此为依据，为需要科学规划项目资源配置的客户，提供战略、运营、组织的咨询服务，提高项目空间资产价值，提升项目运营定价权与收益，稳健财务增长；同时，迈点研究院积极参与公共政策咨询和公共事业建设，是国内领先的聚焦商业空间领域战略、运营、组织以及兼并购方面的专业咨询机构。

主要编撰者简介

汪同三 中国社会科学院学部委员、数量经济与技术经济研究所研究员,品牌中国战略规划院院长,长期从事数量经济学研究。先后任数量经济与技术经济研究所经济模型研究室副主任、主任,所长助理、副所长、所长,中国社会科学院首批学部委员,并被人事部授予"中青年有突出贡献专家"称号,我国著名的经济形势分析与预测专家。

才大颖 中国轻工业联合会副秘书长、中国轻工业出版社社长、《瑞丽》杂志社社长、中国轻工业信息中心主任,品牌中国战略规划院副院长,享受国务院政府特殊津贴的教授级高级工程师,受聘国家发改委产业协调司和工信部消费品司轻纺行业专家,新华社民族品牌工程专家咨询组专家,长期从事消费品行业品牌战略问题研究。

乔 毅 中国旅游服务业信息化发展的缔造者之一,复旦大学EMBA、中国酒店业杰出总裁"金领袖五星勋章"、中国酒店业最佳创新人物、中国酒店业杰出总裁、最具影响力企业家、世界酒店与旅游业教育培训协会(UNWTO·AMFORHT)中国区总干事。现任杭州东方网升科技股份有限公司董事长,最佳东方网、先之网、迈点网、乔邦猎头创始人兼首席执行官。曾联合国际顶级酒店管理学院、奥地利MODUL大学、浙江大学以及行业数百名专家团队,以场景化视角为切入点,对酒店相关信息和知识进行产品化、格式化、工具化,生成全新的《酒店岗位胜任力架构模型》。同时,还出版了《中国旅游服务业人力资源白皮书2017》《中国旅游服务业人力资源白皮书2018》等行业著作。

丁晓宇 浙江工商大学特邀行业讲师、浙江大学管理学硕士、外交部亚洲旅游促进会专家委员、南方报系与 21 世纪经济报道旅游及大住宿业专家组评委、品牌中国战略规划院专家咨询委员/旅游及租赁地产产业品牌研究室主任、荷兰前首相 Wim Kok 访华旅游及大住宿业主要对接、中国饭店协会科技组专家委员、空间产业 CSC 专家委员组委员。深耕于旅游大住宿业及租赁地产行业,主要专精数据咨询、投并顾问、品牌定位包装、产业投策,研究空间资产的增值规划,空间组合协同经营,以及空间中品牌客群的精准消费,基于空间与消费者的关系,研究并建立基于空间、品牌和消费者三者场景精准营销服务及智慧化体系(主要涉及产业为城市监控、景区、地产、酒店、长租公寓、写字楼等空间领域)。曾供职于国际领先贸易集团,担任总经理及多家公司顾问,拥有多年管理及分析操作经验;现作为行业重要研究参与者,担任迈点网副总裁兼众数信息总裁。

穆 林 青岛酒店管理学院副教授、酒店信息化研究中心主任,中国饭店协会公寓委员会专家组组长,商务部租赁式公寓服务标准主要起草人。长期研究住宿业,参与商务部、国家税务总局、公安部和多个城市租赁政策和规划的制定与评审;参与多家酒店、公寓企业的筹建运营工作,担任多家知名地产企业、公寓企业顾问;参与科研课题多项,出版专著及教材四部,其中"十二五"规划一项;主持省级精品课程两门,在各类媒体、报刊发表文章 300 余篇。主要著作包括《2015 年度中国长租公寓发展报告》、《2016 年长租公寓行业发展报告》和《2017 年长租公寓行业发展趋势报告》等。

摘　要

《中国住房租赁品牌发展报告（2018）》是由品牌中国战略规划院和迈点研究院联合编写、社会科学文献出版社出版的中国住房租赁行业首本品牌蓝皮书，计划每年出版一本。

本报告主要包括六个部分：总报告对品牌总体概况、品牌评价体系、品牌榜单分析以及品牌发展趋势进行了整体解读和研判；行业与政策篇围绕行业发展与市场现状、国家及地方政策、企业运营模式、配套产业链等，阐述品牌发展中的影响关键要素；指数篇分析了服务式公寓、集中式长租公寓以及分散式长租公寓三类品牌的数据表现，对市场投资、品牌运营和消费客群三个方面做了客观分析，可以作为投资者和决策层的经营参考；案例篇研究了"酒店系""房企系""中介系""品牌系""国家队"等不同背景下的企业，反映了市场的活跃程度；区域篇详细解读了北京、上海、广州等一线城市的政策落地与市场发展，为行业提供了规范标准；借鉴篇对日本、美国等国际成熟市场的法律体系、服务水平、业务范围、发展模式和运营体系等进行了全面阐述，可以作为国内企业的参考。

近年来，随着住房租赁产业的兴起，关于发达国家住房租赁市场化与制度研究、国内外典型企业案例研究等方面的成果较多，也开始有行业报告、研究报告和白皮书等研究成果，但从品牌角度论述、评价产业发展基本上仍处于空白，行业定量研究少，持续性差，对行业尤其是对社会舆论和市场客户引导性较弱。通过持续跟踪住房租赁企业品牌指数，对品牌企业从规模、舆情、消费者口碑等角度进行评估，既有助于引导住房租赁企业注重品牌战略，也有助于强化行业良性竞争格局，引导市场和消费走向。

在培育和发展住房租赁产业过程中，机构化的经营主体是行业发展的基

础和先导，而品牌化是住房租赁企业发展的最终成果。通过品牌报告，了解行业品牌发展战略，可以快速跟踪行业发展现状和趋势，有助于我国住房租赁产业持续、健康发展。

本报告作为系列报告的首次发布，确定了研究方向与范围，明确了主要定义，区分了住房租赁、长租公寓和租赁式公寓等常见名词概念，同时结合品牌发展趋势、最新行业标准等，创新性地提出了品牌的传统内涵与实际内涵，反映了十九大"多主体供给、多渠道保障"的精神，满足了人民日益增长的美好租赁生活需要。

关键词：品牌　住房租赁　长租公寓　品牌指数　品牌评价体系

目 录

Ⅰ 总报告

B.1 中国住房租赁品牌指数报告 …………………… 丁晓宇　任开荟 / 001
　　一　品牌总体概况 ……………………………………………… / 002
　　二　品牌评价体系 ……………………………………………… / 003
　　三　品牌榜单分析 ……………………………………………… / 004
　　四　品牌发展趋势 ……………………………………………… / 007

Ⅱ 行业与政策篇

B.2 中国住房租赁市场政策与环境 ……………………… 穆　林 / 014
B.3 品牌发展上下游产业链分析 ………………… 穆　林　申思聪 / 044

Ⅲ 指数篇

B.4 中国住房租赁品牌指数体系 ………………… 任开荟　丁晓宇 / 075
B.5 服务式公寓品牌指数报告 …………………… 任开荟　郭德荣 / 095
B.6 集中式长租公寓品牌指数报告 ……………… 任开荟　郭德荣 / 112
B.7 分散式长租公寓品牌指数报告 ……………… 任开荟　郭德荣 / 127

Ⅳ 案例篇

B.8 国际服务式公寓
　　——雅诗阁、辉盛国际 …………………… 郭德荣　陈志商 / 143

B.9 国内服务式公寓
　　——寓居服务公寓、瑞贝庭、铂顿国际公寓
　　……………………… 郭德荣　刘　斌　袁　野　郝　磊 / 150

B.10 房产系长租公寓
　　——龙湖冠寓、旭辉领寓 ……… 郭德荣　张智聪　张爱华 / 159

B.11 品牌系集中式长租公寓
　　——YOU+国际青年社区、魔方公寓、乐乎城市青年社区、
　　新派公寓
　　………… 郭德荣　刘　洋　柳　佳　罗　意　王戈宏 / 168

B.12 品牌系分散式长租公寓
　　——蛋壳公寓、青客、优客逸家
　　………………… 郭德荣　高　靖　金光杰　刘　翔 / 179

B.13 中介系长租公寓
　　——自如、世联红璞 ………… 郭德荣　熊　林　甘　伟 / 187

B.14 酒店系长租公寓
　　——窝趣、城家公寓 ………… 郭德荣　刘　辉　金　辉 / 193

B.15 "国家队"代表企业
　　——城方、宁巢公寓 ………… 郭德荣　郑　华　王翼飞 / 199

Ⅴ 区域篇

B.16 北京住房租赁发展回顾与经验总结 ………… 穆　林　郭德荣 / 206

B.17 上海住房租赁发展回顾与经验总结 ………… 穆　林　郭德荣 / 215

B.18 广州住房租赁发展回顾与经验总结 ………… 穆　林　郭德荣 / 224

Ⅵ 借鉴篇

B.19 日本市场及品牌经验借鉴 …………………………… 穆　林 / 234

B.20 美国睿星资本及 EQR 模式 ………………………… 穆　林 / 249

Abstract ……………………………………………………………… / 260

Contents ……………………………………………………………… / 262

总 报 告

General Report

B.1 中国住房租赁品牌指数报告

丁晓宇 任开荟[*]

摘 要： 迈点品牌指数MBI是由迈点研究院自主研发的一套指数体系。其基于当前经济互联网+的发展趋势，侧重于市场因素和消费者因素，动态衡量消费者和品牌之间的关系。通过衡量品牌价值中关键因素品牌知名度、品牌美誉度、企业服务、传播形象，将品牌作为一种无形资产给企业带来的超值能力进行评价，选取衡量品牌价值的关键评价。依据物业业态和客群定位，迈点品牌指数MBI将长租公寓品牌划分为服务式公寓、集中式长租公寓和分散式长租公寓三类，其中盛捷服务公寓、YOU+国际青年社区和蛋壳公寓分列第一位。

---

[*] 丁晓宇，浙江大学管理学硕士，迈点网副总裁兼众数信息总裁，研究方向为智慧旅游、智慧城市、商业空间；任开荟，英国阿斯顿大学会计金融学硕士，迈点研究院高级研究员，研究方向为长租公寓、联合办公、商业地产。

关键词： 品牌　长租公寓　品牌评价体系

一　品牌总体概况

近年来我国城市化建设进程加速，城市流动人口规模不断增长，国家发改委数据显示，截至2017年底我国城市化率达到58.5%，城市人口已经超过8亿人，预计到2030年我国城镇化率将达到70%。[①] 妥善处理规模庞大的流动人口城市居住问题，对于我国人民追求美好生活起着至关重要的作用。此背景下长租公寓行业迅速被激活，2015年长租公寓行业由自发期进入加速发展期。伴随政策鼓励、技术赋能，2018年长租公寓行业更加迅速发展，市场规模预计达到1.57万亿元水平，同比增长9.6%。[②] 2018年上半年，长租公寓品牌数量已经超过2000家，越来越多新兴长租公寓品牌开始为人所知。

长租公寓品牌数量激增。为抢占市场份额、实现规模经济，各品牌发展迅速，纷纷进行大规模扩张。[③] 然而繁荣背后，作为新兴行业的长租公寓也在经历诸如同质化严重、资金链断裂、产品质量无法保障、空置率高、利润低等多方面的挑战，消费者体验开始受到影响。对此国家相关监管部门开始予以重视，长租公寓行业各品牌也积极进行经验总结，在国家品牌战略的引导下，加强品牌建设开始成为行业发展之重。同时不可忽视的是，我国房地产企业开始从存量市场探索涉足长租公寓，将成熟的市场运作、品牌建设理念带入这个新兴行业。各品牌开始进行全面品牌建设，共同探索我国空间经济发展方向，在推动住房租赁行业逐渐走向成熟的同时，助力我国人民共同

---

① 《中华人民共和国2017年国民经济和社会发展统计公报》，国家统计局，2018年2月28日，http://www.stats.gov.cn/tjsj/zxfb/201802/t20180228_1585631.html。
② 《2018年中国长租服务行业研究报告》，艾瑞研究院，2018年9月17日，http://report.iresearch.cn/report_pdf.aspx?id=3271。
③ 《2017年中国租赁地产（公寓）品牌白皮书》，迈点研究院，2018年4月26日，https://www.meadin.com/153806.html。

追求美好生活。

在用户画像年轻化、消费习惯线上升级的今天，互联网在长租公寓品牌市场营销、运营升级方面扮演着重要角色。在助力品牌发展的同时，互联网所呈现的大数据见证着我国住房租赁行业的成长。迈点研究院自2016年开始通过住房租赁指数系统对我国长租公寓品牌进行线上数据监测，选取关键维度，依据大数据检测结果计算品牌指数，以此衡量品牌影响力。

二 品牌评价体系

迈点品牌指数MBI基于当前经济互联网+的发展趋势，侧重于市场因素和消费者因素，动态衡量消费者和品牌之间的关系。通过衡量品牌价值中的关键因素如品牌知名度、品牌美誉度、企业服务、传播形象，将品牌作为一种无形资产给企业带来的超值能力进行评价，选取衡量品牌价值的关键评价。

住房租赁品牌指数是迈点品牌指数MBI专注于住房租赁品牌的延伸和应用，从搜索指数、舆情指数、媒体指数、运营指数四个维度来评价品牌价值。

$$模型：MBI = A \times SI + B \times PI + C \times OI + D \times MI$$

MBI，指某品牌迈点品牌指数MBI数据；

A、B、C、D，指系统中的加权系数；

SI（Search Index），指搜索指数；

PI（Public Sentiment Index），指舆情指数；

OI（Operation Index），指运营指数；

MI（Media Index），指媒体指数。

参照该评价体系并结合实际发展，行业品牌可以获得相对科学的品牌建设方法，依据消费者需求进行产品和服务的完善及升级，完善品牌与消费者之间的关系，为人们追求美好生活提供更好的服务；消费者、物业主、投资人以及相关监管部门也可以获取对行业品牌发展状况相对客观的评价。①

三 品牌榜单分析

依据物业业态和客群定位，长租公寓可以划分为服务式公寓、集中式长租公寓、分散式长租公寓。

服务式公寓早年主要以外籍高管为目标客群，热点分布区域主要集中于珠三角地区。随着服务式公寓品牌在我国的逐步发展，以及我国本土服务式公寓的崛起，服务式公寓客群定位开始转向具有异地中长期差旅需求的本土高端消费群体。因而潜在客群热点分布开始由东部沿海地区向北部、西部等内陆地区扩展，热点旅游城市也开始聚集大量潜在客群。② 近年来服务式公寓品牌指数呈现波动式上涨，其中2018年上半年上涨幅度较大。成长中的各品牌也在积极调整各自发展战略，早期服务式公寓在我国的发展以扩张为主，而随着品牌的发展和成熟，各品牌开始意识到精细化服务是服务式公寓的立足之本，品牌指数中的舆情指数越来越受到各品牌的关注，同时利用线上APP进行会员制管理运营，这也是服务式公寓运营中的一大特点。

集中式长租公寓针对整栋商住楼进行统一管理并向外出租，主要针对聚集于一二线城市的青年群体。近年来，随着大型房企集团以及中介机构等的加入，众多新生品牌迅速发展起来，为行业奠定了基础，推动集中式长租公寓品牌指数整体处于波动上涨趋势。但繁华背后，出租率低、资金周转难等问题凸显。为扩大市场规模、稳固品牌发展，除针对白领客群外，集中式长租公寓开始尝试涉足蓝领客群；同时各品牌将重点从扩张转向营销、运营，利用线上营销手段扩大潜在客群规模，提高出租率，发挥集中式优势开展社

---

① 张燚、张锐：《品牌生态学——品牌理论演化的新趋势》，《外国经济与管理》2003年第8期，http://mall.cnki.net/magazine/article/WGJG200308008.htm。
② 于博文：《2017年中国租赁地产（公寓）品牌白皮书》，迈点研究院，2018年4月26日，https://www.meadin.com/153806.html。

群活动，深度探索客群，提高产品溢价成为近年集中式长租公寓品牌发展新方向。

分散式长租公寓机遇与挑战并存，房源多为个人且较为分散，由运营商对公寓进行统一运营出租，是对我国传统住房租赁行业"二房东"模式的革新。近年来分散式长租公寓品牌指数整体随季节性媒体推广和潜在客群活跃度呈现波动上涨趋势。与集中式长租公寓不同，分散式长租公寓多为轻资产运营模式，房源获取渠道较广，因而品牌扩张更为迅速。但也正因如此，分散式长租公寓地方品牌更多，因而品牌影响力呈现较为明显的区域性。轻资产的运营模式下分散式长租公寓品牌建立初期发展较快，但由于其房源呈现较强的分散性，相比以重资产为主的集中式长租公寓，品牌在运营层面付出的成本更高，品牌快速扩张需要的资金支持更为庞大，因而品牌管理和运营中面临的挑战也更大。同时分散式长租公寓品牌多为"创业系"背景，资金储备相对薄弱，应对风险的能力也相对较弱。进入2017年下半年，分散式长租公寓品牌开始出现大规模洗牌现象，引起各界关注。通过轻资产运营模式，协同金融机构进行融资模式的探索，同时利用智能化、互联网，切实做好品牌运营和客群营销，将是分散式长租公寓品牌未来的走向。

根据2018年上半年数据监测结果，迈点研究院对长租公寓品牌上半年月均品牌指数进行排名。服务式公寓品牌影响力排名前十的品牌有：盛捷服务公寓、雅诗阁服务公寓、万豪行政公寓、优帕克服务式公寓、馨乐庭服务公寓、瑞贝庭公寓酒店、名致服务公寓、铂顿国际公寓、辉盛庭国际公寓、奥克伍德华庭（见表1）。集中式长租公寓品牌影响力排名前十的品牌有：YOU＋国际青年社区、冠寓、泊寓、魔方公寓、新派公寓、世联红璞、城家公寓、旭辉领寓、自如寓、BIG＋碧家国际社区（见表2）。分散式长租公寓品牌影响力排名前十的品牌有：蛋壳公寓、包租婆、自如友家、优客逸家、青客、爱上租、美丽屋、建业魔飞公寓、悦如公寓、房家加（见表3）。[1]

---

[1] 任开荟：《2018上半年长租公寓大数据分析报告》，迈点研究院，2018年8月3日，https://www.meadin.com/159253.html。

表1 2018年上半年服务式公寓品牌影响力排名前十榜单

排名	品牌名称	品牌指数（月平均）	排名	品牌名称	品牌指数（月平均）
1	盛捷服务公寓	179.62	6	瑞贝庭公寓酒店	140.52
2	雅诗阁服务公寓	168.30	7	名致服务公寓	137.44
3	万豪行政公寓	153.39	8	铂顿国际公寓	137.42
4	优帕克服务式公寓	149.54	9	辉盛庭国际公寓	134.16
5	馨乐庭服务公寓	144.79	10	奥克伍德华庭	131.94

资料来源：迈点研究院。

表2 2018年上半年集中式长租公寓品牌影响力排名前三十榜单

排名	品牌名称	品牌指数（月平均）	排名	品牌名称	品牌指数（月平均）
1	YOU+国际青年社区	288.62	16	朗诗寓	74.52
2	冠寓	284.75	17	V领地青年社区	69.55
3	泊寓	275.38	18	创寓	64.04
4	魔方公寓	272.46	19	V客青年公寓	61.59
5	新派公寓	205.63	20	安歆·YU	55.33
6	世联红璞	177.78	21	湾流国际共享社区	47.96
7	城家公寓	167.99	22	未来域	44.40
8	旭辉领寓	157.26	23	E客公寓	39.77
9	自如寓	155.81	24	伊思德国际公寓	37.47
10	BIG+碧家国际社区	141.33	25	随寓青年社区	36.13
11	窝趣	140.46	26	金地草莓社区	29.07
12	乐平城市青年社区	91.10	27	逗号公寓	27.31
13	9号楼公寓	86.77	28	LIPPO公社	26.28
14	贝客青年精品公寓	82.83	29	拎包客青年创业社区	25.83
15	麦家公寓	82.81	30	熊猫公寓	25.72

资料来源：迈点研究院。

表3 2018年上半年分散式长租公寓品牌影响力排名前十榜单

排名	品牌名称	品牌指数（月平均）	排名	品牌名称	品牌指数（月平均）
1	蛋壳公寓	353.17	6	爱上租	126.85
2	包租婆	228.27	7	美丽屋	97.44
3	自如友家	218.92	8	建业魔飞公寓	96.70
4	优客逸家	194.57	9	悦如公寓	61.45
5	青客	168.18	10	房家加	45.36

资料来源：迈点研究院。

四 品牌发展趋势

长期来看，我国住房租赁市场缺口仍然较大，市场容量空间有待提升。为满足市场需求，抢占市场份额，未来我国头部长租公寓品牌仍将进一步扩张。各长租公寓品牌也会逐渐走向成熟，品牌建设将呈现标准化和多样化共存的特点，智能化、互联网深入品牌运营和营销，有助于提高品牌运作效率，助力品牌发展。针对长租公寓资金需求量大、回报周期长等特点，资产证券化将成为主要融资模式。为追求规模经济，长租公寓品牌横向并购、纵向联合将成为趋势，集中式长租公寓尤为显著。在行业快速成长过程中，面对长租公寓品牌暴露的问题，为促进长租公寓品牌的健康发展，我们也希望相关部门能够针对行业加强监管，为行业的发展提供更多支持，促进我国住房租赁行业健康可持续发展。

（一）长租公寓客群租房周期延长，未来需求进一步扩大

长租公寓伴随着人们的生命周期，满足了多个年龄群体的需求。潜在用户人物画像年龄层次丰富，跨越18~50岁群体，其中占比较大的为19~24岁和25~34岁群体，分别达到27%和50%（据迈点研究院不完全统计）。

具体来看，长租公寓不仅满足了年轻人买房前的过渡需求，也满足了成熟人群异地中长期差旅等生活场景需求。

另外，随着人们平均买房年龄的推迟，北京市购房者峰值年龄已从2013年的30岁延迟到2017年的33岁，租客停留在租赁市场的年龄有所延长，而且以消费升级的"90后""95后"为主，未来住房租赁市场规模将进一步扩大。① 根据测算，未来十年保守估计我国还需要2亿套住房才能满足需求，且主要集中于核心城市。长期来看，长租公寓需求将会进一步扩大。

（二）未来三到五年内，核心城市租金仍将呈现稳定上涨趋势

一方面，未来三到五年内，长租公寓在核心城市仍处于供不应求态势；另一方面，参考住房租赁市场相对成熟的发达国家如美国和日本相关数据，租金涨幅与国家经济发展速度密切相关。以北京为例，2010~2017年人均收入增长100%②，其租金价格上涨70%~80%，依存度达到0.7~0.8。③ 当前我国正处于经济快速发展阶段，城市化率快速提高，未来核心城市租金上涨压力依然巨大。

（三）长租公寓重资产依赖程度高，回报周期长，为追求规模经济，未来行业整体仍会继续扩张。而城市租赁住房用地供应量的增加，也为长租公寓品牌扩张提供了必要条件

长租公寓头部品牌扩张迅速，以集中式长租公寓头部品牌为例，当前我国主要城市公寓门店数量平均已达到10.2个（据迈点研究院不完全统计）。

预测长租公寓头部品牌仍会继续扩张。首先，供不应求仍然是我国住房

---

① 《2018年中国住房租赁白皮书》，贝壳研究院、21世纪产业研究院，2018年7月1日，https：//max. book118. com/html/2018/0905/7046121165001145. shtm。
② 《历年北京市职工年平均工资》，北京市人力资源和社会保障局，2016年1月12日，http：//www. bjrbj. gov. cn/bmfw/ywml/201601/t20160112_ 55858. html。
③ 曹云珍：《日本长租公寓市场的经验与借鉴》，中国房地产估价与经纪，2018年2月1日，http：//cpfd. cnki. com. cn/Article/CPFDTOTAL - ZGFF201803001011. htm。

租赁市场的主要矛盾之一；其次，目前长租公寓利润率仅为8%左右①，为提高利润率、扩大规模、摊销成本，追求规模经济效应仍是长租公寓未来运营重要策略。② 同时，未来主要城市租赁住房用地供应量将进一步增加，以北京为例，未来五年租赁住房供地将达到1300公顷，可建造的租赁住房将达到50万套，③ 城市租赁住房用地供应量的增加为长租公寓品牌扩张提供了必要条件。

（四）长租公寓品牌产品建设将呈现多样化与标准化共存

长租公寓租客整体趋于年轻化，年龄结构也在不断丰富，公寓应用与生活场景相结合，使长租公寓产品呈现多样化需求。④ 长租公寓品牌可根据潜在客群呈现的多样化产品需求进行产品多样化建设，在扩大市场规模的同时稳定留存客户，保证其市场占有率的稳定增长。鉴于长租公寓规模化扩张的发展特点，在进行多样化产品建设的同时，精选核心产品、服务进行大规模、专业化建设、推广，可以显著降低扩张成本、提高运营效率。

（五）"轻资产、重资产并举"将是长租公寓品牌扩张的主流方式

轻资产运营是指长租公寓品牌运营商不持有物业，而通过长期租赁或受托管理等方式集中获取房源，通过出租获取租金差价或提供品牌输出、租务管理等服务，获得管理报酬的模式。轻资产模式下运营，回款相对较快。普华永道思略特报告显示，长租公寓轻资产回报周期平均在3年左右，可满足

---

① 《2017年长租公寓专项研究白皮书》，睿信地产研究院，2017年12月1日，http：//www. docin. com/p-2082172087. html。
② 单小虎、唐海燕、郑重：《长租公寓市场：房地产企业竞速布局的挑战与应对策略》，普华永道思略特，2018年1月8日，https：//www. strategyand. pwc. com/cn-s/report/rental-apartment-market。
③ 《关于印发北京市2017～2021年及2017年度住宅用地供应计划的通知》（市规划国土发〔2017〕113号），2017年4月21日，http：//zfxxgk. beijing. gov. cn/110014/zxgh32/2017-04/21/content_806148. shtml。
④ 吴力军：《"互联网+"背景下的长租公寓盈利模式研究》，《住宅与房地产》2018年第9期，http：//mall. cnki. net/magazine/article/ZZFD201809064. htm。

品牌快速扩张、聚焦服务质量、打造品牌效应的需求。①

重资产运营则是指运营商通过自建、收购等方式获取并持有房源、对外出租，通过收取租金获得利益的模式。相对而言，重资产运营面临回报周期较长、成本高、扩张速度慢等问题。但伴随着资产证券化的逐渐成熟，企业可通过类 REITs 出售等方式，快速收回资金，完成退出。②

在当前资本紧缩、各品牌想要在蓝海竞争中快速抢占市场份额的实际情况下，长租公寓品牌可通过轻资产、重资产并举的方式进行扩张发展。前期品牌可利用轻资产运营加快规模扩张，后期加大重资产项目所占比例，逐步利用资产证券化等金融工具完成项目退出。

（六）长租公寓资金需求量大、回报周期长，资产证券化将因效率高、可复制性强等因素成为主要融资模式

早期长租公寓融资途径较为狭窄，主要依赖于股权投资，但该融资方式所能筹集的资金金额有限且成本较高。然而长租公寓资金需求量大、收益低、回报周期长，品牌发展需要更加低成本、高效率的融资方式作为支持。③

进入 2018 年，伴随政府对住房租赁行业支持力度的不断加大，以及开发商、房地产企业的介入，长租公寓融资方式趋于多元化，融资规模也在逐渐增长。当前融资途径主要有股权投资、产业基金、传统债权融资和资产证券化融资如租金收益权等债权 ABS、CMBS 以及 REITs 权益型融资等。④

---

① 单小虎、唐海燕、郑重：《长租公寓市场：房地产企业竞速布局的挑战与应对策略》，普华永道思略特，2018 年 1 月 8 日，https：//www.strategyand.pwc.com/cn-s/report/rental-apartment-market。
② 毕雪：《资产证券化助力长租公寓市场发展研究》，《海南金融》2018 年第 5 期，http：//mall.cnki.net/magazine/article/HNJR201805012.htm。
③ 张晟：《REITs 在长租公寓中的应用研究》，《上海房地》2018 年第 5 期，http：//mall.cnki.net/magazine/Article/SHFC201805005.htm。
④ 毕雪：《资产证券化助力长租公寓市场发展研究》，《海南金融》2018 年第 5 期，http：//mall.cnki.net/magazine/article/HNJR201805012.htm。

长租公寓融资是为了盘活企业资产，让企业在短时间内可以快速回流资金，实现长租公寓的快速拓展。对比几种融资方式，资产证券化如REITs有望成为未来长租公寓融资的重要途径。首先，从门槛上看，不持有物业的运营方如创业型、中介型长租公寓品牌可以通过轻资产REITs模式进行融资。其次，从效率上看，REITs对于底层资产的折扣相对较少，一般来说银行信贷和CMBS的折扣为30%~40%，而通过重资产的类REITs模式进行融资，以保利地产租赁住房第一期资产管理支持专项计划为例，第一期资产支持专项计划4.6亿元的物业资产加上未来的租金收益权，融资金额达到16.7亿元，物业资产基本没有折价。① 最后，从可复制性上看，该种模式采取"储架发行"机制，一次核准，多次发行，发行效率高。

但REITs在实际操作过程中仍面临以下几个问题：首先是没有物业抵押担保；其次是物业房源为企业租赁而来，面临房源风险；最后是底层资产只有租金，一旦房源空置率过高将面临资金链断裂等一系列问题。因而，长租公寓融资拓展仍然需要相关政策的进一步支持，以及企业与相关金融机构在实践中不断探索创新。

（七）长租公寓品牌横向并购、联合将会成为趋势，集中式长租公寓尤为突出

横向并购作为企业发展的重要战略之一，对于企业产生规模效应、降低生产成本、消除竞争、提高市场占有率具有重要意义。伴随行业逐渐走向成熟，品牌竞争日益激烈，长租公寓品牌自身发展将越来越寻求差异化、规模化。专业化程度高、品牌效应强的品牌之间进行横向并购、联合将会成为未来发展趋势，而集中式长租公寓由于其产权结构更为清晰、管理集中化程度更高等将更为突出。② 其实早在2017年，魔方公寓就入股V客青年公寓，

---

① 李奇霖：《长租公寓REITs模式全解析》，联讯证券，2017年12月4日，http://data.eastmoney.com/report/20171204/hg/APPHlk7xE27zReport.html。
② 〔美〕阿维纳施·迪克希特、约瑟夫·斯蒂格利茨：《垄断竞争和最优的产品多样化》，王涵宇等译，《延边大学学报》（社会科学版）2005年第10期。

2018年金地商置旗下深圳火花时代投资管理有限公司就收购了 Warm + 公寓等。

（八）科技助力行业发展，公寓智能化管理渗透率全面提高，在提高运营效率同时，促进了产业链发展

近年来长租公寓品牌智能化管理程度全面提高，当前主要表现为智能配件和 SaaS 管理系统、APP 渗透率的不断提高。以长租公寓头部品牌 APP 渗透率为例，根据极光大数据统计，截至 2018 年 7 月，自如 APP 渗透率已达到 19%。[1] 将公寓智能化管理与"互联网+"相结合，运用到营销租房、品牌运营、日常管理等方面，是提高公寓运营管理效率、提升租客体验的重要手段，未来公寓管理智能化程度将会进一步提高。

另外，随着公寓智能化管理逐渐走向成熟，公寓智能化管理将深度伴随租客生活场景，贯穿住房租赁产业链各个环节，这对于提高整个产业链的运作效率、促进产业链协同发展，将起到重要作用。

（九）为促进长租公寓品牌的健康发展，针对行业的监管和支持将逐步完善

长租公寓近年来在商业模式、融资方式上不断创新，在快速发展的同时也暴露出诸如装修质量不稳定、消防不合规、服务不到位、租金贷征信不规范等行业发展初期的种种问题。因此，有关部门需要结合行业发展需求制定和完善具有针对性、预见性的配套规则、制度，对于住房租赁行业发展予以监管和支持，让品牌的创新发展有章可循，更好地服务于人民追求美好租赁生活的需要。

---

[1]《自如、蛋壳公寓等租房 APP 行业数据报告》，极光大数据，2018 年 8 月 23 日，https://www.cyzone.cn/article/188926.html。

参考文献

[1] 于博文:《2017年中国租赁地产(公寓)品牌白皮书》,迈点研究院,2018年4月26日,https://www.meadin.com/153806.html。

[2] 张燚、张锐:《品牌生态学——品牌理论演化的新趋势》,《外国经济与管理》2003年第8期。

[3] 任开荟:《2018上半年长租公寓大数据分析报告》,迈点研究院,2018年8月3日,https://www.meadin.com/159253.html。

[4] 曹云珍:《日本长租公寓市场的经验与借鉴》,《中国房地产估价与经纪》2018年第2期。

[5] 单小虎、唐海燕、郑重:《长租公寓市场:房地产企业竞速布局的挑战与应对策略》,普华永道思略特,2018年1月8日,https://www.strategyand.pwc.com/cn-s/report/rental-apartment-market。

[6] 吴力军:《"互联网+"背景下的长租公寓盈利模式研究》,《住宅与房地产》2018年第9期。

[7] 毕雪:《资产证券化助力长租公寓市场发展研究》,《海南金融》2018年第5期。

[8] 张晟:《REITs在长租公寓中的应用研究》,《上海房地》2018年第5期。

[9] 〔美〕阿维纳施·迪克希特、约瑟夫·斯蒂格利茨:《垄断竞争和最优的产品多样化》,王涵宇等译,《延边大学学报》(社会科学版)2005年第10期。

行业与政策篇

Industry and Policy

B.2
中国住房租赁市场政策与环境

穆 林*

摘 要: 本文首先明确了住房租赁产业的重要概念与内涵,通过对中国住房租赁产业的宏观环境、市场特点以及发展困难进行分析,结合国家针对行业发展的政策、制度等,展现了行业品牌的整体发展环境;通过上下游产业链配套的介绍,呈现了行业品牌升级迭代的市场趋势。

关键词: 住房租赁 宏观环境 产业配套

一 行业发展现状

住房租赁作为近年来兴起的"热词",经历了从市场认知到大众传播和

---

* 穆林,青岛酒店管理学院酒店信息化研究中心主任,研究方向为住宿业管理、住宿业信息化。

被官方定义等几个不同发展阶段。通过对住房租赁行业的基本原则和计算方法的分析，结合我国国民经济以及房地产行业的发展，能够更直观地让大众了解住房租赁的内涵与外延以及未来住房租赁行业的发展脉络。

（一）住房租赁产业重要概念与界定

1. 住房租赁、长租公寓和租赁式公寓

"住房租赁"作为行业热词，在我国并未有官方定义。在涉及产权制度的《中华人民共和国物权法》中，多次涉及"房屋"，但从未提到过"住房"。[①] 住房一般指的是"以居住为用途的房屋"，从宽泛角度来理解，则是供人居住、生活或是工作的房子。参考2012年8月1日起实施的国家标准《住宅规范设计》（GB 50096－2011），住宅（residential building）即供家庭居住使用的建筑。[②] 参考2017年3月10日商务部发布的《租赁式公寓经营服务规范（征求意见稿）》，租赁式公寓以租赁方式为特定人群提供长租和短租的居住空间和有限服务。[③]

综上所述，我们可以将"住房租赁产业"理解为是以租赁的方式为特定人群提供居住空间的相关产业。

"长租公寓"是对住房租赁企业的"俗称"，是2010年前后在国内开始兴起的行业名词。2014年11月24日，雷军斥资1亿元投资了一家以租房切入青年和创业者人群的新创公司YOU＋（优家）国际青年公寓（现"YOU＋国际青年社区"），让"长租公寓"开始进入公众视野。2015年11月22日，国办发〔2015〕85号文件《国务院办公厅〈关于加快发展生活性服务业促进消费结构升级的指导意见〉》中提到"长租公寓"，这是该名词

---

① 《中华人民共和国物权法》，华律网，2007年10月1日，http：//www.66law.cn/tiaoli/33.aspx。
② 住建部：《住宅规范设计》（GB 50096－2011），中国建筑工业出版社，2011年12月1日，http：//www.china－building.com.cn/detail/15070.html。
③ 公开征求行业标准《租赁式公寓经营服务规范》、《中国民宿客栈经营服务规范》和《社区餐饮服务规范》的意见，商务部服务贸易和商贸服务业司，2017年3月10日，http：//fms.mofcom.gov.cn/article/lingzxz/faztj/201703/20170302531663.shtml。

第一次在官方文件中出现。①

尽管"长租公寓"的说法被广泛使用,但一直缺乏明确的规范。比如对于"长"的定义就有多种理解,有人认为是年租,有人认为是月租。2016年,商务部以《租赁式公寓经营服务规范》立项,明确了租赁式公寓是以租赁方式为特定人群提供长租和短租的居住空间和有限服务的业态,具体分为长租公寓和短租公寓。其中,"长租公寓"定义为为特定人群提供一个月(含一个月)以上的居住空间和有限服务的经营企业。该标准于2017年3月征求意见,并于2018年5月正式通过实施。② 自此,"长租公寓"官方定义正式形成。

"长租公寓"作为租赁式公寓的一个类型,其核心在于"租赁"的经营模式和"月租"的界定,并由此将其与传统的酒店业和旅馆进行区别(见图1)。而"住房租赁"作为房地产租赁经营的子类,与"长租公寓"是同义词,都是以租赁的方式,解决居住问题的行业,反映了党的十九大报告中提出的"坚持房子是用来住的、不是用来炒的"的定位,"加快建立多主体供给、多渠道保障、租购并举的住房制度,让全体人民住有所居"的方针

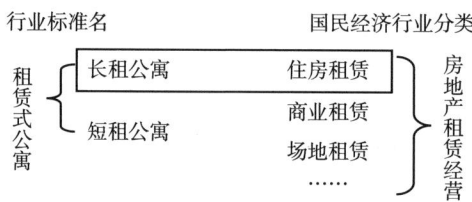

图1 住房租赁与长租公寓是不同体系下的同义词

---

① 《国务院办公厅〈关于加快发展生活性服务业促进消费结构升级的指导意见〉》(国办发〔2015〕85号),中国政府网,2015年11月22日,http://www.gov.cn/zhengce/content/2015-11/22/content_10336.htm。
② 公开征求行业标准《租赁式公寓经营服务规范》、《中国民宿客栈经营服务规范》和《社区餐饮服务规范》的意见,商务部服务贸易和商贸服务业司,2017年3月10日,http://fms.mofcom.gov.cn/article/lingzxz/faztj/201703/20170302531663.shtml。

要求。① 在具体应用时，由于"住房租赁"更符合国家方针政策，且受到相关部门和机构的关注与支持，因此从长期看，"住房租赁"将成为行业的主要称谓。

2. 住房租赁中的住房内涵和外延

在住房租赁和长租公寓的定义形成前，官方并未进行分类，这就导致了后期在统计核算、企业申报、制度和流程改革、优惠政策出台等方面，遇到了诸多"无法界定"的问题。

2015年11月，《国务院办公厅〈关于加快发展生活性服务业促进消费结构升级的指导意见〉》（国办发〔2015〕85号）文件中明确要求：由统计局、国家发展改革委会同各有关部门"以国民经济行业分类为基础，抓紧研究制定生活性服务业及其重点领域统计分类，完善统计制度和指标体系，明确有关部门统计任务"。②

2017年10月1日，国家统计局正式执行《国民经济行业分类》（GB/T 4754—2017）。最新版本中，将原有7040修订为"房地产租赁经营"，具体指的是各类单位和居民住户的营利性房地产租赁活动，以及房地产管理部门和企事业单位、机关提供的非营利性租赁服务（见表1）。这也为"住房租赁"奠定了文件基础。③

与此类比的是房地产业，其于1984年被国家计委、国家经委、统计局、标准局等批准，并颁布了《国民经济行业分类标准和代码》。由此，房地产业首次被列为独立的行业，并开启了中国房地产业蓬勃发展的时代。

---

① 《习近平在中国共产党第十九次全国代表大会上的报告》，《人民日报》2017年10月28日，http：//cpc.people.com.cn/n1/2017/1028/c64094-29613660-10.html。
② 《国务院办公厅〈关于加快发展生活性服务业促进消费结构升级的指导意见〉》（国办发〔2015〕85号），中国政府网，2015年11月22日，http：//www.gov.cn/zhengce/content/2015-11/22/content_10336.htm。
③ 国家统计局：《2017年国民经济行业分类（GB/T 4754—2017）》，2017年10月1日，http：//www.stats.gov.cn/tjsj/tjbz/hyflbz/。

表1 《国民经济行业分类》（2017版）中新增7040房地产租赁经营内容

GB/T 4754－2017		GB/T 4754－2011		说明
6950	金融资产管理公司	6990	其他未列明金融业	新增，将原6990分解
699	其他未列明金融业			
6991	货币经纪公司服务	6990	其他未列明金融业	新增，将原6990分解
6999	其他未包括金融业	6990	其他未列明金融业	更名，将原6990部分内容调出，原7296部分内容调到此类
		7296	担保服务	
K	房地产业			
70	房地产业			
7010	房地产开发经营	7010	房地产开发经营	内容变更，原7010部分内容调出
7020	物业管理	7020	物业管理	内容变更，原7020部分内容调出
7030	房地产中介服务	7030	房地产中介服务	
7040	房地产租赁经营	7040	自有房地产经营活动	更名，内容变更，原7040部分内容取消，原7010部分内容调到此类
7090	其他房地产业	7090	其他房地产业	内容变更，原7090部分内容调出

资料来源：迈点研究院整理。

3. 住房租赁的传统内涵与实际内涵

尽管明确了"住房租赁产业"的定义，但"住房"的概念亟待进一步扩展。从职能管理上来看，传统住建部门所管理的住房，主要是规划和设计用途为住宅的房屋（俗称"70年产权房"）和宅基地上建设的住房，后来还包括在集体建设用地上建设的以租赁为用途的住房。这是狭义上的"住房"，在英文中称为"Residential"。除了住宅外，市面上还有商业物业、综合物业、工业物业等其他物业类型，也在经营一些与居住相关的产业，比如用商业物业经营酒店住宿业，英文中称为"Lodging"。国内使用商业用地开发的酒店式公寓即属于此类，也被称为"类住宅"。

就目前来看，多种物业在各种用途之间"切换"，且并非住建部门管辖。比如酒店式公寓（Lodging）调整为长租公寓（Apartment）或者商场改造为长租公寓，需要工商、消防、治安、环保等多个部门的审批。这主要是由于我国在发展初期，住建部门的职能更多偏重于"规划+建设"。而随着国民经济和房地产业的快速发展，以及中国存量房时代的到来，住建部门的职责开始向"规划+建设+管理+运营"延伸,这也就意味着,其职能将得到进一步明确和加强。

从国民经济行业分类的定义来看,房地产租赁经营的主要标的为"房地产",既包括居住类物业,也包括商业物业、工业物业、科研教育物业等经过合理改造后用于居住(即俗称"商改住"、"工改住"等)的物业,这是广义上的"住房"。

在具体实践中,被用来"居住"的空间已经远远超出了广义和狭义上的"住房"(见图2)。商业用房、工业用房等房屋被用来居住已是常态,甚至非居住空间(比如地下室、阳台、走道等)和违章建筑、临时建筑也被用来居住,以满足城市的居住需求,这一情况在流动人口密度大的城市尤其严重。

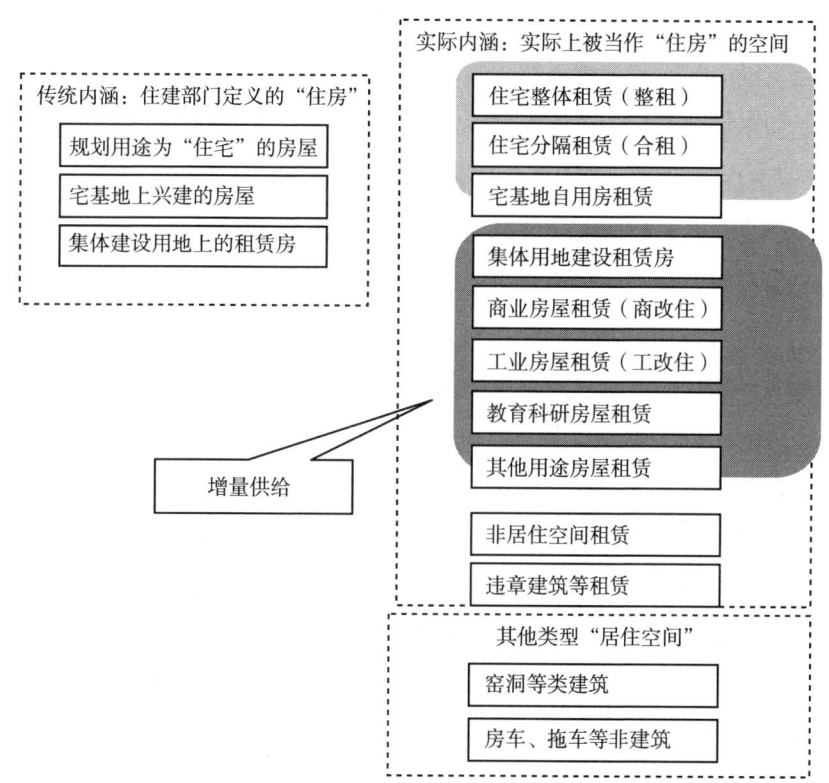

图2 住房租赁中的"多主体供给、多渠道保障"

资料来源:迈点研究院整理。

根据国际上发达国家和地区的经验，预计随着经济的不断发展，房车营地等非建筑的居住空间也将出现。如最新的人口普查数据显示，美国大约有2000万人口生活在可以拖在汽车后面的移动房屋里，其占到全国总人口数量的6%。①

由于传统理解的"住房"与实际的"住房"内涵不同，各地在实施行业管理时标准并不统一。在大中型城市住房不足的大背景下，以"住有所居"为根本目标，贯彻"创新、协调、绿色、开放、共享"发展理念，在安全、有效、民生的前提下，大力扩展住房的内涵，既可以"服务民生"，又可以"满足美好生活的需求"，还可以有效提升社会效率和促进公平，并最终加速房地产长效机制的形成。

4. 住房租赁的主要分类方法与品牌分类

根据面向的租赁人群不同，我们将"住房租赁"划分为三个主要类别，分别对应不同的面积、价格等。

"高端住房租赁"代表了住房租赁中的高端需求，主要为高收入人群供给成套住宅，产品以服务式公寓为主。高端人群选择租赁住房，多是因为工作性质。目前，高端住房租赁市场中的主要客群包括跨国公司高管、国外使领馆人群以及高端商务人群等。同时，近年来，因为工作需要和子女上学等原因租赁高端住房的个人和家庭数量也呈现快速增长趋势。

"中端住房租赁"代表了住房租赁中的中端需求，主要产品为青年公寓，针对都市单身青年和青年情侣。白领人群选择租赁住房，重点考虑的是交通便捷性和社区环境。他们无法像高端人群一样享受到单位提供的高额租房补贴，且普遍存在"孤独感"，对人脉圈子的扩张需求较旺盛。因此，社交及服务性的公寓产品，受到这一客群的认可。

"一般住房租赁"代表了住房租赁中的基础需求，主要针对制造业、服务业的普通员工以及大专院校学生，产品主打"宿舍型公寓"。一方面是因

---

① 新快报：《2000万美国人住拖车房》，腾讯房产，2013年9月30日，http://gz.house.qq.com/a/20130930/003080.htm。

为租房的成本在不断上升，另一方面是因为租房品质化需求的升级，标准化运营管理的蓝领公寓、学生公寓开始纷纷出现。

另外，根据物业业态的不同，长租公寓分为集中式和分散式两种。集中式长租公寓，即运营商通过收购或租赁的模式取得项目整体管理权（通常为整栋或整栋中的几层），统一改造后出租的一种租赁公寓模式。分散式长租公寓，即运营商从分散的业主手中取得房源，经过标准化改造或装修后，统一出租管理的一种租赁公寓模式（见表2）。

表2 住房租赁企业的分类

编号	档次	品类	产品	面积区间（平方米）	价格区间（元/月）	主要客群	典型品牌
1	高	集中式	国际服务式公寓	≥90	20000以上	外企高管	雅诗阁、辉盛国际
2	高	集中式	国内服务式公寓	60~150	10000~30000	企业高管	恺信亚洲、寓居
3	中	集中式	中高端长租公寓	30~50	5000~10000	高级白领	新派、魔尔
4	中	集中式	青年公寓	25~35	2000~5000	都市白领	魔方、YOU+
5	低	集中式	蓝领公寓	20~30	500~2000	社会新人	安歆、9号楼
6	低	集中式	学生公寓	20~30	500~1000	大学生	Unite Students
1	高	分散式	整租服务式公寓	60~150	10000~50000	企业高管	源涞国际、优帕克
2	中	分散式	整租公寓	20~60	2000~10000	高级白领	自如整租、相寓HOME
3	低	分散式	合租公寓	10~30	500~3000	社会新人	优客逸家、蛋壳

资料来源：迈点研究院整理。

目前，集中式长租公寓的标准化程度较高，品牌调性、设计风格和服务体系比较统一，可复制性强，适合连锁加盟；分散式长租公寓由于是从个人业主手中获得闲散房源（其中又以二手房居多），且房屋格局相对混乱、各具特点，因此管理成本较高。

（二）住房租赁产业市场现状

中国住房租赁产业尚处于初级阶段，发展不平衡、不充分是行业的主要特征。住房租赁在数量、质量、价格、管理体系等方面距离"美好生活"

还有较大差距。品牌化、标准化、产业化正在形成过程中，行业政策红利明确，行业前景美好、未来可期。

1. 国家政策频出，各地细则逐步深化

近年来，中央和地方政策陆续出台。2015～2018年，中共中央、国务院先后发布《国务院办公厅〈关于加快发展生活性服务业促进消费结构升级的指导意见〉》①、《国务院办公厅〈关于加快培育和发展住房租赁市场的若干意见〉》② 等文件。

2016年，中央经济工作会议首次提出"房子是用来住的，不是用来炒的"的定位；2017年，党的十九大报告再一次明确"坚持房子是用来住的、不是用来炒的定位，加快建立多主体供给、多渠道保障、租购并举的住房制度，让全体人民住有所居。"③ 随后，住建部等部委也相继出台《住房城乡建设部〈关于加快培育和发展住房租赁市场的指导意见〉》④、《住房租赁和销售管理条例（征求意见稿）》⑤、《关于在人口净流入的大中城市加快发展住房租赁市场的通知》⑥、《利用集体建设用地建设租赁住房试点方案》⑦ 等文件，政策逐步落地。

在中央及各部委的政策指导下，各地政府也做了许多规范和推进工作，

---

① 《国务院办公厅〈关于加快发展生活性服务业促进消费结构升级的指导意见〉》（国办发〔2015〕85号），中国政府网，2015年11月22日，http://www.gov.cn/zhengce/content/2015-11/22/content_10336.htm。
② 《国务院办公厅〈关于加快培育和发展住房租赁市场的若干意见〉》（国办发〔2016〕39号），2016年6月3日，http://www.gov.cn/zhengce/content/2016-06/03/content_5079330.htm。
③ 《习近平在中国共产党第十九次全国代表大会上的报告》，《人民日报》2017年10月28日，http://cpc.people.com.cn/n1/2017/1028/c64094-29613660-10.html。
④ 《住房城乡建设部〈关于加快培育和发展住房租赁市场的指导意见〉》（建房〔2015〕4号），2015年1月6日，http://www.mohurd.gov.cn/wjfb/201501/t20150114_220094.html。
⑤ 《住房城乡建设部关于〈住房租赁和销售管理条例（征求意见稿）〉公开征求意见的通知》，2017年5月19日，http://www.gov.cn/xinwen/2017-05/20/content_5195416.htm。
⑥ 《关于在人口净流入的大中城市加快发展住房租赁市场的通知》（建房〔2017〕153号），2017年7月18日，http://www.mohurd.gov.cn/wjfb/201707/t20170720_232676.html。
⑦ 《国土资源部、住房城乡建设部关于印发〈利用集体建设用地建设租赁住房试点方案〉的通知》，新华网，2017年8月28日，http://www.xinhuanet.com//house/2017-08-28/c_1121558919.htm。

出台了相应的管理办法，如《北京市房屋租赁管理若干规定》[①]、《上海市居住房屋租赁管理办法》[②] 等。2015 年前政策主要为"划定底线"，规定双方权利义务、租赁主体等；2015 年后政策逐步偏向"促进、推进"，鼓励租赁企业发展。尤其是住建部等九部委公布的全国 12 个住房租赁试点城市，在 2017 年 9 月 30 日前（文件发布的两个月内）均相继推出了具体落地方案。

同时，国土资源部（现自然资源部）、住建部确定的 13 个集体建设用地建设租赁住房试点城市也相继报送方案，经国土资源部（现自然资源部）批复后，于 2018 年 1 月生效。另外，北京、上海两大城市早在 2012 年就开展了试点工作。

一系列国家政策和地方细则的出台，无疑将推动中国住房租赁市场的完善和发展。

2. 住房租赁服务平台建立，监管体系初具雏形

在住房租赁行业生态中，除了对中低收入群体实施住房保障外，政府的行业监督与管理职能至关重要，比如信息审核、价格监控与发布、合约备案等。这其中，政府租赁平台是实施有效管理的核心环节。近年来，各地政府纷纷建立住房租赁服务平台，为行业监督与管理奠定基础。

政府住房租赁服务平台的落地，不仅是一个完善的技术方案，还是一个统筹布局的系统工程。杭州当地政府与阿里巴巴、蚂蚁金服战略合作，深圳当地政府协同腾讯和58同城资源，北京则选择了京东，建设银行的建融家园承担了全国多个省市的住房租赁平台建设工作。而今，住房租赁行业已经汇集了国内乃至全球最好的技术公司，来推动服务平台的建设。

通过租赁服务平台的建设与升级，形成住建、公安、人、金融等信息

[①]《北京市房屋租赁管理若干规定》（北京市人民政府令第 231 号），2011 年 7 月 13 日，http://www.gov.cn/flfg/2011-07/13/content_1905555.htm。
[②]《上海市人民政府关于修改〈上海市居住房屋租赁管理办法〉的决定》（上海市人民政府令第 15 号），2014 年 5 月 4 日，http://www.shanghai.gov.cn/nw2/nw2314/nw2319/nw2407/nw32093/u26aw38946.html。

的整合，不仅能够奠定住房租赁行业发展的基石，还将为逐步建立租约备案、价格监控、企业监督、消费满意度调研、人口管理等系统，形成一整套市场规则明晰、政府监管有力、权益保障充分的住房租赁管理服务体系打下基础。

3. 人口大量流入城市，住房供需仍处高位

2017年7月6日，国家统计局发布的数据显示，2016年全国居民人均住房建筑面积达到40.8平方米，其中城镇居民人均住房建筑面积为36.6平方米，农村居民人均住房建筑面积为45.8平方米。[①] 中国住房全面短缺的时代已经过去，但结构性、地区性不平衡依然存在。

目前，住房供需平衡点的计算方法为：

$$住房总供给 = 住房总需求 \times (105\% + 住房空置率)$$

总需求：2028~2030年中国人口峰值为14.50亿，按照城市化70%~80%测算，城市人口为10.15亿~11.60亿（见表3）。户均人口方面，中国目前户均人口为3.06人（第六次人口普查数据）[②]，与日本1993年较为接近（3.04人）。预估2028~2030年，中国户均人口为2.50人（与2015年日本的2.55人、美国的2.51人接近），总需求房屋数量为4.35亿套。

总供给：全国城镇户口总数207189173户（第六次人口普查数据），其中城市128660933户、镇78528240户。按照户均1.01套计算，总供给约为2.10亿~2.20亿套。数据显示，2010~2018年期间，中国每年新增大约500万~1000万套住房供给。

注：未考虑以下数字：
- 因行政区划调整带来的统计数字变动；

---

① 国家统计局：《2016年全国居民人均住房建筑面积40.8平方米》，中国新闻网，2017年7月6日，http://house.people.com.cn/n1/2017/0706/c164220-29387856.html。
② 国家统计局：《中国2010年人口普查资料》，中国统计出版社，2012年4月1日，http://www.stats.gov.cn/tjsj/pcsj/rkpc/6rp/indexch.htm。

- 每年城市改造拆迁量;
- 未考虑建筑结构,其中10%~15%即3000万~4000万套为砖木结构;
- 未考虑房屋设施,其中30%的房屋即6000万~7000万套不具备独立厨房和卫生间;
- 未考虑"商改住、工改住"情况。

表3　2028~2030年中国城市住房需求预测

指标项	保守值	中间值	激进值
城市化率(%)	70	75	80
城市人口(亿)	10.15	10.88	11.60
户均人口(人)	2.70	2.50	2.30
房屋需求(亿套)	3.76	4.35	5.04
空置率(%)	10.00	11.90	20.00
所需房屋(亿套)	4.32	5.09	6.30
供需缺口(亿套)	2.02	2.79	4.00

资料来源:国家统计局第六次人口普查数据。

按照"美好生活的需要",结合美日等发达国家的数据测算,中国距离供需平衡还有较大发展空间。测算估计,中国还需2亿套住房才能满足需求,而且这2亿套住房将集中在中国TOP50城市。受限于土地供应压力,以及计划生育等间接影响,估测户均人口达到2.3~2.4人,供需缺口将进一步加大。

4. "专用租赁用房"市场环境已经形成

目前,住房租赁产业供应主体仍以"存量"为主,品质及性价比还有待提高。其中,分散式公寓主要是包租存量住宅,精装修改造后通过整租或者分租(N+1)提供给租客居住;集中式公寓主要是运用存量商业物业(也存在工业、教育等属性物业,但各地政策不同,运作难度大,供给量稀少),通过二次改造后散租给租客居住。

其中,分散式公寓中的整租产品和集中式公寓的租金成本高、改造费用

高，会间接导致租金价格高企。同时，分散式公寓中的合租产品存在法律边界不明确、租住体验差等问题，距离"人民对美好生活的需求"还有较大差距。在住房租赁总供给不变的情况下，存量改造的本质是将中低端供给转化为中高端供给，也会进一步影响中低端租赁住房的供给不足。

目前中国住房租赁市场以"存量为主"的形态，将会是一个阶段性的现象。随着行业的发展，尤其是企业的扩张，未来专用的"租赁物业"将会越来越多地涌现。由于存在供地周期和建设周期，未来可能需要2~3年才会有批量的"专业租赁用房"形成市场供给。

5. 城市租金上涨压力下的关键要素

对比房价上涨更多地体现土地政策、货币政策，租金上涨则更多地体现在国民收入以及城市收入上。预计市场租金将随着国民收入的增长而同步增长，总体趋势呈现同向变动。

目前，租金价格上涨压力巨大的影响因素，主要体现在以下几个方面。

(1) 高房价与供需失衡是租金上涨的基础。当前，住房租赁的市场化程度较高，房租高低基本由供求关系决定。房租居高不下，供需失衡是最根本原因。而这背后最强劲的推手，莫过于不断上涨的商品房房价。房价持续走高和限购政策，一方面将购房群体挤向了租赁市场，使得租赁需求扩大；另一方面，高房价也让房产业主对于租金的预期提高，变相提高租金。

(2) 租住品质升级所带来的租金提升。自住房租赁产业供给侧改革后，多地租客居住品质明显提升。一方面通过品牌公寓来提升租住品质，另一方面则出台相应租赁管理办法来避免群租等市场乱象。尽管品质提升间接带动了价格上涨，但长期来看是利好的。

(3) 住房租赁企业成本驱动价格提升。市场中的机构化住房租赁企业占比并不高，其投入成本较大，风控能力还有待提升。同时，机构化住房租赁企业对于品质的追求也是极高的，这也使得成本被再次放大。据悉，目前多数集中式长租公寓每平方米的造价在1500~1800元，再加上社会融资成本，整体投入不小，这也将间接推动租金上涨（见表4）。

表4 全国重点租金规模测算

城市	租赁人口占比(%)	租赁人口(万人)	租金绝对值(元/m²·月)	人均租赁面积(m²)	租金比收入(%)	人均年租金(元)	总租金规模(亿元)
上海	39.30	951	68.2	17.41	24.41	14248.3	1355.1
北京	39.70	863	76.1	17.47	29.81	15953.6	1376.3
广州	34.90	490	44	24.27	27.33	12814.6	627.9
深圳	39.20	467	68.8	17.72	28.78	14629.6	683.0
成都	29.20	465	29	27.62	23.62	9611.8	446.8
天津	28.70	448	32.2	26.53	27.58	10251.2	459.6
苏州	27.30	375	39	25.89	15.51	12116.5	454.8
武汉	27.70	298	34.1	29.26	27.38	11973.2	357.2
杭州	25.70	236	53.2	25.65	28.24	16375.0	386.7
南京	25.60	212	47.6	23.85	22.68	13623.1	288.4

资料来源：Real Data 数据库。

（4）国家政策落地需要一个循序渐进的过程。自2015年开始，国家出台了一系列文件，来推动住房租赁行业的良性发展。但是，从政策出台到落地，需要较长的时间周期。住房租赁产业整体向好，部分经营者则遇到高投资、低回报甚至是亏损等难题。

据不完全统计，目前市场上仅有20%的企业是以房屋租赁或者长租公寓等进行注册，绝大多数企业则是以物业管理公司、酒店管理公司或者资产管理公司进行注册。公寓企业注册类型的差异，其核心在于税收标准的不统一。

6.试点城市批量推出租赁住房用地，集体土地备受关注

目前，中国各地纷纷推出大量租赁用地，来满足住房租赁市场需要。以北京、上海、深圳等城市为例，租赁用地大幅推出，且挤占了一部分商品房指标。

北京新五年的用地规划中，首次单列租赁住房用地：五年内全市住房建设计划安排150万套，其中租赁住房50万套，占比30%；租赁住房计划供

地 1300 公顷，占比 21.7%。① 据悉，2012~2016 年，北京商品住宅计划供地 4300 公顷，实际供地 2452 公顷；而 2017~2021 年，商品住宅计划供地仅 3470 公顷，同比减少了 830 公顷。

上海新五年的供地计划中，明确商品房用地为 2000 公顷、租赁用地为 1700 公顷，分别占比 54% 和 46%。而在 2012~2016 年期间，上海住宅供应总量为 3900~4100 公顷。② 未来 5 年，计划新增 170 万套住房，其中租赁住房 70 万套，保障性住房 55 万套，商品房 45 万套，同时，市场新增代理租赁房源 30 万套。深圳计划到 2035 年，分近期、中期、远期三个阶段，筹集建设各类住房 170 万套。其中，人才住房、安居型商品房和公共租赁住房总量不少于 100 万套，占比超过 58%。同时，通过城中村收储不低于 100 万套（间）村民自建房或集体自有物业，通过国有住房租赁企业收储不低于 10 万套房源，公租房供应 66726 套。新增安居型商品住房需求 12 万户，新增公共租赁住房需求 23 万户。广州计划未来 5 年新增供应 75 万套住房，其中 60 万套商品房，15 万套租赁住房。计划供应 3200 万平方米住宅，其中商品住宅 2375 万平方米，租赁住房 825 万平方米。

除此之外，杭州、南京、天津、武汉、成都、郑州、沈阳、佛山、肇庆 9 个二三线城市也纷纷结合自身城市特点，提出了住房租赁供给计划。

7. 公共租赁住房成市场稳定器，市场化改革提升运营效率

随着中国住房租赁市场的整体发展，政府主导下的公共租赁住房数量也随之增加。其中一部分是政府房屋管理部门的存量公共租赁住房，另一部分是政府出让的土地中配套建设的租赁用房。保守估计，这类房源将在 2020 年前后形成大量市场供应。在这一背景下，公共租赁住房在满足本地居民住房保障的同时，为非户籍居民提供了住房可能，其也成为市场的压舱石和稳定器。

---

① 夏磊：《住房租赁市场：政策与未来》，方正证券研究所，2018 年 1 月 8 日，http://www.wanfangdata.com.cn/details/detail.do?_type=perio&id=fzyj201710006。

② 夏磊：《住房租赁市场：政策与未来》，方正证券研究所，2018 年 1 月 8 日，http://www.wanfangdata.com.cn/details/detail.do?_type=perio&id=fzyj201710006。

与此同时,公共租赁住房的申请、分配、使用、退出和管理机制也在不断完善,各地进一步规范相关条例,避免和减少骗租、转租等现象。2016年国务院发布39号文件,对提高公租房运营保障能力提出了明确要求:"鼓励地方政府采取购买服务或政府和社会资本合作(PPP)模式,将现有政府投资和管理的公租房交由专业化、社会化企业运营管理,不断提高管理和服务水平。在城镇稳定就业的外来务工人员、新就业大学生和青年医生、青年教师等专业技术人员,凡符合当地城镇居民公租房准入条件的,应纳入公租房保障范围。"[①]

2018年10月16日,住房和城乡建设部、财政部联合印发《推行政府购买公租房运营管理服务试点方案》,确定在浙江、安徽、山东、湖北、广西、四川、云南、陕西8个省(区)开展政府购买公租房运营管理服务试点工作。[②]

8. 租赁产业链形成,金融与保险是重要力量

住房租赁产业规模扩大的同时,行业上下游相关产业链也在不断完善。

金融方面,中国建设银行、中国工商银行、中国银行等为住房租赁产业提供了定制的产品和政策,新派公寓、魔方公寓、自如、保利、碧桂园等一批企业发行ABS、类REITs等实现金融创新。

产业供应链方面,海尔、美的等大型企业成立住房租赁部门,通过供应链金融、保理等方式加强对行业的支持。

租赁专项保险则成为行业发展的重要保障,中国平安、太平洋保险等推出"住房租赁全能卫士险",且与中国建设银行合作推广,在四川等地试用效果良好。

9. 地产公司纷纷介入,品牌战略已成行业发展趋势

在国家号召、政策鼓励的大背景下,尤其是在党的十九大之后,房企进入住房租赁产业渐成趋势。

---

① 《住房城乡建设部〈关于加快培育和发展住房租赁市场的指导意见〉》(建房〔2015〕4号),2015年1月6日,http://www.mohurd.gov.cn/wjfb/201501/t20150114_220094.html。
② 《住房城乡建设部、财政部关于印发〈推行政府购买公租房运营管理服务试点方案〉的通知》(建保〔2018〕92号),2018年9月14日,http://www.mohurd.gov.cn/wjfb/201810/t20181016_237917.html。

到2017年底,在TOP30房企中,已有1/3进入了长租公寓市场,包括万科、佳兆业、旭辉、中骏置业、龙湖地产等。到2018年10月,TOP30房企中,50%以上已经进入住房租赁产业,其中万科泊寓、旭辉领寓、龙湖冠寓等已成为住房租赁市场中的中坚力量,其对品牌的关注度和投入比也是与日俱增。

2016年3月,迈点研究院开始发布住房租赁品牌指数,其间房企旗下长租公寓品牌不足10个;截至2018年11月30日,房企公寓品牌已纳入监测的数量超过100家。

10. 媒体监督力度加大,舆情与危机公关意识提升

自2018年起,住房租赁行业各种消息不断,且有部分负面声音被放大。在高速发展过程中,部分企业出现产品品质把握不足、客户舆情管理失控等问题,为行业正向发展提供了教训。

由于我国城市尤其是大城市住房租赁存在缺口大、短板多且以个人出租为主等特点,短期内"投诉找不到主、曝光找不到人"等问题仍很严峻。随着住房租赁企业的机构化、规模化发展,在提升产品、服务质量的同时,加强舆情的正面引导,也是品牌建设过程中的关键一环。

(三)住房租赁市场总体趋势与展望

总体来看,住房租赁市场长线看多、中线看平、短期看空。受政策支持落地缓慢、企业盈利能力低下、社会舆论职责增多等影响,企业投资力度、发展速度将有所减缓。但是,住房租赁产业因为事关民生且与存量资产高度关联,所以也是资产管理的未来核心方向。预计2018～2019年行业发展减速,2020～2021年政策落地、制度流程理顺之后,发展将重新回归正轨。

(1)从宏观层面来看,住房租赁定位明确、目标清晰。"租购并举"让城市居民尤其是大中型城市新市民住有所居,是行业的重要使命。住房租赁行业基本面看好,发展处于初级阶段,行业发展不平衡、不充分是一切问题的根源。发展是解决这些问题的关键,培育专业化、机构化的住房租赁企业是解决问题的关键抓手。

（2）从供需角度来看，需求旺盛、供给不足的局面将长期存在。除了数量、质量、价格等矛盾短期内难以完全解决外，租赁市场生态也存在进一步恶化的可能。比如房屋空置与出租方和承租方的关系恶化、非自愿搬迁事件、出租方恶意筛选租客、公租房管理不规范以及舆情事件等。市场化租赁发展的结果往往倾向于高端化，住房租赁产业的发展会将部分低端供给转化为中高端供给（比如群租房拆除改造为品质整租公寓）。政府应高度重视低收入人口的住房保障，以避免居住问题导致的衍生问题。

（3）从产品角度来看，无论是集中式公寓还是分散式公寓，短期内还是以存量物业装修、改造供应为主体。随着新建物业的逐步出现，预计2019~2020年，住房租赁市场新增供给的主力地位将会形成。

（4）从经营层面来看，住房租赁企业的运营困难加剧、盈利能力进一步下降，行业内蓄势待发、兼并重组现象将成为一大趋势。同时，伴随着政策和舆情的双向倒逼，企业的生存砝码将需要增加不少。

（5）从监管层面来看，目前住房租赁行业的统计、核算体系仍需要完善，原有以人口管理为主的"人口户"管理方式，与现今房屋管理所需要的"居住户"无法匹配。调整房屋普查的更新机制，是实现住房租赁行业长远发展的基础。

（6）从制度建设来看，研究全球住房租赁发展规律，解决全体人民居住问题，需要发动全体人民参与。无论是美国的REITs、德国的合作社还是日本的房屋托管模式，其本质在于政府搭台、全民投入、保障低端。政府需通过在税收、贷款等方面提供优惠政策，鼓励社会资本尤其是保险养老等长周期低成本资金进入租赁体系，来促进住房租赁市场的成熟。

二 国家及地方相关政策汇总

近三年的中共中央有关文件和国务院文件出台，是"加快建立多主体供给、多渠道保障、租购并举的住房制度，让全体人民住有所居"的重要举措。各大部委协同下的落地文件，则是全面鼓励住房租赁市场发展、扩大

租赁住房市场供给的重要尝试。一系列利好政策的发布，推动了行业的正规化，也将引领市场长期发展。

（一）中共中央、国务院政策

2015年，国务院办公厅颁发《国务院办公厅〈关于加快发展生活性服务业促进消费结构升级的指导意见〉》[1]，鼓励住房租赁市场发展。2016年，国务院出台《国务院关于深入推进新型城镇化建设的若干意见》[2]，国务院办公厅颁发《国务院办公厅〈关于加快培育和发展住房租赁市场的若干意见〉》[3]，前者鼓励推广租赁补贴制度，后者则强调"培育发展住房租赁企业""鼓励房企转型开展住房租赁业务""推进REITs试点"等（见表5）。

表5 中共中央、国务院相关文件

级别	时间	文件/会议	主要内容
国务院办公厅	2015年11月22日	《关于加快发展生活性服务业促进消费结构升级的指导意见》	加快发展短租公寓、长租公寓等在内的满足群众消费需求的细分业态。该文件明确进行了政策措施分工
	2016年6月3日	《关于加快培育和发展住房租赁市场的若干意见》	到2020年，基本形成供应主体多元、经营服务规范、租赁关系稳定的住房租赁市场体系，基本形成保基本、促公平、可持续的公共租赁住房保障体系，基本形成市场规则明晰、政府监管有力、权益保障充分的住房租赁法规制度体系，推动实现城镇居民住有所居的目标

[1] 《国务院办公厅〈关于加快发展生活性服务业促进消费结构升级的指导意见〉》（国办发〔2015〕85号），中国政府网，2015年11月22日，http：//www.gov.cn/zhengce/content/2015-11/22/content_10336.htm。

[2] 《国务院关于深入推进新型城镇化建设的若干意见》（国发〔2016〕8号），2016年2月6日，http：//www.gov.cn/zhengce/content/2016-02/06/content_5039947.htm。

[3] 《国务院办公厅〈关于加快培育和发展住房租赁市场的若干意见〉》（国办发〔2016〕39号），2016年6月3日，http：//www.gov.cn/zhengce/content/2016-06/03/content_5079330.htm。

续表

级别	时间	文件/会议	主要内容
国务院办公厅	2018年9月20日	《完善促进消费体制机制实施方案（2018~2020年）》	大力发展住房租赁市场。总结推广住房租赁试点经验，加快研究建立住房租赁市场建设评估指标体系。发挥国有租赁企业对市场的引领、规范、激活和调控作用，支持专业化、机构化住房租赁企业发展。加快建设政府主导的住房租赁管理服务平台。鼓励有条件的城市结合实际探索发展共有产权住房，多渠道解决群众住房问题。加快出台城镇住房保障条例、住房租赁条例和住房销售管理条例。建立健全房地产信息发布机制，加强舆论引导，稳定市场预期（住房城乡建设部、国家发展改革委按职责分工负责）
中国共产党中央委员会	2016年12月16日	中央经济工作会议	房子是用来住的，不是用来炒的。明确了我国房地产市场的定位，强调房地产发展的首要目标是实现"住有所居"，让住房回归其居住属性和准公共属性
	2017年10月19日	中国共产党第十九次全国代表大会	坚持房子是用来住的、不是用来炒的定位，加快建立多主体供给、多渠道保障、租购并举的住房制度，让全体人民住有所居
	2018年7月6日	中央全面深化改革委员会第三次会议	关于完善促进消费体制机制、进一步激发居民消费潜力的若干意见。大力发展住房租赁市场。总结推广住房租赁试点经验，在人口净流入的大中城市加快培育和发展住房租赁市场。加快推进住房租赁立法，保护租赁利益相关方合法权益

资料来源：迈点研究院整理。

同时，2016年政府工作报告和中央经济工作会议也将"发展租购并举的住房制度"列为工作重点。同年12月，习近平总书记在中央经济工作会议上，首次提出要坚持"房子是用来住的、不是用来炒的"的定位，综合运用金融、土地、财税、投资、立法等手段，加快研究建立符合国情、适应市场规律的基础性制度和长效机制，对住房租赁产业要加快住房租赁市场立法，加快机构化、规模化租赁企业发展。

2017年10月，党的十九大提出："坚持'房子是用来住的、不是用来炒的'定位，加快建立多主体供给、多渠道保障、租购并举的住房制度，让全体人民住有所居。"①

2018年7月，中央全面深化改革委员会第三次会议通过《关于完善促进消费体制机制 进一步激发居民消费潜力的若干意见》②。2018年9月20日，《国务院办公厅关于印发〈完善促进消费体制机制实施方案（2018~2020年）〉的通知》（国办发〔2018〕93号）文件中③，再次明确住房租赁产业的作用，并强调了保障的内容：一是发挥国有租赁企业的作用；二是强调住房保障；三是加强舆论引导，稳定市场预期。

（二）各部委政策

2015年起，住建部、财政部等相继发布《住房城乡建设部关于加快培育和发展住房租赁市场的指导意见》④、《财政部关于放宽提取住房公积金支付房租条件的通知》⑤，鼓励住房租赁市场发展。2016年，商务部立项《租赁式公寓经营服务规范》，进一步明确行业定义、术语等⑥。同年12月，国税总局发布69号公告，明确"纳税人以长（短）租形式

---

① 《习近平在中国共产党第十九次全国代表大会上的报告》，《人民日报》2017年10月28日，http://cpc.people.com.cn/n1/2017/1028/c64094-29613660-10.html。
② 《中共中央、国务院〈关于完善促进消费体制机制 进一步激发居民消费潜力的若干意见〉》，新华社，2018年9月20日，http://www.gov.cn/zhengce/2018-09/20/content_5324109.htm。
③ 《国务院办公厅关于印发〈完善促进消费体制机制实施方案（2018~2020年）〉的通知》（国办发〔2018〕93号），2018年10月11日，http://www.gov.cn/zhengce/content/2018-10/11/content_5329516.htm。
④ 《住房城乡建设部关于加快培育和发展住房租赁市场的指导意见》（建房〔2015〕4号），2015年1月6日，http://www.mohurd.gov.cn/wjfb/201501/t20150114_220094.html。
⑤ 《财政部关于放宽提取住房公积金支付房租条件的通知》（建金〔2015〕19号），2015年1月29日，http://www.mof.gov.cn/zhengwuxinxi/zhengcefabu/201501/t20150129_1186126.htm。
⑥ 公开征求行业标准《租赁式公寓经营服务规范》、《中国民宿客栈经营服务规范》和《社区餐饮服务规范》的意见，商务部服务贸易和商贸服务业司，2017年3月10日，http://fms.mofcom.gov.cn/article/lingzxz/faztj/201703/20170302531663.shtml。

出租酒店式公寓并提供配套服务的,按照住宿服务缴纳增值税",将住房租赁产业纳入生活性服务业税收优惠,享受6%税率(小规模纳税人为3%)①。

2017年5月,《住房城乡建设部关于〈住房租赁和销售管理条例(征求意见稿)〉公开征求意见的通知》,从保护财产权的角度,界定出租人与承租人的权利义务,并从具体操作层面建立政府对市场的监督激励机制,国家层面"租赁立法"进入实施阶段。②同年7月,住建部等九部委发布《关于在人口净流入的大中城市加快发展住房租赁市场的通知》③,并选取广州、深圳等12个城市开展试点,试点成果将进行经验总结、实施推广。同年8月,国土资源部(现自然资源部)联合住建部发布《利用集体建设用地建设租赁住房试点方案》④,选取广州、佛山等13个城市进行试点,为扩大租赁住房供给提供了有效渠道。

2018年1月,国土资源部(现自然资源部)办公厅以及住建部办公厅下发《关于沈阳等11个城市利用集体建设用地建设租赁住房试点实施方案意见的函》(国土资厅函〔2018〕63号)⑤,原则审核同意沈阳、南京、杭州、合肥、厦门、郑州、武汉、广州、佛山、肇庆、成都等11个城市利用集体建设用地建设租赁住房试点实施方案,这使得全国正式开展利用集体建设用地建设租赁住房的试点城市扩展到了13个。

---

① 《国家税务总局〈关于在境外提供建筑服务等有关问题的公告〉》(国家税务总局公告2016年第69号),2016年11月4日,http://www.chinatax.gov.cn/n810341/n810755/c2366780/content.html。
② 《住房城乡建设部关于〈住房租赁和销售管理条例(征求意见稿)〉公开征求意见的通知》,2017年5月19日,http://www.gov.cn/xinwen/2017-05/20/content_5195416.htm。
③ 《关于在人口净流入的大中城市加快发展住房租赁市场的通知》(建房〔2017〕153号),2017年7月18日,http://www.mohurd.gov.cn/wjfb/201707/t20170720_232676.html。
④ 《国土资源部、住房城乡建设部关于印发〈利用集体建设用地建设租赁住房试点方案〉的通知》,新华网,2017年8月28日,http://www.xinhuanet.com//house/2017-08-29/c_1121558919.htm。
⑤ 《国土资源部办公厅、住房城乡建设部办公厅〈关于沈阳等11个城市利用集体建设用地建设租赁住房试点实施方案意见的函〉》(国土资厅函〔2018〕63号),2018年1月16日,https://www.lawxp.com/statute/s1792089.html。

2018年4月，中国证监会、住建部联合印发《关于推进住房租赁资产证券化相关工作的通知》①，这是我国住房租赁资产证券化领域的首份政策落地文件，重点支持住房租赁企业发行以其持有不动产物业作为底层资产的权益类资产证券化产品，推动多类型具有债权性质的资产证券化产品，试点发行房地产投资信托基金（REITs），并对开展住房租赁资产证券化的基本条件、政策优先支持领域、资产证券化开展程序以及资产价值评估方法等予以明确。

2018年6月，中国银行保险监督管理委员会发布《关于保险资金参与长租市场有关事项的通知》②，着重从参与方式、产品设立条件等方面明确了保险资金参与长租市场的有关要求，涉及地区为北京、上海、雄安新区以及人口净流入的大中试点城市。土地性质为集体建设用地的，应处于集体建设用地建设租赁住房试点城市。其条件为具有良好的经济和社会效益，具备稳定的当期或预期现金流。

2018年9月，住建部联合财政部发布《关于印发〈推行政府购买公租房运营管理服务试点方案〉的通知》③，确定我国将在浙江、安徽、山东、湖北、广西、四川、云南、陕西等8个省（区）开展政府购买公租房运营管理服务试点，为提升公租房运营管理能力提供支撑。

各部委出台的系列文件，都是落实党的方针政策、落实国务院2015年85号文件分工的举措，可以说，住房租赁产业政策逐渐落地、不断夯实（见表6）。

---

① 中国证监会、住房城乡建设部《关于推进住房租赁资产证券化相关工作的通知》，证监发〔2018〕30号，2018年4月24日，http：//www.mohurd.gov.cn/wjfb/201804/t20180425_235830.html。
② 中国银行保险监督管理委员会《关于保险资金参与长租市场有关事项的通知》，银保监发〔2018〕26号，2018年6月1日，https：//wallstreetcn.com/articles/3327744。
③ 住房城乡建设部、财政部《关于印发〈推行政府购买公租房运营管理服务试点方案〉的通知》，建保〔2018〕92号，2018年9月14日，http：//www.mohurd.gov.cn/wjfb/201810/t20181016_237917.html。

中国住房租赁市场政策与环境

表6 各部委文件汇总

级别	部门	相关政策	主要内容
各部委	住建部	《住房城乡建设部关于加快培育和发展住房租赁市场的指导意见》	培育住房租赁市场是一个系统工程,涉及多个方面,各地要在金融、税收和经营管理等方面给予政策支持。积极鼓励和引导国内外资金进入住房租赁市场。对于机构、房地产开发企业,经营租赁住房需要办理规划变更、装修改造等相关手续的,积极给予支持。对租房居民需要出具稳定居所证明的,应简化流程,积极办理
	住建部、财政部、人民银行	《关于放宽提取住房公积金支付房租条件的通知》	明确租房提取条件、规范租房提取额度、简化租房提取要件、提高提取审核效率等
	住建部等九部委	《关于在人口净流入的大中城市加快发展住房租赁市场的通知》	加快发展住房租赁市场。选取了广州、深圳、南京、杭州、厦门、武汉、成都、沈阳等12个城市作为首批开展住房租赁试点的单位
	国土部、住建部	《利用集体建设用地建设租赁住房试点方案》	利用集体建设用地进行租赁住房建设。选取北京、上海、南京、杭州、厦门、武汉、合肥、郑州、广州、佛山、肇庆、沈阳、成都为试点
	住建部	《住房租赁和销售管理条例》	出租人不得扣押金,租期不低于三年
	商务部	《租赁式公寓经营服务规范》	历经两年起草和意见征集,2018年3月发布、5月1日起实施
	住建部、财政部	《关于印发推行政府购买公租房运营管理服务试点方案的通知》	浙江、安徽、山东、湖北、广西、四川、云南、陕西等8个省(区)开展政府购买公租房运营管理服务试点,为提升公租房运营管理能力提供支撑

资料整理:迈点研究院。

(三)各地租赁住房管理办法总结

2015年之前,住房租赁主要依据住建部出台的《商品房屋租赁管理办法》(2011年之前为《城市房屋租赁管理办法》),主要目的是规范商品房屋租赁行为,明确可以供出租的住房的条件,维护商品房屋租赁双方当事人的合法权益。各地在此基础上也出台了相应的管理办法,主要是对制度的细化,比如北京、上海、杭州等进一步明确了每间房的居住人数和人均居住面积。

2015年之后,尤其是国务院2016年39号文件和《关于在人口净流入

的大中城市加快发展住房租赁市场的通知》① 发布后,各地政策转向以"促进多主体供给、多渠道保障"为主,尤其是住房租赁试点城市,方案落地非常积极,在住建部文件发布后三个月内(2017年7月18日正式发文),12个城市均出台了相应方案,其中6个城市在一个月内发布了试点方案,甚至广州市在住建部通知下发之前就发布了相应方案,可以看出,在该领域各地已经有较多的政策积累,文件出台速度很快。在各地文件中,广州市于2017年6月30日发布的《广州市加快发展住房租赁市场工作方案》②,首次涉及租赁人群在教育方面的公共配套,提出"租购同权",引发社会关注。

关于集体用地建设租赁住房的试点工作,2017年8月国土资源部(现自然资源部)联合住建部发布试点方案后,各城市积极推进方案制定工作。2018年1月25日,国土资源部(现自然资源部)发函,原则审核同意沈阳、南京、杭州、合肥、厦门、郑州、武汉、广州、佛山、肇庆、成都等11个城市利用集体建设用地建设租赁住房试点实施方案,加上已经于2012年实施试点工作的北京和上海,全国正式开展利用集体建设用地建设租赁住房的试点城市扩展到了13个。

在第一批试点的城市中,北京早期已有海淀唐家岭项目、温泉镇351地块项目、朝阳区泓鑫家园小区三个集体建设用地建设的租赁住房项目,2018年4月进行了首次集体用地建设租赁住房的项目公示。截至2018年10月,北京已经批复20个集体土地租赁房项目。上海于2018年10月首次出让集体用地进行租赁用房建设。

在第二批的11个城市试点方案中,广州、南京、合肥明确提出了建设数量目标:到2020年,广州为300万平方米,南京为30万平方米,合肥为5000套。

---

① 《关于在人口净流入的大中城市加快发展住房租赁市场的通知》,建房〔2017〕153号,2017年7月18日,http://www.mohurd.gov.cn/wjfb/201707/t20170720_232676.html。
② 《广州市人民政府办公厅关于印发〈广州市加快发展住房租赁市场工作方案〉的通知》,穗府办〔2017〕29号,2017年6月30日,http://www.gz.gov.cn/gzgov/s2812/201707/3cec198881d44d33a80a145ff024a164.shtml。

自2015年以来，各地政策从规范管理为主，转化到"以增加供给"为主，充分体现了"多主体供给，多渠道保障"的要求，有效增加了供给，缓解了大中城市的租赁住房供需矛盾，为行业发展带来利好。

三 影响品牌发展的关键要素

中国住房租赁市场快速发展，随之出现的问题也接踵而至。市场层面，缺乏行业长期规划，资源有效供给失衡，消费引导管理失控；政策层面，监管体系有待完善，税收标准亟待调整，消防标准无法统一等，这些都成为影响品牌发展的关键要素，亟须解决和克服。

（一）完备的住房租赁管理体系

中国住房租赁产业的发展，涉及多部门和多领域。明确行业配套政策、规范，是重要的保障机制。国务院要求："以国民经济行业分类为基础，抓紧研究制定生活性服务业及其重点领域统计分类，完善统计制度和指标体系，明确有关部门统计任务。建立健全部门间信息共享机制，逐步建立生活性服务业信息定期发布制度。"[①] 各部门、各地区已经出台了不少政策和制度，但管理体系和指标体系仍有待完善。

（二）明确的行业发展宏观目标和任务引领

住房租赁产业发展需要制定长期的发展目标，根据城市人口变化趋势、租赁占比以及地区结构分布提供相应的租赁供给，实现租赁产业的"总量调控、质量调配、价格监控、满意度监督"，并制订相应的土地供应、金融支持计划，通过合理规划，形成行业发展的长效机制，倒逼政策制度改革。

---

① 国务院办公厅《关于加快发展生活性服务业促进消费结构升级的指导意见》，国办发〔2015〕85号，中国政府网，2015年11月22日，http://www.gov.cn/zhengce/content/2015-11/22/content_10336.htm。

(三)市场及消费理念的正确引导

受多种因素影响,接受租赁住房的人群比例在不断提高。《中国经济周刊》调查数据显示,全国"90后"超四成接受终生租房,其中北京的"90后"白领近八成接受终生租房。① 这一比例是由多重因素造成的,比如地方限购、房价过高等。在当前政策影响下,租房也存在许多限制,比如无法落户口、子女上学难等,"买房"依然将是大多数人的选择。因此,住房租赁的市场观念和消费理念,还需要进一步的引导。

(四)国有资源对住房租赁的有效供给

在我国高房价的背景下发展住房租赁产业,其困难主要体现在两个方面:一是租客会认为租金太高,二是业主嫌投资回报率太低。巨大的"租售比",容易形成行业矛盾。与此同时,各地政府和国资体系手握大量物业资产,但由于各种障碍难以形成市场化的租赁供给,导致核心城市物业稀缺。

(五)政府部门的政策配套与支持

大多数人认为,住房之事应由住建部门管理。但住建部门管理的是传统住宅,目前租赁住房已超出了传统住宅的板块,如商业物业、工业物业、城中村等物业类型并非住建部门单一负责。同时,当房屋用于居住时,需要大量的配套,包括公共产品配套如交通、医疗、教育等,也包括房屋自身配套如供水供电供气、消防治安、扰民绿化等,这就需要统筹住建、国土、发改委、财政、税收、环保、公安、消防、教育、工商、卫生、交通等多个政府部门,并协调国家电网、供水、排水、市政、地铁、排污等公共部门,才能真正服务好租客。因此,尽管住房租赁目前归口住建部门管理,但协调机制的形成、流程的规范,尚需时间理顺。

---

① 《90后的住房观——超四成表示接受终生租房》,《中国经济周刊》2018年5月6日,http://www.sohu.com/a/230584706_467340。

(六)规模化、机构化经营主体健康发展

在国务院及其各部委政策中,"培育专业的市场主体"是关键手段。住建部等九部委文件中进一步细化了目标,"培育机构化、规模化的住房租赁企业"。但实际情况是,长租公寓这个名字在很多地方注册都成为困难。据悉,只有20%的企业是以房屋租赁或者长租公寓等名称完成注册的,绝大多数企业注册主体为物业管理公司、酒店管理公司或者资产管理公司。

在过去,国民经济行业分类中并无"长租公寓"这个类目。尽管国家统计局2017年最新发布的《国民经济行业分类(GB/T 4754—2017)》中新增了"7040房地产租赁经营"类目[1],对于租赁企业申报有了依据支持,但在各地的具体实施过程中,还需进一步推进。

(七)行业特征税收制度的明确与扶持

从政策角度来看,国务院和国税总局出台了一系列文件扶持行业发展。比如2016年6月国务院颁发的《关于加快培育和发展住房租赁市场的若干意见》(国办发〔2016〕39号)[2]中提出,"对依法登记备案的住房租赁企业、机构和个人,给予税收优惠政策支持。其中,对个人出租住房的,由按照5%的征收率减按1.5%计算缴纳增值税;对个人出租住房月收入不超过3万元的,2017年底之前可按规定享受免征增值税政策。房地产中介机构提供住房租赁经纪代理服务,适用6%的增值税税率;对个人出租住房所得,减半征收个人所得税"。

政策规定非常明确,但在各地实施过程中依旧困难重重。一方面是因为纳税主体不够明确,另一方面是住房租赁行业特殊的成本结构。多数分散式

---

[1] 《国民经济行业分类(GB/T 4754—2017)》,国家统计局,2017年10月1日,http://www.stats.gov.cn/tjsj/tjbz/hyflbz/。
[2] 《关于加快培育和发展住房租赁市场的若干意见》,国务院办公厅,国办发〔2016〕39号,2016年6月3日,http://www.gov.cn/zhengce/content/2016-06/03/content_5079330.htm。

公寓缺乏进项税收抵扣，导致行业税收统筹难度大、实际税负较高。为此，租赁企业会采取"化整为零"、合伙人机制等方式，来缩小交易规模、合理避税，这与"扶持规模化、机构化的经营主体"政策背道而驰。

（八）明确、科学的消防要求

核心城市房价高涨，导致物业租金价格上涨，各部门的管控则进一步压缩了市场供给量。2017年，住建部等九部委发布的《关于在人口净流入的大中城市加快发展住房租赁市场的通知》① 明确要求，"积极盘活存量房屋用于租赁。鼓励住房租赁国有企业将闲置和低效利用的国有厂房、商业办公用房等，按规定改建为租赁住房；改建后的租赁住房，水电气执行民用价格，并应具备消防安全条件"。但在实际过程中，大多数地区和城市长租公寓开业都会遇到消防、治安等问题，且没有明确的标准要求指导。

（九）有效的危机处理与舆情处理能力

由于各种历史和现实原因，长租公寓产业存在不规范、档次低的现象，也经常因安全事故引发大规模的拆除事件，比如2016年深圳出租屋火灾、2017年初上海普陀区火灾、2017年底北京大兴区火灾等，导致大量租赁用房被强行关停或拆除。对于存在安全隐患的租赁住房，应提升管理、加强规范。但是，在不考虑增量供给和被拆除者居住需求的情况下，"一棍子打死"往往会带来租金价格的报复性上涨。

（十）良好的舆论与传媒环境

从2018年初开始，长租公寓广受舆论支持的风向有所变化，新华社、央视等主流媒体连续报道行业发展问题，客观公正地反映了行业盈利能力不

---

① 《关于在人口净流入的大中城市加快发展住房租赁市场的通知》，建房〔2017〕153号，2017年7月18日，http：//www.mohurd.gov.cn/wjfb/201707/t20170720_232676.html。

足、金融支持不够等现状。但同时,北京租金过快上涨和自如甲醛超标等事件,也引发了舆情的快速发酵,并转变为行业危机。

参考文献

[1]《中华人民共和国物权法》,2007年10月1日。

[2] 住建部:《住宅规范设计(GB 50096-2011)》,中国建筑工业出版社,2011年12月1日。

[3] 国家统计局:《国民经济行业分类(GB/T 4754—2017)》,2017年10月1日,http://www.stats.gov.cn/tjsj/tjbz/hyflbz/。

[4] 国家统计局:《中国2010年人口普查资料》,中国统计出版社,2012年4月1日。

[5] 夏磊:《住房租赁市场:政策与未来》,方正证券研究所,2018年1月8日。

B.3
品牌发展上下游产业链分析

穆 林　申思聪*

摘　要： 长租公寓作为房地产业的细分行业，具备房地产产业链的一般特性，长租公寓行业的产业链与房地产产业链基本一致。由于长租公寓的拎包入住特征，尤其是"美好生活"的需求，其对家电、家具、软装、租后服务等的需求更加刚性；由于长租公寓的运营特性，其对IT、智能家居、软件开发等的需求必不可少；同时，长租公寓重资产、重投入的行业属性，使其离开金融支撑就难以快速扩张。通过分析相关产业链条，能够更清晰地了解品牌商业模式及服务价值，促进行业健康长远发展。

关键词： 长租公寓　资产证券化　供应链金融

　　住房租赁行业对上下游产业和消费具有较强的拉动作用，一方面拉动上下游产业的投资。长租公寓行业涉及拿地、施工、建筑、机械、园林、建材、装修、家电、家具、信息、维修、保洁、金融等链条，对上下游产业拉动作用非常强。每一笔长租公寓的直接投资，必然带动建材、家具、家电等产业投资成倍增加。数据显示，在2011年，美国公寓市场的直接投资为827亿美元，其中建设投资为148亿美元，运营维护投资为679亿美元，拉

---

* 穆林，青岛酒店管理学院酒店信息化研究中心主任，研究方向为住宿业管理、住宿业信息化；申思聪，长江证券地产分析师，研究方向为房地产行业。

动的相关产业产值为 2251 亿美元，约合人民币 14000 亿元。

另一方面，刺激居民消费。相对于购房，租房因为经济压力小而更能释放人的消费意愿和消费能力。租客不需要为积累高额购房款和月供而降低开支，可供支配的收入更高。数据显示，在 2011 年，美国的公寓租客人群直接消费金额为 4215 亿美元，对国民经济的消费拉动金额达到 8852 亿美元，租赁对消费的拉动效应非常明显。美国的新房市场在 2008 年金融危机后一蹶不振，反倒是租赁市场的蓬勃发展，对美国经济复苏起到了积极推动作用。

长租公寓下游产业链：装饰装修行业、家电行业、智能家居行业市场容量预测：2018～2022 年，新增 1000 万间长租公寓。将带动下游的装修、家电、智能家居市场规模为：装修、装饰容量 1500 亿元，家电容量 600 亿元，智能家居容量 200 亿元（测算标准：装修单价 1.5 万元/间、家电 0.6 万元/间、智能家居 0.2 万元/间。家电主要包含空调、热水器、冰箱、洗衣机、彩电、厨电等，智能家居主要包含智能门锁、智能水表、智能电表等）（见图 1）。

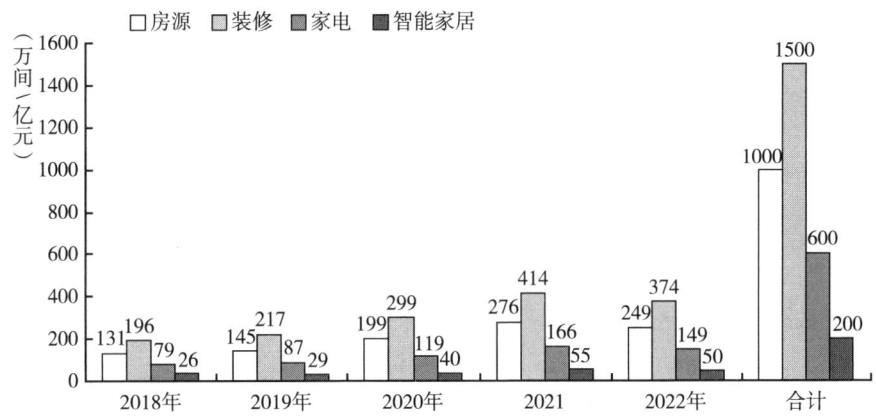

图 1　2018～2022 年产业链市场容量预测

资料来源：迈点研究院。

租后服务市场容量预测：围绕租房的消费场景，潜在的服务点众多而分散，包含租金分期、保洁、维修、购物、医疗、健身、旅游等生活服务。5000亿元的租金规模加上各类生活消费，租后服务市场的容量将达到万亿元级规模。

一　品牌融资方式与渠道

由于缺乏有效的担保品和作为新兴企业资信评级较差，早期长租公寓行业融资渠道相对比较狭窄，融资渠道有限、融资成本高，一直是住房租赁行业发展的最大痛点之一。近年来，政府不断加大住房租赁政策扶持力度，特别是2018年中国证监会、住建部发布的《关于推进住房租赁资产证券化相关工作的通知》，为长租公寓融资市场注入强心剂。随着开发商纷纷试水、产业基金进入与银行开闸，目前长租公寓的融资方式逐渐多元化，融资规模也逐渐增长，形成风险资本股权融资、产业基金、传统债权融资、租金收益权等债权ABS以及类REITs权益型融资等多种融资方式。

（一）长租公寓市场主要融资方式

金融机构主要为长租公寓市场参与主体提供资金支持与金融服务。从融资方式来看，当前长租公寓市场主要融资方式分为股权融资、债权融资以及现金流融资。其中，股权融资主要包括PE/VC投资、保险资金投资以及项目合作融资（轻资产）等；债权融资主要包括银行贷款、融资租赁以及租赁专项债券等；现金流融资主要包括租金分期、保理融资、ABS类（如REITs）等（见图2）。长租公寓市场发展初期，融资方式以天使投资、私募股权投资等股权融资为主。随着市场的发展以及参与金融机构的增多，租赁市场专项债券、REITs等债权融资、现金流融资的重要性也在逐步加大，未来将成为长租公寓运营商获取资金、撬动规模的重要支撑。下面我们对各类融资方式进行详细梳理介绍。

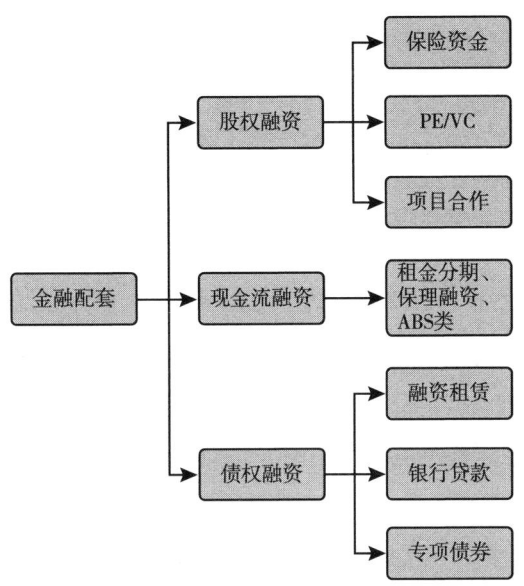

图 2　长租公寓市场主要融资方式

资料来源：迈点研究院整理。

1. 股权融资

（1）公司股权融资。

公司股权融资是指长租公寓运营商以公司股权来进行股权融资。这种融资方式在长租公寓市场发展早期较为常见，如天使轮、A 轮、B 轮等，参与投资主体多为私募股权投资基金等。近年来长租公寓受到资本方追捧，多家长租公寓运营商完成了大笔的股权融资，如 2018 年自如宣布获得华平投资、红杉资本中国基金、腾讯 40 亿元人民币的 A 轮融资；蛋壳公寓获得华人文化产业投资基金、高榕资本等 1 亿美元 B 轮融资等（见表 1）。公司股权融资是当前长租公寓运营商获取权益资本的重要方式之一。随着市场规模不断扩大，未来将有更多资本方参与长租公寓运营商的股权投资。

表1 长租公寓运营商股权融资受到资本方追捧

时间	公寓运营商	投资方	融资规模
2018-4-26	V领地	华平投资	2亿美元
2018-2-26	蛋壳公寓	华人文化产业投资基金、高榕资本等	1亿美元
2018-1-16	自如	华平投资、红杉资本中国基金、腾讯	40亿元人民币
2017-9-16	湾流国际	基汇资本、挚信资本等	4亿元人民币
2016-4-16	魔方公寓	中航信托、华平投资	近3亿美元
2014-11-29	优客逸家	经纬中国、海纳亚洲基金、君联资本、华兴资本	2200万美元

资料来源：网络和公开信息。

(2) 保险资金投资。

长租公寓领域投资具有期限长、规模大等特点，与保险资金投资偏好天然契合，未来重要性将继续提升。2018年6月，中国银保监会下发《关于保险资金参与长租市场有关事项的通知》，规范了保险资金参与长租公寓市场的投资主体、参与方式和所投资租赁住房项目应满足的条件等。从参与主体与参与方式来看，保险公司主要为直接投资；保险资产管理机构投资方式包括设立债权投资计划、设立股权投资计划、设立资产支持计划、成立保险私募基金。从实践来看，部分项目险资以LP的方式参与项目公司股权及偏收益权的投资，这类投资会更加看重开发商低价拿地的能力以及运营开发能力；而债权投资与传统的债权类房地产项目投资类似，仅是资金用途变为房地产租赁。由于长租公寓领域投资具有期限长、规模大等特点，与保险资金投资偏好天然契合，在监管层积极引导支持的背景下保险资金将成为长租公寓市场重要的资金来源（见表2）。

表2 保险资金参与长租公寓市场投资相关条款

条款	主要内容
投资主体	保险公司、保险资产管理机构
参与方式	1.债权投资计划；2.股权投资计划；3.资产支持计划；4.保险私募基金
所投资租赁住房项目应满足的条件	1.具有良好的经济和社会效益，具备稳定的当期或预期现金流； 2.处于北京、上海、雄安新区以及人口净流入的大中试点城市。土地性质为集体建设用地的，应处于集体建设用地建设租赁住房试点城市； 3.产权清晰，无权属争议及受限情形；

续表

条款	主要内容
所投资租赁住房项目应满足的条件	4. 土地出让合同或土地使用权证载明土地及地上建筑物仅用于租赁住房,不得转让; 5. 履行了立项、规划、建设、竣工验收及运营管理等阶段所必需的审批程序,或者履行了项目建设阶段所必需的审批程序

资料来源:中国银保监会。

(3)项目合作融资(轻资产)。

项目合作融资以项目公司股权引入合作方,投资方多为私募基金(见图3)。项目公司股权融资不会对长租公寓运营商本身股权造成稀释,合作方以投资人的身份收取稳定的项目利润分成。项目合作的一种形式是轻资产模式。在这种模式下,品牌公寓运营商不作为主要出资人,而是以小股操盘模式输出管理、人才和运营能力。对不拥有物业产权的包租形式公寓来说,轻资产模式是快速扩大规模并打造品牌影响力的可能选择(见图4)。

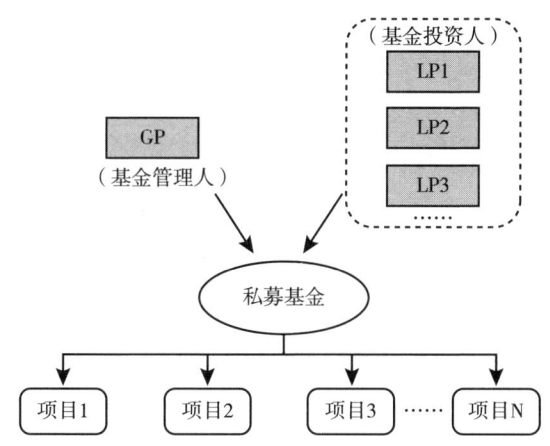

图3 长租公寓私募基金融资模式

资料来源:迈点研究院整理。

图 4　长租公寓轻资产运营模式

资料来源：迈点研究院整理。

2. 债权融资

（1）银行贷款。

银行贷款主要包括面向开发商的长租公寓项目开发贷款和面向租客的个人租房贷款。2017年10月，中信银行与碧桂园集团签约长租住宅保障性基金战略合作，中信银行将在未来三年为碧桂园在长租住宅领域提供300亿元的保障性基金以及综合金融服务；同年11月，中国建设银行深圳分行与包括万科、华润、碧桂园等在内的11家房地产企业签署房屋租赁战略合作协议，宣布正式开发深圳市长租房市场；为鼓励长租，中国建设银行还推出个人住房租赁贷款"安居贷"，为租户提供纯信用贷款用于租房，贷款利率低于同期个人住房按揭贷款利率。

作为当前我国金融市场主要融资渠道，商业银行积极参与长租公寓市场将为行业发展提供充足资金来源。

（2）融资租赁与供应链金融。

融资租赁公司介入公寓行业主要是提供家具家电等分期业务，缓解公寓运营的资金压力。例如，海尔向长租公寓运营商推出了五年期的家电分期业务。也有一些公司推出了家具、门锁和水电表的分期业务。因此，目前融资租赁主要集中在家电家具的分期业务上，此模式一定程度上缓解了公寓运营的资金压力。

（3）住房租赁专项债券。

住房租赁专项债券或将成为大型开发商参与长租公寓市场的重要融资渠道。国家发改委于2017年8月发布《国家发展改革委办公厅关于在企业债券领域进一步防范风险加强监管和服务实体经济有关工作的通知》，鼓励符合条件的企业发行债券以发展住房租赁业务。

2018年3月,龙湖集团成功发行全国首单住房租赁专项公募债券,总金额30亿元,票面利率5.60%,期限为5年。2018年8月,万科集团成功发行15亿元5年期住房租赁专项债券,票面利率更是低至4.05%(见表3)。从目前成功发行的住房租赁专项债券来看,发行主体均为大型开发商,而票面利率则明显低于同期限、同资信水平的其他公司债券。由于发行公司债对于发行人的资信状况要求较高,住房租赁专项债券发行的推进将主要使大型开发商受益。

表3 近期成功发行住房租赁专项债的大型开发商

发行时间	发行人	发行规模(亿元)	票面利率(%)	期限(年)
2018-10-29	万科集团	20	4.18	5
2018-8-9	万科集团	15	4.05	5
2018-8-8	保利置业集团	7	5.28	3
2018-3-21	龙湖集团	30	5.60	5

资料来源:上交所、相关公司公告。

(4)现金流融资。

尽管形式稍有不同,但此类融资方式的核心在于利用资产的现金流进行融资。从底层资产来看,现金流融资又可以分为以租客信用为基础的租金分期和以租金收益为基础的相关融资。

a. 租金分期。

租金分期模式是指通过租客申请个人消费贷款按月分期支付租金,而公寓方获取全年租金的方式为公寓企业提供融资。租客与长租公寓形成真实租约后,可以在长租公寓合作平台申请租房分期;平台将对租客信息进行审核,并推送租客信息至资金方(金融机构)进行审批;在完成线上审批和电子合同签约后,资金方将通过委托支付的方式将全年租约对应的租金支付给长租公寓运营商,其后租客按合同条款分期支付租金(见图5)。目前,许多主流长租公寓运营商均提供租金分期服务。

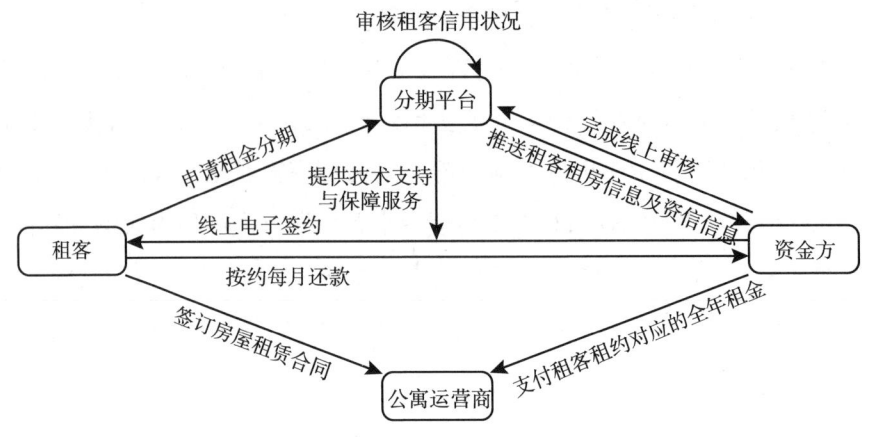

图 5　租金分期主要流程

资料来源：迈点研究院整理。

b. 应收租金保理。

长租公寓应收租金保理业务是指服务商与租客签订租赁合同后，将对租客的应收租金转让给商业保理公司，以获得保理融资的行为。该模式下，商业保理公司一次性将几乎等同于全部租期租金的资金放款给到服务商，而服务商并未将全部资金给到房东，进而获得了运营资金。与租金分期不同，应收租金保理是基于公寓的应收账款，也就是将租金作为主体，而不是租客个人的信用，一定程度上降低了租客信用风险。

c. 资产证券化。

资产证券化是指将长租公寓的底层资产即应收租金打包后发行资产证券化产品，如 REITs、ABS、ABN、CMBS 等。2017 年 1 月，魔方公寓成功发行信托受益权资产支持专项计划，开启了长租公寓资产证券化的序幕。其后，自如和新派公寓也分别发行了国内首单租房市场消费分期类 ABS 和国内首单长租公寓 REITs。通过资产证券化，长租公寓运营商获得了创新的融资渠道并拓宽了投资退出路径，利于盘活存量资产扩大房源。除上述已发行的长租公寓资产支持计划外，2017 年 12 月招商局蛇口工业区控股股份有限公司在银行间市场成功注册 200 亿元"飞驰—建融招商住房租赁资产支持票据"，其为首单银行间市场长租公寓ABN；2018年2月2日，"中联前海开源—碧桂园租赁住房一号资产支持专项计划"获得深圳证券交易所审议通过，由碧桂园控股有限公司联合中联前源不动产基金管理有限公司共同实施，产品规模100亿元，采取储架、发行分期机制（见表4）。随着市场逐步走向成熟，未来长租公寓资产证券化将成为公寓运营商重要融资方式与投资退出渠道。

表4 部分成功发行的长租公寓资产支持计划

时间	产品名称	发行人	发行规模
2017-1-11	魔方公寓信托受益权资产支持专项计划	魔方公寓	优先级3.5亿元，次级0.35亿元
2017-8-15	中信证券—自如1号房租分期信托受益权资产支持专项计划	自如	优先级4.5亿元，次级0.5亿元
2017-11-3	新派公寓权益型房托资产支持专项计划	新派公寓	优先级1.3亿元，劣后级1.4亿元
2018-3-13	保利地产—中联前海开源碧桂园租赁住房一号第一期资产支持专项计划	保利地产	优先级15.453亿元，次级1.717亿元
2018-7-26	高和晨曦—中信证券—领昱1号资产专项计划	旭辉集团	优先级1.5亿元，投资级1.0亿元

资料来源：上交所、相关公司公告。

魔方公寓信托受益权资产支持专项计划开国内长租公寓资产证券化之先河。魔方公寓信托受益权资产支持专项计划底层资产为魔方中国及其北京、上海、广州3个子公司经营的30处物业部分公寓2016年6月至2019年6月租金收入。这30处公寓物业合计租赁面积12.9万平方米，以"特定门牌号的公寓"所产生的租金收入作为入池资产，入池房间数为4014间。截至封池日，30处物业入池房间中，已出租房间合计3510间。魔方公寓方面预计资产池内预期租金和物业费总收入会超过6亿元，其中租金收入5.5亿元，预期物业费收入5500万元。该专项计划采用优先级/次级支付机制，其中优先级共设三档，预期期限分别为1年、2年和3年，产品规模分别为1.1亿元、1.1亿元和1.3亿元，对应预期收益分别为4.8%、5%和5.4%。魔方公寓信托受益权资产支持专项计划基本交易结构见图6。

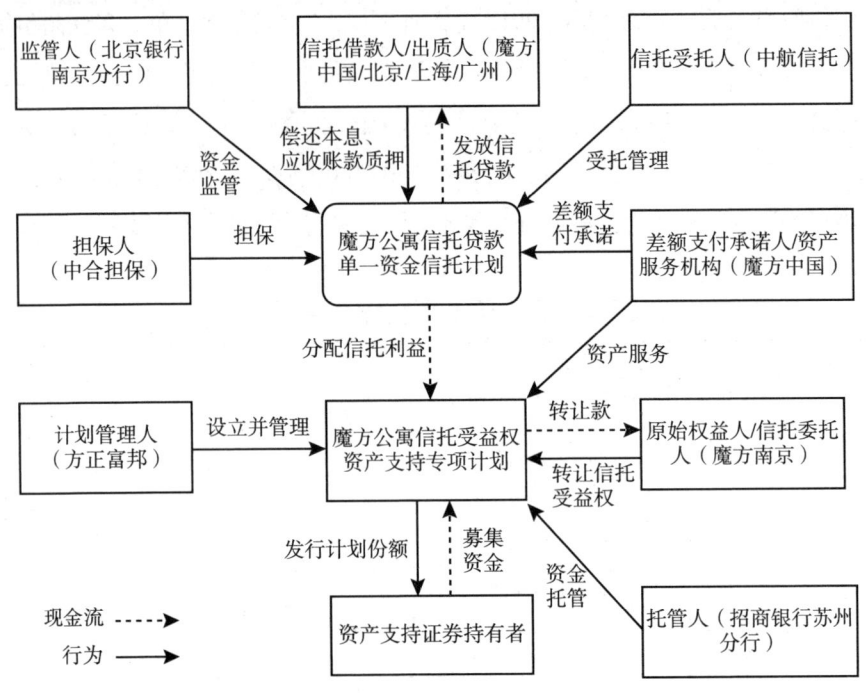

图6　魔方公寓信托受益权资产支持专项计划基本交易结构

资料来源：中诚信。

目前长租公寓资产证券化产品类型主要包括类REITs、CMBS和信托受益权ABS三种。其中，自持型运营商通常通过类REITs或CMBS模式融资。CMBS以商业房地产作为抵押，是一种以相关商业房地产未来收入（如租金、物业费、商业管理费等）为主要偿债本息来源的资产支持证券产品。REITs（不动产投资信托）则是一种以发行收益凭证的方式汇集特定多数投资者的资金，由专门投资机构进行房地产投资经营管理，并将投资综合收益按比例分配给投资者的信托基金。[①] 两者的主要区别在于前者为债项，后者偏权益。CMBS本质上是通过抵押获得贷款，所以是一种债项。而REITs筹集的资金用于购买和运营房地产以换取回报，原开发商不保留地产所有权，

---

① 《中国不动产投资信托基金市场规模研究》，北京大学光华管理学院，http://www.gsm.pku.edu.cn/2.pdf。

因此REITs是一种权益。此外，还有估值方式、信用评级等方面的不同。

长租公寓运营商对资产证券化方式的选择依资产轻重不同而有所不同。通常，重资产模式下拥有自有物业的大公司会倾向选择基于"信托计划+专项计划"双SPV的CMBS模式和基于"私募基金+专项计划"双SPV的类REITs模式。轻资产的公司则更惯常于选择基于"信托计划+专项计划"双SPV的租金收益权ABS，而对于那些没有自持物业的公司，能否通过各种方式进行增信，将是证券化能否成功的关键。①

d. 不动产投资信托（REITs）。

由于REITs是住房租赁金融的重要实现载体，在此单独对其进行讨论。

REITs（不动产投资信托）是房地产证券化的重要手段，也是海外住房金融市场的主要金融工具。近年来，国务院、住建部、央行、中国证监会和地方政府发布文件和政策，明确支持推进REITs发展，鼓励投资REITs产品，尤其是加快住房租赁市场的REITs试点，极大地推动了国内的类REITs市场的发展。2014年5月，我国首单权益型交易所场内REITs产品——中信启航专项资产管理计划在深交所发行，发行总额达到52.2亿元，开启了我国类REITs市场的新纪元。2018年4月，中国证监会、住建部联合印发《关于推进住房租赁资产证券化相关工作的通知》，通知明确提出，将重点支持住房租赁企业发行以其持有不动产物业作为底层资产的权益类资产证券化产品，推动多类型具有债权性质的资产证券化产品，试点发行REITs（见表5）。

表5 我国有关REITs的相关政策法规

时间	部门/城市	文件	内容
2001年4月	全国人大	《中华人民共和国信托法》	涉及房地产信托业务，REITs开始萌芽
2005年8月	原中国银监会	《关于加强信托公司部分风险业务提示的通知》	严格规定REITs发行门槛，国内REITs政策发展缓慢

---

① 谢皓宇、白淑媛：《小谢看地产、REITs行业研究》，http://finance.sina.com.cn/trust/xtplyj/2018-05-02/doc-ifzvpatr6127830.shtml。

续表

时间	部门/城市	文件	内容
2006年初	中国证监会	无	中国证监会与深交所启动推出国内交易所REITs产品的工作
2006年7月	建设部等六部门	《关于规范房地产市场外资准入和管理的意见(171号文)》	限制外商投资中国房地产,否决了香港市场REITs类的"离岸结构"
2008年3月	原中国银监会	《信托公司房地产投资信托业务管理办法(草案)》	第一次将REITs提上决策层面
2008年12月	国务院办公厅	《关于促进房地产市场健康发展的若干意见》	支持资信条件较好的企业开展REITs试点
2010年6月	央行、住建部等	《关于加快发展公共租赁住房的指导意见》	鼓励公租房探索REITs、信托等新融资渠道
2014年9月	央行、原中国银监会	《关于进一步做好住房金融服务工作的通知》	积极稳妥开展REITs试点,北、上、广、深先行开展REITs发行和交易试点
2015年7月	住建部	《关于加快培育和发展住房租赁市场的指导意见》	积极推进开展REITs试点,鼓励投资REITs产品
2016年6月	国务院办公厅	《关于加快培育和发展住房租赁市场的若干意见》	明确推进房地产投资信托基金试点
2016年10月	国务院	《关于积极稳妥降低企业杠杆率的意见》	支持房地产企业通过发展REITs向轻资产经营模式转型
2017年7月	中国证监会、住建部等	《关于在人口净流入的大中城市加快发展住房租赁市场的通知》	增加租赁住房有效供应,加快推进REITs试点
2017年8月	国土资源部	《利用集体建设用地建设租赁住房试点方案》	推动北、上、广等13城市开展利用集体建设用地建设租赁住房试点
2017年8月	杭州市政府办公厅	《杭州市加快培育和发展住房租赁市场试点工作方案》	强调金融管理部门要积极支持住房租赁企业开展REITs试点
2017年9月	上海市政府办公厅	《关于加快培育和发展本市住房租赁市场的实施意见》	加快推进REITs试点
2018年2月	深交所	《发展战略规划纲要(2018～2020年)》	全力开展REITs产品创新

续表

时间	部门/城市	文件	内容
2018年4月	中国证监会、住建部	《关于推进住房租赁资产证券化相关工作的通知》	将重点支持住房租赁企业发行以其持有不动产物业作为底层资产的权益类资产证券化产品,推动多类型具有债权性质的资产证券化产品,试点发行REITs

资料来源：中诚信、深交所、住建部、前海金融城邮报。

随着中央和各级地方政府的支持，各项法律法规的逐渐完善，我国的REITs市场规模有望加速扩大，将进一步拓宽房地产企业融资新通道，推动房地产企业由重资产向轻资产转型。

按组织架构的不同，REITs类产品可分为契约型REITs和公司型REITs。因为公司型REITs在我国无法享受到一定的税收优惠政策，且发起程序较为复杂，当前国内市场上发行的全为契约型REITs。

契约型REITs以信托契约成立为依据，通过发行受益凭证筹集资金而投资于房地产资产。其运作基础为REITs管理公司（基金管理公司）、REITs保管公司（基金托管机构）和投资者（受益人）三方签订的信托契约。契约型REITs本身并非独立法人，仅仅属于一种资产。它由基金管理公司发起设立，基金托管机构（一般为银行）做担保，投资人购买受益凭证投资REITs享受投资收益，其中基金管理人作为受托人接受委托对房地产进行投资（见图7）。

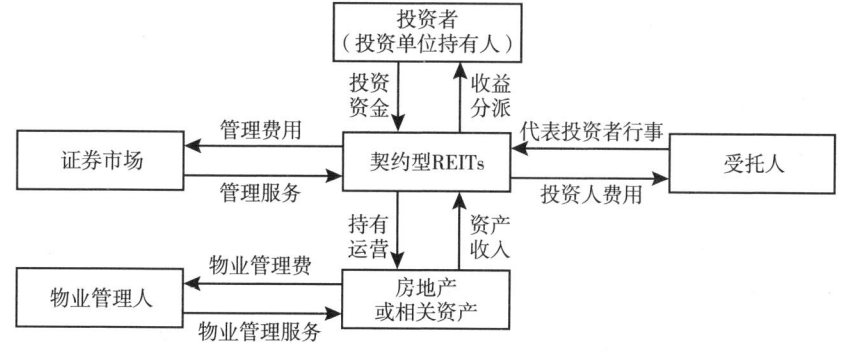

图7 契约型REITs交易结构

资料来源：迈点研究院整理。

公司型 REITs 以《公司法》为依据，通过发行 REITs 股份所筹集起来的资金用于投资房地产资产，REITs 具有独立的法人资格，面向不特定的广大投资者筹集基金份额，自主进行基金的运作。REITs 股份的持有人最终成为公司的股东，有权选举产生董事会，由董事会负责公司的经营管理（见图 8）。

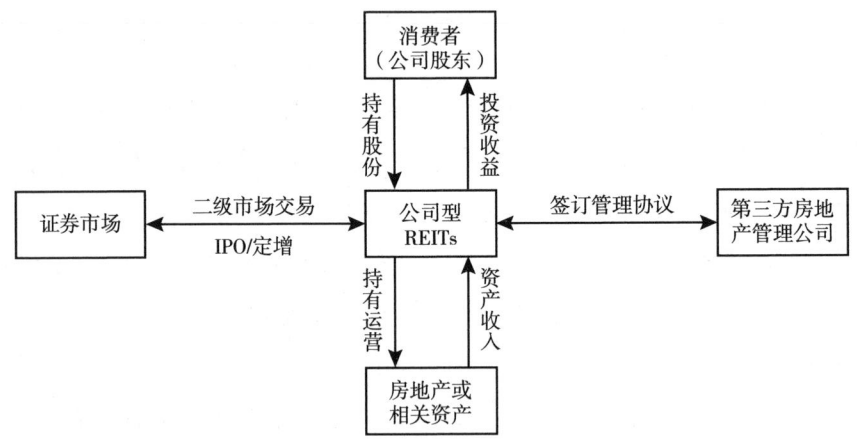

图 8　公司型 REITs 交易结构

资料来源：迈点研究院整理。

综上所述，契约型 REITs 和公司型 REITs 的主要区别在于设立的法律依据与运营的方式不同。契约型 REITs 比公司型 REITs 更具灵活性。美国主要以公司型 REITs 为主，而中国、英国、日本、新加坡等国家契约型 REITs 较为普遍。

按发行载体的不同，REITs 类产品可分为交易所 REITs 和银行间 REITs。交易所 REITs 的发行载体为交易所资产支持证券，银行间 REITs 的发行载体为银行间资产支持证券。发行载体的不同，导致这两类 REITs 的主要法律依据、主管机构、特殊目的载体、审批形式、发行方式、交易流动场所亦有所不同（见表 6）。但二者的交易结构十分相似，并无本质区别。

表6 按发行载体划分的REITs特征

	银行间REITs	交易所REITs
发行载体	银行间资产支持证券	交易所资产支持证券
法律依据	《全国银行间债券市场金融债券发行管理办法》《中国人民银行行政许可实施办法》	《证券公司及基金管理公司子公司资产证券化业务管理规定》
主管机构	中国人民银行	中国证监会
特殊目的载体	特殊目的信托	资产支持专项计划
审批形式	央行行政许可	挂牌机构出具无异议函/基金业协会备案
发行方式	向银行间市场合格投资机构公开发行	向合格投资机构定向发行
交易流动场所	银行间债券市场	上交所、深交所、机构间报价系统
产品代表	兴业皖新阅嘉一期房地产投资信托基金	除兴业皖新外市场上所有的当前REITs产品

资料来源：兴业银行。

因与成熟市场的标准REITs在很多方面存在明显差异，国内发行的相关产品多为类REITs产品。我国REITs发展时间较短，相关法律法规尚未健全，目前市场上发行的REITs和发达国家成熟市场的标准REITs相比，在成立目的、组织结构、税负水平、运营方式收入来源、收益分配方式、募集形式等方面仍存在一定的差异（见表7）。因此，我们把目前国内市场发行的REITs统称为类REITs，目前国内的类REITs实质上都属于ABS。

表7 我国类REITs和成熟市场标准REITs的差异

	类REITs	标准REITs
成立目的	主要以实现主体融资、期满进行回购为目的	获取利润,扩大REITs规模
组织结构	契约型(信托型/基金型)	公司型/契约型
税负水平	税负高,资产转移过程中需缴纳公司所得税、土地增值税等	将REITs应税收益的一定比例(美国为90%)分配给投资者,可免征公司层面的所得税
资产管理	被动管理	主动管理

续表

	类 REITs	标准 REITs
运营方式收入来源	绝大多数 REITs 规模固定；无法律法规要求，目前大部分收益来自项目成立时的基础物业公司运营收入和租金收入	可扩大 REITs 经营规模；有法律法规要求，REITs 公司会计划购入新资产，但大部分收入来源于可带来稳定收入的房地产租金、房地产抵押贷款利息或其他合格投资收益
收益分配方式	分为优先级和次级或 B 级，优先级优先享有固定收益，次级或 B 级可享有物业处置收益但通常期限较短	应税收益的 90% 以股利或分红形式分配给投资者，才可享有税收优惠的规定
产品期限	有明确存续期限	永续
流动形式	弱	强
募集形式	多为私募形式，募集范围一般在 200 人以下。原始权益人拥有优先回购权，可能影响产品最后以公募 REITs 形式退出	具有公募 REITs，成立时在 100 人以上，最大 5 个股东所持份额不超过 50%，上市公开发行时股东数量要求更高

资料来源：中债资信。

住房租赁产业实际收益率相对较低是我国 REITs 类产品面临的主要问题。由于物业回报率低和税负水平较高，我国类 REITs 的实际收益率远远低于美国水平，降低了我国类 REITs 的社会资本吸引力。根据我国当前所有发行的类 REITs 数据统计，我国所有 10 年期及以上的权益类优先级 REITs 的预期报酬率为 5.71%，略高于 AAA 公司债 0.7 个百分点，仅比 10 年期国债收益率高 1.9 个百分点。作为国内首单类 REITs "中信启航"次级/权益级的三年收益率仅为 17.9%，远低于美国权益类 REITs 年化 11.95% 的收益率。

造成我国类 REITs 回报率低的原因主要有两个。第一，我国相关税负水平较高。我国的类 REITs 存在多次征税问题，拉低了实际收益率水平。第二，我国的物业回报率水平较低。我国的一线中心城市住宅地产的租售比仅为 1.4%～1.8%，而在美国的主要城市如洛杉矶、纽约和旧金山等地的租售比都在 5% 以上。

在我国，通过政策、金融、税收等手段，提高物业回报率，是 REITs 发展的重要手段，比如租赁专用地、共有产权房、集体用地建设租赁房等方式。从短期看，可能将降低土地持有方的短期收益，提高建设开发方的短期收益，但有利于形成新的规划、建设租赁住房的模式。又比如传统开发企业，将部分库存物业转化为租赁物业，大幅度降低了实际持有成本，间接提高了资产回报率。另外，从国外经验看，在写字楼、工业、零售、住房等几个 REITs 主要类型中，在经济增长周期，住房租赁产业收益率通常低于其他产业，但该产业抗风险能力高于其他产业；在经济衰退周期，其表现好于其他产业，住房租赁具有明显的抗周期特性，更符合长周期、低风险偏好资金的需求，比如社保资金、保险基金等，是国外住房类 REITs 的重要资金来源。

REITs 市场规模巨大，政策东风推动行业持续健康发展。根据北大光华管理学院 REITs 课题组发布的《中国不动产投资信托基金市场规模研究》，预计中国公募 REITs 市场规模将达到 4 万亿元至 12 万亿元。在顶层政策暖风频吹的背景下，未来 REITs 市场有望迎来快速发展，而长租公寓 REITs 是非常适宜的公募 REITs 破冰切入点。

二 品牌资管产品运营模式

2017 年是长租公寓 ABS 的元年，多个私募抵押型及类 REITs、CMBS、ABN 获批。2017 年至 2018 年上半年，市场上相继推出了 10 单公寓类资产证券化产品，资金合计超 600 亿元。2017 年 2 月，中国首单公寓行业资产证券化产品——"魔方公寓信托受益权资产支持专项计划"在上海证券交易所正式挂牌转让；10 月，国内首单长租公寓权益型类 REITs 产品——"新派公寓权益型房托资产支持专项计划"正式"破冰"，自此打开了长租公寓的融资大门；12 月，以招商蛇口为发行人发行了全国首单储架式长租公寓 CMBS 和全国首单长租公寓 ABN，这种银行与房企合作的长租公寓证券化模式，或成为未来住房租赁市场发展的主流。

（一）近年来长租公寓相关资管产品蓬勃发展

资产管理行业参与租赁市场以发行资产支持专项计划为主要形式，近年

来长租公寓相关资管产品蓬勃发展，助力行业发展。目前长租公寓资产证券化产品类型主要包括类 REITs、CMBS 和信托受益权 ABS 三种。

类 REITs 方面，新派公寓 2017 年 10 月获批的权益型房托资产支持专项计划为国内首单长租公寓资产类 REITs 产品、国内首单权益型公寓类 REITs；其后又有保利地产、旭辉控股集团、碧桂园、越秀地产等大中型房企发行类 REITs 产品。CMBS 方面，招商蛇口 2017 年 12 月获批的"招商创融—招商蛇口长租公寓第一期资产支持专项计划"为招商蛇口国内首单储架式长租公寓 CMBS，总额度高达 60 亿元。信托受益权 ABS 方面，自如获批的两单房租分期信托受益权资产支持专项计划较为典型，下面我们也将详细介绍其业务模式。近年来长租公寓相关资管产品蓬勃发展，为公寓运营商提供了充足的运营资金，助力行业快速发展（见表 8）。

表 8 近年来长租公寓相关资管产品

类型	获批时间	产品名称	发行人	规模	备注
类 REITs	2017.10	新派公寓权益型房托资产支持专项计划	新派公寓	2.7 亿元	国内首单长租公寓资产类 REITs 产品、国内首单权益型公寓类 REITs
	2017.10	中联前海开源—保利地产租赁住房一号资产支持专项计划	保利地产	50 亿元	国内首单房企租赁住房 REITs、首单储架式发行 REITs
	2017.12	高和晨曦—中信证券—领昱系列资产支持专项计划	旭辉集团	30 亿元	首单民企租赁住房类 REITs
	2018.02	中联前海开源—碧桂园租赁住房一号资产支持专项计划	碧桂园	100 亿元	
	2018.02	中联前海开源—越秀租赁住房一号资产支持专项计划	越秀地产	50 亿元	
	2018.03	世茂—华能—开源住房租赁信托受益权资产支持证券	世茂集团	10 亿元	
	2018.04	中信证券—阳光城长租公寓系列资产支持专项计划	阳光城	30 亿元	

续表

类型	获批时间	产品名称	发行人	规模	备注
ABS	2016.08	魔方公寓信托受益权资产支持专项计划	魔方公寓	3.85亿元	
ABS	2017.08	中信证券—自如1号房租分期信托受益权资产支持专项计划	自如	5亿元	
ABS	2018.03	中信证券—自如2号房租分期信托受益权资产支持专项计划	自如	20亿元	
ABN	2017.12	飞驰—建融招商长租公寓系列资产支持票据	招商蛇口	200亿元	
CMBS	2017.12	招商创融—招商蛇口长租公寓第一期资产支持专项计划	招商蛇口	60亿元	
CMBS	2018.03	华夏资本—优钺—景瑞三全公寓资产支持专项计划	景瑞控股	7.2亿元	

资料来源：网络和公开信息。

（二）长租公寓的资产管理业务模式：以自如 ABS 为例

在此我们以"中信证券—自如1号房租分期信托受益权资产支持专项计划"为案例进行说明。2017年8月，"中信证券—自如1号房租分期信托受益权资产支持专项计划"成功发行，发行总额度为5亿元（其中优先级资产支持证券的募集总规模为4.5亿元，次级资产支持证券的规模为0.5亿元），由北京自如众诚友融信息科技有限公司作为原始权益人及资产服务机构，由中信证券担任计划管理人及推广机构。自如在长租公寓模式中引入消费金融的概念，并成功地将消费金融与长租公寓两个概念捆绑后开展了证券化融资。在长租公寓运营中引入消费金融，对于加速公寓运营商回款、提高租金回报率以及形成小而分散的优质基础资产都具有显而易见的良好效果。①

---

① 中信证券：《自如1号房租分期信托受益权资产支持专项计划成立公告》，http://www.cs.ecitic.com/news/newsContent.jsp?docId=4815317。

从交易结构来看，该资产管理专项计划的交易结构实质上是以住房分期贷款（自如分期）为底层资产，以原始权益人的信托受益权为基础资产，以租客按期偿还的租金贷款作为最终还款来源。而在上述交易结构的基础上，通过设置流动性监测账户、循环购买等方式，有效地规避了自如在开展住房分期贷款业务过程中形成的租金回款风险，确保了资产池的现金流在信托计划存续期内稳定可持续（见图9）。

中信证券—自如1号房租分期信托受益权资产支持专项计划使用了结构分层进行信用增级。该专项计划的结构设计中设定了优先级以及次级的分层结构，其发行规模比例分别为90%和10%。专项计划约定：优先级资产支持证券本息的分配在次级资产支持证券之前。当出现现金流归集不足的情形时，现金流支付顺序最后的次级资产支持证券将承担最初的损失，从而降低了高级别资产支持证券的信用风险。专项计划在正常境况下，按照预期收益率测算，次级资产支持证券能够为优先级资产支持证券的本息提供10%的偿付保障。

中信证券—自如1号房租分期信托受益权资产支持专项计划在结构上有着诸多创新：该项目为国内首单租住领域消费分期类资产证券化产品，为市场首例采用的双SPV结构加底层循环放款模式的证券化产品，有效解决了底层资产与证券化产品期限错配的问题。另外，项目交易架构中首次引入"流动性监测账户"设计，将合作机构流动性情况显性化，有效提升了对主体经营情况的监测力度并建立了有效预警机制。若资管计划的信用触发机制触发，基础账户内记录的资金不再用于向符合底层资产放款标准的租客循环发放房租分期小额贷款，资产管理专项计划将提前终止循环期并提前进入分配期。

对于资产管理方而言，其主要收入为资管计划的专项计划费用。专项计划费用系指每一个计息期间内管理人合理支出的与专项计划相关的所有税收、费用和其他支出，包括但不限于因其管理和处分专项计划资产而承担的税收（管理人就其营业活动或收入而应承担的税收不在上述税费范围内）和政府收费、继任管理人的管理费（如有）、托管人的托管费、登记托管机

品牌发展上下游产业链分析

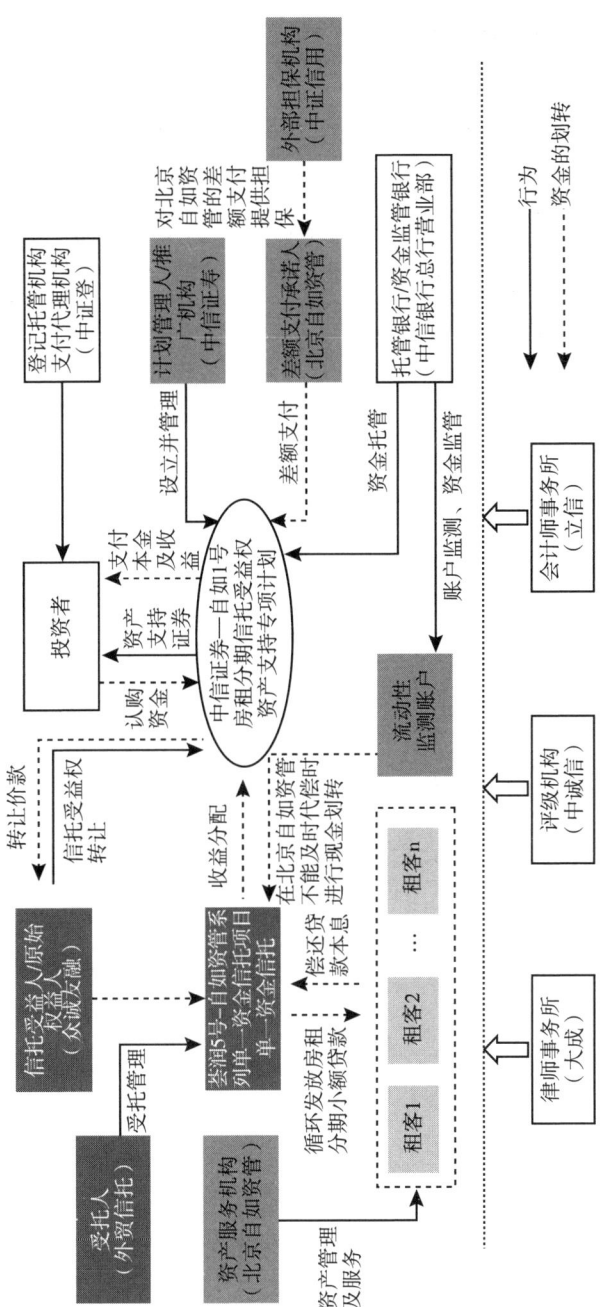

图 9 中信证券—自如 1 号房租分期信托受益权资产支持专项计划说明书

资料来源：中国饭店协会公寓委员会整理。

构的登记托管服务费、对专项计划进行持续信用评级的评级费、对专项计划进行审计的审计费、兑付兑息费和上市年费（如有）、资金汇划费、执行费用、信息披露费、召开资产支持证券持有人大会的会务费以及管理人必须承担的且根据专项计划文件有权得到补偿的其他费用支出。

除原始权益人或其他第三方另行支付外，在专项计划存续期间实际发生的应由专项计划资产承担的费用从专项计划资产中支付，列入专项计划费用。管理人以固有财产先行垫付的，有权从专项计划资产中优先受偿。

可以预见的是，随着未来住房租赁金融的蓬勃发展，作为资产证券化参与主体的资产管理行业将发挥越来越重要的作用。

三 品牌成熟配套产业链

伴随着住房租赁市场的逐步繁荣，配套产业链的发展也越来越完善。成熟的公寓供应链企业，对于中国住房租赁产业的健康化、规范化有着重要的影响力。如今，由租赁金融及融资服务企业、家居家电生产服务企业、装修设计及施工服务企业、租后服务企业、公寓运营托管服务企业等五大主要类型组成的配套产业链，对于住房租赁市场发展的驱动力在不断增强。

住房租赁产业业务链条所涉及的供应链产业非常广泛，不再局限于传统的物业管理、房产销售、居间经纪、家政服务等服务产业，同时涵盖供应链金融、股债融资、装修、家电、家居、维修、保洁等供应链产业配套，是多个服务模式产品的结合体。

在住房租赁发展的早期阶段，由于供应链企业的匮乏和产品单一，住房租赁运营商大多结合自身运营模式的特点，自行开展多个供应链业务以满足企业发展需求。例如自行筹资融资，自建家居设计生产厂家，自设房屋设施维修部门、后勤部门及保洁服务部门等。通过这种自建供应链体系的运营模式，虽然满足了企业和客户的需求，创造了更低的成本和更高的利润收入，但这一模式难以适应产业标准化、规模化发展的要求，影响了企业的发展速度。自建供应链的模式繁重，也导致了企业产生资源过于分散，市场专注度下降，投入资金过大、回报周期过长等负面问题。

伴随国家政策对住房租赁及住房租赁产业的扶持，长租供应链企业如雨后春笋般成长壮大。国内一些家居家电巨头企业，也研发了适合公寓的产品，进军住房租赁供应链空白产业。展望未来，伴随着住房租赁企业运营模式的日渐成熟，供应链企业的生产规模日益扩大，住房租赁服务的配套产业会呈现精细化、品质化、低成本规模化的趋势。成熟的公寓供应链企业对中国住房租赁产业的健康化、规范化有着重要的影响力。

住房租赁供应链主要涉及以下领域。

（一）租赁金融及融资服务企业

该类金融产品及企业主要涉及住房租赁运营的拿房、建设生产、出租去化、人才建设等金融支持。该类金融产品通常以房屋或项目的租约权或部分产权为担保，对通过风控的公寓运营商进行金融借贷服务。例如，B端收房金融产品，帮助公寓运营商在获取优质房屋或项目时，进行一次性融资付款；B端装修金融产品，帮助公寓运营商解决房屋或项目装修一次性投入耗资巨大的问题；租客金融产品，帮助公寓租客减轻一次性支付多个月租金的付款压力；保理及融资产品，帮助公寓运营商一次性拿到未来租约合同期内的利润收入。以上金融产品，均可通过公寓后期运营获得收入后再分期还款，降低企业资金压力。

目前市场上的金融产品主要有58月付、会分期、京东白条、元宝E家、应花分期、阳光分期等。受制于此前国家相关部门对金融小贷行业乱象的清查整顿，以及对"租金贷"等产品的严格管控，租赁金融服务严重收缩。未来公寓行业的金融产品，将回归到正规合法、科学风控的轨道上来。对于运营能力强、产品服务有质量保障的高信用公寓企业，租赁金融及融资服务才能起到健康的产业助推发展作用。

（二）家居家电生产服务企业

公寓产业非常需要可以满足租赁业务场景的家居家电产品，尤其是可靠

低耗、质优价廉的智能家电产品。而目前的家用家电及家居产品，更加关注家庭用户的品质需求，价格偏高，导致公寓运营商在房屋配置方面投入的成本过高，拉长了单套房屋租赁的回本周期，不利于公寓企业的资金回笼及扩大再生产。

目前海尔、美的、TCL、格力、樱花等国内家电巨头企业和一些本土的家具家居生产厂商，均在住房租赁市场加速布局，推出质优价廉的公寓工程机，功能简单、性能可靠，深受公寓运营企业的欢迎。同时，一些厂商也推出了适用于公寓运营的智能化家居家电产品，提高租客用户的居住体验，提高公寓服务品质。但是，由于租赁产业的不成熟性，稳定的公寓家居家电产品供货渠道及时效性存在较大问题，例如：旺季时频现空调、冰箱断货，家居家电的线下配货、安装服务不及时等，对公寓企业造成了一定困扰。

针对上述问题，一些家电家居企业通过产品、模式创新，在提高产品品质的同时，针对公寓企业的需求推出定制化的解决方案，实现整套设计、整套送装、24小时售后服务以及相应的金融解决方案。例如，海尔推出了住房租赁行业智慧成套解决方案，成套销售带来一站购齐的采购模式，全方位依据个性化需求，打造智能装修成套销售的体验方案，为公寓运营商节省了人力、物力和时间。以海尔与麦家携手打造的智慧公寓为例，品寓武林广场店是海尔与麦家合作以来首个落地的全场景智慧公寓项目，在可对外租住的房屋中，涵盖了海尔智慧家庭中的智慧客厅、智慧浴室、智慧厨房、智慧卧室4大物理空间解决方案。以智慧浴室为例，浴室中以智慧魔镜为核心，海尔魔镜可以智能监测浴室温度、湿度、亮度以及空气环境等方面的变化，可实现控制整个浴室的灯光、风暖、排风、热水器、马桶盖、体脂秤、肌肤仪等智能设备，并能记录用户习惯，调整室内环境，定制个性化浴室空间。

（三）装修设计及施工服务企业

公寓的装修设计是影响租客租住体验的重要方面，也是公寓运营商的产品核心竞争力之一。公寓的装修设计及施工，非常考验公寓企业的产品设计水平、成本控制能力、施工质量管理能力。早期的公寓运营企业，由于传统家装的非标性，装修市场鱼龙混杂，导致公寓装修成本控制十分困难。伴随着公寓产业的发展和公寓从业者的增加，很多公寓企业自行研发出一整套公寓设计方案及装修实施方案，规模化施工又大幅降低了装修成本，并逐步建立完善了自己的供应商体系，保证品牌公寓的装修一致性和标准性。因此，各地区一些规模较大的公寓企业，会形成相对成熟的装修方案和施工合作伙伴，以及相对完整的质量监管体系和商务结算策略；各地区一些中小型公寓企业，仍采用传统的分块包工装修模式，仅以成本控制为第一优先级，存在装修质量欠佳、室内空气质量不达标等现象。

装修设计及施工服务企业目前存在较大的改善、整合和发展空间，随着行业的不断成熟，未来公寓装修的服务企业将日趋标准和完善，在一定程度上将减轻公寓运营商的产品开发压力。

（四）租后服务企业

租后服务是公寓产业中租客用户对服务质量居住体验的重要考核标准之一，目前较为成熟的领域为租后服务中的维修和保洁服务。其中，维修保洁服务的及时性和服务质量，是影响公寓服务口碑的重要因素。公寓租后服务不同于物业服务和酒店客房服务，既不能像物业服务一样仅管理公共区域，也不能像酒店客房一样高成本服务投入。住房租赁尤其是分散式公寓的维修保洁服务，存在突发性、特殊性、非标性等特点，小微型公寓企业对维修保洁服务成本投入不足，中大型公寓企业对服务覆盖范围和响应速度存在不足。公寓租赁运营本身利润微薄，导致很多公寓运营商忽略租后服务质量，影响了客户体验和口碑，进而造成退租率过高、空置率居高不下等影响企业健康发展的问题。

市场上公寓第三方维修保洁服务仍然在模式探索期，例如寓伴管家、小马快修、寓道科技、蜂鸟屋等。第三方维修保洁服务企业对公寓提供更标准、更优质的租后服务体验至关重要，同时可以规模化降低公寓运营的人力成本投入。

（五）公寓运营托管服务企业

公寓运营托管服务企业是帮助房屋及项目持有者进行专业化公寓运营，保证公寓资产收益、提升服务溢价的供应链产业服务商。受制于公寓利润较薄，公寓地段及房屋分布的多样性，公寓托管服务企业的发展备受挑战。目前市场上的公寓托管服务企业，均以加盟或战略合作的方式，接管房屋与项目的运营权，或者对公寓企业进行增值服务，并与房屋或项目的持有者进行分润合作。通过标准化输出运营模式、管理系统、产品设计方案和人才培训，快速复制提升品牌溢价。目前，集中式托管服务代表——乐乎和分散式托管服务代表——乐服，由于行业整体发展尚属早期，还不具备规模化影响力。受限于公寓产品的严重地域差异性和非标性，公寓运营的标准化复制存在一定的难度。但很多处于瓶颈期的公寓亟待托管服务企业整合，尤其是随着政府资源、公共租赁住房、自持租赁用房成规模进入交付期，未来市场前景巨大。

四　品牌智能化与互联网

近些年，远程设备监控系统、智能门禁、智能安防、智能停车等，几乎成了大型房地产企业开发的楼盘标配，推广应用速度很快，很多中小企业通过加盟、股权合作、战略合作等方式，用资源换技术，使这些技术成果被普及和共享，颠覆了传统的运营管理模式。同样，在住房租赁市场，智能化和互联网的助力，也将大幅提升企业的运营效率。

信息技术对住房租赁发展具有重要的支撑作用，在企业营销、服务与流程优化、提高管理水平等方面效果明显，尤其是我国住房租赁产业依托后发优势，结合信息技术最新发展成果，将移动互联网、智能设备、物联网等技术运用于行业，在提升服务质量、优化管理效率、能源计量与管理、移动支付等方面取得了良好的效果，实现了"分散式房源的集中管理"，随着行业的发展，大数据、人工智能等技术的进一步推广和使用，我国将在住房租赁专用科技方面，具备引领全球的潜力。

信息技术在住房租赁产业，主要有以下领域的应用。

（一）住房租赁营销平台

住房租赁营销平台是指住房租赁企业将房源信息发布并获取租客的应用平台，目前住房租赁流量平台规模与流量正在快速发展过程中，主要缺点是房源信息不完整、真实性有待提高，房态信息管控难等，其根源在于营销平台与企业内部管理平台的数据模型、流程管控体系尚未建立。该领域发展空间巨大。

目前，58同城采用的分类信息发布的管理模式，占据着租房网站流量约60%的线上流量份额，目前正在改进发布和审核服务模式，提高房源的真实性，以确保市场份额。链家作为行业最大规模的公寓运营商之一，链家网与贝壳找房，2018年在全国范围的大力营销推广，占据了约20%的线上流量份额。阿里旗下的支付宝联合蘑菇推出的蘑菇租房平台，通过支付宝本身的用户人群进行租房导流，在全国签约上万家公寓企业，占据了超过15%的线上流量份额。其余5%的流量来自其他租房平台及地方信息发布网站，如巴乐兔网、嗨住网、咸鱼、知乎和各大论坛等。与此同时，各省市住建部门建立的住房租赁平台，其功能更多地倾向于行业监管、租约备案平台，尽管也具备房源发布与展示、房源预订等功能，但用户数量较低。

住房租赁营销平台目前属于发展早期，需要平台方投入大量的市场推广与营销成本，这将考验平台的服务管理能力。由于租赁场景的低频性、非标性、区域性等特点，公寓租房平台的发展道路崎岖坎坷。早期的爱屋吉屋、搜房网租房、小螺趣租、hi租房、会找房、爱直租、娄底网等均已经宣布失败，仅余嗨住网、巴乐兔网还在租房市场上继续运营。与此同时，阿里巴巴、腾讯、平安好房等巨头企业的进驻，使市场资源的掠夺和行业竞争愈加激烈。在未来的几年，将会诞生规模巨大的真房源租房平台，也将进一步完善租赁产业诚信体系、评价体系、服务质量体系，给公寓运营商和租客双方带来行业福音。

（二）住房租赁企业内部管理系统

住房租赁企业内部管理系统是行业发展热点，该系统不同于物业管理系统与房地产销售系统，主要涵盖企业的拿房、合同、人员、施工、验收、签约、账务、配货、订单等环节。早期企业使用传统的 EXCEL 及台账管理，管理水平较低，随着行业规模化、标准化的提升，专业化的公寓管理系统是发展方向，其功能包括完善的房客资源管理、分散式集中式房源管理、合同管理、流程管理、供应链管理、资产管理、租客端、管家端、供应商端、财务管理系统、报表和数据系统。管理系统可基于公寓实际业务场景产生的丰富灵活的门店、区域、大区、总部等组织架构设计，给予匹配企业权限支持和管控支持。

其中，房客源 CRM 系统可帮助公寓运营商进行大量的业主、租客资源管理，形成健康的销售、跟进、成交的考核管理体系；分散式集中式房源管理系统涵盖集中式分散式房源模式，能实时掌握企业房态和房源空置情况；合同管理有效杜绝公寓合同丢失、遗漏、更新不同步带来的纠纷损失，并结合流程管理功能，实现业务进程把控，合同规范性监管，规避潜在运营风险。

供应链管理和资产管理，可帮助公寓运营商高效把控装修、配货、施工进度和预算决算核验，高效精准盘点公寓固定资产价值，评估遗失损耗情况，实现精细化成本管控。

租客端、管家端、供应商端通过微信公众号或 App 模块，在实现房屋、租客、合同、收支信息查询的基础上，辅助打通前端订单发布和后台派单承接管理，考核管家和供应商服务质量，提高企业后台人员配合效率，大幅降低运营人力成本。

财务管理系统与报表和数据系统，需满足公寓财务的权责发生制和收付实现制要求，帮助公寓自动化实现复杂的房屋利润和企业现金流统计，辅助公寓管理层提高财务管理颗粒度，严避资金风险；基于财务统计结果，可帮助公寓形成科学的责任制薪酬和业绩激励制度，大幅增进团队活力；并根据系统动态统计的企业运营数据，及时指导业务调整方向，提高运营效率，克服运营盲区。

管理系统基于企业规模及类型有所不同，大型企业大多选择自行开发，比如链家自如、我爱我家相寓、蛋壳、青客、美丽屋、爱上租、万科泊寓、世联行红璞、安歆公寓等，均自主研究开发公寓管理系统，斥资千万元至上亿元人民币；其他多采用第三方公寓系统如蘑菇、房乾、全房通、寓小二、水滴管家、房东利器等；其中，蘑菇规模覆盖中小型公寓企业，房乾覆盖中大型公寓企业及开发商国企央企公寓，全房通覆盖中型公寓企业，以上三家占据公寓行业超过90%的系统市场份额（见表9）。

表9 各大平台管理系统及价格

品牌	用户定位	模式	专业度	覆盖房量	价格范围
58同城	流量平台	流量	—		端口费
链家网贝壳	流量平台	流量	—		目前免费
蘑菇	小型公寓	流量+支付	低	约200万套	免费+保证金
房乾	中大型公寓	标准系统+定制	高	约80万套	数万元至数百万元
全房通	中小型公寓	标准系统	中	约30万套	数万元至数十万元
寓小二	小型公寓	标准系统	低	约10万套	免费至数千元
水滴管家	小型公寓	标准系统	低	不详	数千元
自建系统	企业内部	自研开发	高	约90万套	千万元至上亿元

资料来源：迈点研究院整理。

（三）智能门锁及水电

运用物联网设备提高管理效率是我国住房租赁企业的一个特点，通过智能门锁接入管理系统实现自动秘钥分配，智能水电气实现线上充值和远程抄表与状态实施控制等操作，在提高租客用户交互黏性的基础上，可对租客行为异常或人身安全进行辅助性监测管理，降低公寓安全风险；同时，在租金催交和水电气暖网等服务费用的逾期管理方面，能有效降低人力成本投入，改善用户服务体验。公寓智能门锁品牌如云丁、果加、蛋贝、科技侠等，水电表品牌如云丁、蜂电、超仪、云控等，均占据公寓智能门锁和水电表行业超过90%的市场份额。

（四）电子签约及支付

电子签约实现租约合同的线上签署认证，将租赁成交的签约过程，从传统的 40~60 分钟，快速降低至 5~15 分钟，大幅提高了运营人员的签约效率，降低了用户等待时间以及跑单概率；同时，电子合同大幅提高了条款约束的标准性，减少了各类纠纷问题发生的概率，提高了签约效率。

线上支付实现了快速的收付款入账管理，并大幅降低了财务人员对账、查账的烦琐工作，杜绝管家人员私下吞账及乱收费现象，维护客户口碑；结合线上支付，系统可自动实现房态和门锁状态变化，提高续费后服务响应的及时性。

线上签约品牌主要有上上签、法大大、e 签宝等，在线支付品牌主要有支付宝、微信、银联聚合等。

（五）智能安防

智能安防，包括智能门禁、智能停车和智能消防系统，随着国内人脸识别技术、车辆车牌识别技术、烟雾探测技术的发展成熟和生产成本下降，公寓智能门禁管理可告别前台轮班和人工服务。除集成传统的刷卡、手机绑定、指纹管理模式外，公寓门禁可采用人脸识别功能，有效保证入住人员人证合一，严格规范房客制度，提高公寓安全标准；消防烟雾传感器可接入公寓管理系统，对房间的消防状态进行实时监测，异常情况触发警报并自动打开喷淋，关断电源，保证楼宇及人员安全。

参考文献

[1] 《中国不动产投资信托基金市场规模研究》，北京大学光华管理学院。
[2] 谢皓宇、白淑媛：《小谢看地产、REITs 行业研究》，http://finance.sina.com.cn/trust/xtplyj/2018 - 05 - 02/doc - ifzvpatr6127830.shtml。

指 数 篇

Index Study

B.4
中国住房租赁品牌指数体系

任开荟　丁晓宇*

摘　要： 我国当前流动人口城市住房供需失衡，缺口巨大，促进住房租赁行业健康发展对于人民追求美好生活具有深远意义。近年来住房租赁行业品牌涌现，截至目前总数量已超过2000个。无论是品牌运营者、消费者、物业主、行业投资人还是相关监管部门，都需要一套科学的住房租赁评价体系来进行品牌评价、建设和管理，以促进行业发展。住房租赁品牌评价体系是一套针对住房租赁行业的科学品牌评价指数体系，评价体系的建立以中国品牌价值报告等经典品牌评价模型为基础，并参考Interbrand品牌评价模型精

---

* 任开荟，英国阿斯顿大学会计金融学硕士，迈点研究院高级研究员，研究方向为长租公寓、联合办公、商业地产；丁晓宇，浙江大学管理学硕士，迈点网副总裁兼众数信息总裁，研究方向为智慧旅游、智慧城市、商业空间。

髓,结合住房租赁行业特点和"互联网+"经济发展趋势,可动态监测品牌与消费者之间的关系,对住房租赁行业品牌进行持续性评价。

关键词: 品牌指数　长租公寓　品牌评价方法

一　研究背景

(一)品牌研究背景

1. 中国品牌战略规划

品牌建设不仅能够满足人们对于美好生活的追求,更能激发消费增长的内动力。随着中国经济的不断发展,人民群众的生活水平、文化需求不断提高,人民群众的消费需求呈现多样化、个性化的升级特点。加强品牌建设,将有助于产品品质的提升,满足人民群众消费升级的需要。[1]

作为世界第二大经济体,中国当前经济发展迅速,正处于结构优化、动力转化发展阶段。要促使经济的进一步发展,摆脱对传统资源和环境的依赖,实现由要素规模驱动转向创新驱动。加强品牌建设,无疑在这一过程中扮演重要角色,是实现国家经济持续健康发展的重要支撑和持久动力。增强品牌建设有助于优化产业结构、提高制造业竞争力。一方面,进行品牌建设,能够促使我国制造业由早期价值链底部向上游研发产业链延伸,推动技术、产品的创新;另一方面,能够促使制造业价值链向下游营销产业链延伸,促进商业模式的创新,从而激发企业无形资产所蕴含的潜力,转化成为市场竞争力、创造市场价值。[2]

---

[1] 汪同三主编《中国品牌战略发展报告(2016)》,社会科学文献出版社,2016。
[2] 汪同三主编《中国品牌战略发展报告(2016)》,社会科学文献出版社,2016。

当前,国家和地区之间的竞争力已经从军事竞争、产品竞争阶段转变为品牌竞争阶段。品牌发展关系到国家战略安全,是实现政治、经济、文化综合创新的重要载体,正在成为推动中国经济发展的新动能、新力量。[①]

国家对于品牌发展所提供的政策支持,已从鼓励品牌数量增长转向促进品牌质量、效益增长。集中体现为:"以评促建"计划停止,"中国品牌""驰名商标"禁用;"十二五"规划提出"推动自助品牌建设,提升品牌价值和效应,加快发展已拥有国际知名品牌和核心价值的大企业";"十三五"规划强调建立品牌长期规划体系、完善品牌培育机制、完善品牌建设标准体系和评价体系,引导企业加强质量品牌建设,着力打造"中国品牌"。

2016年,国务院办公厅正式出台《关于发挥品牌引领作用推动供需结构升级的意见》;2017年,国务院将5月10日确立为"中国品牌日",成为中国品牌建设继往开来的一个里程碑式的引导性政策。

近年来,国家实施"供给侧结构性改革""一带一路""中国制造2025""互联网+",确立"中国品牌日"等一系列改革和国家战略,实际上也是在强化政府对品牌建设的推动作用,利用政策的杠杆作用调节激励企业进行品牌建设,进而促进民族品牌发展,塑造良好的国际品牌形象,这是一项长期国策。随着国家政策对于品牌建设的引导不断加深,越来越多的行业开始重视品牌建设,以促进产业不断升级。

2. 长租公寓品牌涌现

伴随国家信贷收紧、租购并举、租售同权一系列宏观政策调节,以及我国租赁市场存在的巨大缺口,我国房地产行业近年来正积极进行战略转型,各大地产企业纷纷进军长租公寓相关业务领域,进行行业创新升级和战略调整。[②]而今,我国已逐步进入城市更新和存量房增量房并重的时代。"互联

[①] 汪同三主编《中国品牌战略发展报告(2017)》,社会科学文献出版社,2017。
[②] 陈永慧:《长租公寓品牌商大盘点》,《安家》2018年第5期。

网+"时代的到来,为长租公寓行业注入了生机和活力。广阔的市场前景、国家政策的大力支持以及大量资本的介入,使得互联网背景下的长租公寓创业品牌大量涌现。① 据迈点研究院不完全统计,长租公寓品牌数已超过2000家。

不仅是品牌的创建依托于互联网,在具体运营过程中,长租公寓也在多个方面运用了互联网思维。据统计,我国70%的长租公寓用户为"80后""90后",其用户习惯导致互联网渠道如微信、微博、电商平台等成为用户了解品牌的主要方式,也促使线上流量成为长租公寓获得客群的重要途径之一。②

而今,公寓运营者开始借助流量切入社区经济。公寓运营商借助官网、官方App以及在线租房平台等工具,通过文字、图片和视频信息来解决用户与运营者之间的信息不对称问题,极大地提高了彼此沟通效率。③ 同时,通过线上管理体系将产业链、运营商各个环节关联,公寓运营商还可以有效地降低公寓运营人力成本,提升管理效率。随着物联网、移动支付等高科技与互联网技术的深入结合,长租公寓行业的商业模式在不断创新,并针对生活服务的闭环不断完善。

当前,长租公寓行业仍处于"跑马圈地"阶段,市场集中化程度较低。随着政策对于行业的引导和扶持不断加强,未来的长租公寓必将朝着规模化、集约化和专业化方向发展。增强运营管理实力、构建品牌优势,是公寓运营商扩大市场份额的关键。事实上,作为我国支柱型产业的房地产产业,品牌建设也一直被看作其成熟发展的重要资源体现,也是提高产品差异化、提升溢价、优化资源配置、提升融资效率的重要手段。

结合长租公寓品牌"互联网+"程度高的发展特点,加强品牌建设,

---

① 吴力军:《"互联网+"背景下的长租公寓盈利模式研究》,《住宅与房地产》2018年第9期。
② 麻红英:《互联网+长租公寓发展前景分析报告》,2017年11月14日,https://wenku.baidu.com/view/b8d70460a7c30c22590102020740be1e640ecc7d.html。
③ 克尔瑞信息技术有限公司编《房地产品牌营销策略》,中国物资出版社,2012。

为用户提供专业化的服务体系，是长租公寓提升溢价的核心所在。研究表明，消费者自我概念与品牌形象一致性，对品牌忠诚存在正向影响。① 了解用户是进行品牌建设的第一步，公寓运营者在对现有用户和潜在用户的实际情况和需求有明确定位后，才能对产品品类设计有精准的定位，进而确立品牌形象，让消费者与品牌产生共鸣。围绕品牌核心价值结合"互联网＋"开展公寓运营工作，如工程建设、销售、广告宣传等，提供系统化执行服务标准，构建合理的盈利模式、形成品牌协同效应，才能让品牌长租公寓区别于传统的"二房东"运营模式，培育大批忠实用户，实现真正意义上的市场拓展和占领。②

3. 长租公寓用户面临品牌选择

品牌可以帮助消费者进行产品识别、浓缩信息，帮助消费者进行安全性认知，同时也承载着消费者的情感。品牌与消费者之间的关系是从无到有、由远及近的过程，伴随消费者对产品的购买和使用，并在过程中产生品牌的忠诚度。③

在互联网技术高速发展和普及的今天，根据《中国互联网络发展状况统计报告》数据，截至2018年6月底我国网民规模达8.02亿，互联网普及率为57.7%。④ 互联网渠道如微博、微信、移动搜索、电商网站等已经成为企业、品牌、消费者沟通的重要途径。然而，信息传递呈现碎片化、便携性、互动性、个性化和即时性的特点，方便消费者的同时，也使得消费者对品牌的认知会出现一定偏差。⑤

随着我国房地产行业进入存量市场，选择租赁住房的群体正在不断扩

---

① 杨爽、郭昭宇：《品牌依恋对品牌对抗忠诚的影响研究——基于心理距离的调节作用》，《消费经济》2017年第3期。
② 巴曙松、杨现领：《房地产大转型的"互联网＋"路径》，《中国房地产》2015年第27期。
③ 罗小容：《浅谈品牌与消费者之间的关系》，《中国新技术新产品》2012年第5期。
④ 《中国互联网络发展状况统计报告》，中国互联网络信息中心，2018年8月20日，http://www.cnnic.cn/hlwfzyj/hlwxzbg/hlwtjbg/201808/t20180820_70488.htm。
⑤ 邱长波、孙凯、古安伟：《移动互联网环境下品牌信息内容呈现对消费者参与影响的理论模型研究》，《图书情报工作》2016年第10期。

大,这与人们追求美好生活密切相关。在长租公寓品牌繁多、运营高度互联网化的今天,长租公寓用户多通过品牌官网、App、在线租房平台等途径寻找房源,然而在使用过程中却经常面临房源信息不真实、房租价格与实际不吻合、配套服务不到位等多种问题。此种情况下,如何选择优质住房租赁品牌,是长租公寓用户提升用户体验的关键。

4. 业主面临品牌运营商选择

我国长租公寓产业流程大致包括获取房源、设计装修、营销签约、日常运营管理和后期项目退出等几个环节。根据长租公寓运营主体可以将长租公寓运营模式分为以下几种:①房地产开发商持有、运营;②房地产服务商租赁、运营;③酒店企业租赁、运营;④互联网品牌机构租赁、运营等。其中房地产服务商、酒店、互联网品牌机构的房源主要来自房源租赁以及物业委托,物业持有人分为普通地产物业持有人和分散式住宅物业持有人。同时,随着近年来地方政府和企业对于人才公寓、员工公寓的关注加强,其所涉及的角色也不乏企业、政府园区等。

物业持有人选择良好的品牌运营商对公寓进行合理管理、运营,可以在保证公寓出租率的同时,获取较高的租金溢价和服务溢价。作为物业持有人,如何选择良好的品牌对公寓物业进行运营,是他们共同关注的问题。

5. 投资者品牌投资决策需要

随着我国市场经济体制改革的不断深入,企业兼并、投融资等经济活动更加频繁,其中开始涉及更多的关于企业品牌价值体系、品牌价值的评估,客观地衡量品牌价值、品牌溢价,对于投资方决策至关重要。①

需求和政策双重驱动下,将长租公寓推上了资本风口。长租公寓获得投资的途径包括类REITs、ABS、股权融资、银行贷款和众筹等。目前,股权投资是新兴长租公寓品牌获得融资的重要途径之一。仅2018年上半年,自

---

① 钱明辉、李蔚菱、李祺等:《企业品牌价值外部评价方法研究进展及其启示》,《品牌》2016年第6期。

如、优客逸家、蛋壳、乐乎等头部品牌就相继获得了华平资本、红杉资本、腾讯领投、翰同资本、鸥翎资本等资本方的青睐，募集金额达数十亿元人民币。根据华箐证券统计，目前品牌公寓整体估值约为 4.2 万亿元，① 其中头部品牌更具资本号召力，所占比例达到 10% 左右。由此可见，随着行业的发展和壮大，投资者对于长租公寓的关注，已由房源多少上升至运营和品牌。②

加深对产业链、品牌运营的理解，对品牌动态发展形成客观认识，并对品牌进行持续性关注，可以帮助投资者完善投资决策。长租公寓属于重资产运营模式，前期所需资金量庞大，且投资回报周期较长。通过轻资产运营模式，与行业上下游、相关业态协同，降低投资风险，是投资机构尤为关注的。这其中，线上、线下的运营状况，项目的扩张速度，产品的规模与溢价，都是关键核心。投资方需要在诸如公寓品牌运营商如何利用线上流量迅速覆盖市场，品牌发展到一定程度时如何在供应链采集环节获得优势，如何在不对社区运营造成伤害的前提下进行商业化产品和服务推荐创造价值，分领域合作服务商如何在原有服务模式上进行创新升级等问题上得到及时反馈。③

随着类 REITS、ABS 等资产证券化融资方式在中国的不断成熟和应用，未来相对稳健的现金流将成为投资回报的关键因素。这也促使投资方进一步加大对长租公寓等空间资产运营品牌的持续关注。

6. 长租公寓相关部门、机构及媒体需求

作为民生行业，长租公寓品牌的发展引起了政府部门、金融机构、主流媒体的广泛关注，如商务部、住建部等部门对长租公寓品牌发展给予政策上的认可和支持，引导长租公寓品牌长久发展；金融机构也因长租公寓所需资金量庞大等特点，针对融资难等问题积极进行融资模式探索和创新；主流媒体的报道不断加强，则是长租公寓对于提升我国流动人口居住品质的最好肯

---

① 詹妮妮：《36 氪首发 | 长租公寓"金融化"趋势下，提供运营及资产数字化管理的「蜂鸟屋」获数千万天使轮融资》，2018 年 6 月 27 日，http://36kr.com/p/5139562.html。
② 黄勇：《赋能资本胡振寅：深耕长租公寓赛道，轻资产是创业公司的最佳路径》，爱分析 ifenxi，2018 年 1 月 26 日，https://mp.weixin.qq.com/s/cr5OG3ZclQAMAmaqTBzFtg。
③ 唐龙虎：《长租公寓离不开金融，也必将走向金融》，《中国房地产》2017 年第 26 期。

定和舆论监督。在各方密切关注长租公寓品牌发展的同时，具备针对性的品牌评价体系，将能更好地让大家客观、延续性地认清行业。

（二）品牌学术研究背景

国家品牌战略的引导以及我国市场经济体制的不断完善，使得各方对于品牌价值的关注逐步加强，品牌价值已成为管理学界热门的话题之一。品牌是企业乃至国家核心竞争力的标志性指标，关系国家社会发展和经济转型升级。对于企业来说，品牌作为一种企业所拥有的具有溢价、产生增值的无形资产，越来越受到其利益相关者如管理人员、员工、投资者、客户、供应商、业务伙伴等当事人的关注。①

企业发展中对品牌进行标准化建设，是企业提高产品经济效益的必经之路，可以帮助企业储存增值、促进销售、降低成本、维权保护、保存独特优势；也可以帮助消费者识别导购、降低风险、展示个性。加强品牌标准化建设的同时，如何对品牌价值和溢价进行科学、公正、准确的评价，从而促使品牌建设逐步完善，就显得日益重要。

品牌价值评价是对品牌多方面因素的综合判断，包括品牌能力、品质、影响力、声誉、文化等。当前学术界对于品牌价值的评价主要综合考虑三个因素：财务因素、市场因素和消费者因素。② 主要的品牌价值评价方法有品牌资产10项指标衡量法、品牌知识（CBBE模型）、中国品牌价值报告、品牌价值评估电通模型、品牌资产趋势模型、品牌资产引擎模型、模块化的品牌评价体系、特许权免除法、世界品牌实验室模型、Interbrand品牌评估模型等。这些体系主要是建立在品牌的市场价值上，虽然多从综合、可观、数据化角度进行全面考量，但至今尚未有一种方法得到学术界的普遍认可，其评价结果也不能完全作为品牌资产交易的依据。但不可忽视的是，当前主流

---

① 张燚、张锐：《品牌生态学——品牌理论演化的新趋势》，《外国经济与管理》2003年第8期。
② 钱明辉、李蔚菱、李祺等：《企业品牌价值外部评价方法研究进展及其启示》，《品牌》2016年第6期。

品牌价值评价方法对品牌成长、优势、顾客忠诚程度等方面有了较为集中的体现,对衡量品牌作为一种无形资产能够为企业所带来的超值能力具有一定参考作用。

1. Interbrand 品牌评估模型

Interbrand 品牌评估模型是由英特品牌公司推出的品牌评价方法,每年发布"最佳全球品牌"排行榜,并提供与品牌建设相关的各项服务。Interbrand 品牌评估模型通过了国际标准化组织(ISO)10668:2010 认证,其评价结果具有一定权威性。该评价体系基于财务要素和市场要素,侧重于衡量品牌价值在未来为企业创造的价值。公式为:

$$V = P \times S$$

其中,V 为品牌价值,P 为品牌的预期收益,S 为品牌强度系数。Interbrand 品牌评估模型的评价流程大体包括财务分析、市场分析和品牌分析。同时确定了 7 个品牌强度评价指标,分别是市场领导力、国际化能力、稳定性、市场性质、品牌趋势、品牌支持和法律保障,并分别设立相应比重。由专家根据品牌表现对 7 个品牌强度评价指标进行打分,得分越高意味着品牌实力越强(见表1)。①

表1 Interbrand 品牌评估模型的品牌强度评价指标

评价指标	指标含义	分值
市场领导力	品牌在行业中所处的地位,具有领导地位的品牌竞争优势更大	25
国际化能力	销售范围越广、国际化程度越高的品牌,竞争力更强	25
稳定性	品牌存续的年限,历史较长的品牌拥有更多的忠实消费者,稳定性较强	15
市场性质	市场稳定情况,如果市场比较成熟,且存在进、出壁垒,相应分值就越高	10
品牌趋势	品牌的发展方向与社会的需求和发展趋势一致	10
品牌支持	反映品牌受到的关注与社会需求和发展趋势一致	10
法律保障	品牌的相关合法权益受到法律保护程度	5

① 乔春洋:《英特品牌公司的评估模型》,《科技智囊》2011 年第 8 期。

根据品牌强度所计算的分数,再通过"S曲线"将分数转化为品牌强度系数,也就是品牌的预计活力年限。

2.《中国品牌战略发展报告(2016)》

品牌竞争力是企业核心竞争力的外在表现,是企业拥有优秀品牌并可持续发展的综合能力。《中国品牌战略发展报告(2016)》明确了以品牌竞争力为核心的品牌价值评价标准,本着系统性、科学性、可操作性、可扩展性、适配性和导向性的原则,从品牌收益和品牌竞争力指数两个方面对品牌价值进行评价,其中品牌竞争力包括品牌影响力、品牌建设力、品牌扩张力、品牌创新力四个方面。①

品牌价值计算公式为:

$$V_B = I \times C \times K \times B$$

V_B 代表品牌价值;

I 代表品牌收益,即品牌为品牌带来的收益;

C 代表品牌竞争力指数,包括品牌管控力 C_1、品牌影响力 C_2、品牌建设力 C_3、品牌扩张力 C_4 和品牌创新力 C_5,是品牌现有发展与未来发展获得能力的综合指标;

K 代表行业系数;

B 代表品牌属性系数。

以上两种方法虽然都具有较高的权威性,但是仍然存在需要完善的地方。Interbrand 侧重于从市场角度对品牌进行分析,缺少来自消费者、社会对品牌价值的影响;以三年品牌收益的加权平均衡量未来品牌收益,缺少了不确定性考虑;品牌作用指数通过专家观点判断确定,受到较大的主观意识影响。②《中国品牌战略发展报告(2016)》中所涉及的评价体系涉及指标多为不易量化的指标体系,具备科学性和宏观价值,但亟须行业的可针对性和微观方法论研究。

---

① 汪同三主编《中国品牌战略发展报告(2016)》,社会科学文献出版社,2016。
② 乔春洋:《英特品牌公司能评估模型》,《科技智囊》2011 年第 5 期。

二 研究体系与评价方法

(一)参评对象及定义

互联网的技术革新,促进企业的品牌营销方法和推广活动不断互联网化,线上营销推广转化率提高,消费者购买决策因素不断线上化,进而影响品牌作为一种无形资产价值为企业所带来的超值能力转换。[①]

迈点研究院以住房租赁品牌体系为基础,对分析住房租赁品牌及企业所涉及的名词和分类方法进行解释和罗列。

1. 品类定义

服务式公寓:为中长期商住客人提供一个完整、独立、具有自助式服务功能的住宿设施,在长租公寓中定位较为高端。

集中式长租公寓:运营商拿下整栋的工厂或者商住楼(或一栋楼的几层),对房间进行统一装修后按套出租的一种公寓运营模式。

分散式长租公寓:运营商租赁个人房东的房源,通过装修和分拆隔间后按间(称为"分散式合租")或按套(称为"分散式整租")出租。

2. 指数定义

迈点品牌指数 MBI 是由迈点研究院自主开发,在"互联网+"的大趋势下,侧重考虑市场因素和消费者因素,结合 Interbrand 评价体系和《中国品牌战略发展报告(2106)》的设计原理和精髓,并在品牌中国战略规划院的指导下,不断完善改进的品牌评价体系。数据基础来源于"迈点品牌指数监测系统 Meadin Brand Index Monitoring System(MBIMS)"。

迈点品牌指数 MBI 从搜索指数、舆情指数、运营指数、媒体指数四个维度,将品牌在各个维度的表现所能转化的超能价值进行量化评价。

[①] 宋梁:《通过互联网对品牌展示及品牌影响力评估的方法》,2012 年 9 月 5 日,http://www.wanfangdata.com.cn/details/detail.do?_type=patent&id=CN201210325725.9。

（1）搜索指数（SI）：一段时期内，品牌关键词在主流搜索引擎中正面搜索频次的加权和。

月均搜索指数合计（年度、半年度）：年度、半年度搜索指数合计除以年度、半年度月数，反映品类年度月均搜索指数。

月度品牌搜索指数合计：同品类月度品牌搜索指数相加总和。

月品牌平均搜索指数：同品类品牌平均月度搜索指数。

互联网时代，搜索引擎是人们接触企业品牌和产品的重要渠道之一，搜索频次的高低，一定程度上反映了品牌的知名度以及品牌潜在用户的数量。

（2）舆情指数（PI）：一段时期内，用户对于该品牌下公寓在OTA网站的点评累计情况。

月均舆情指数合计（年度、半年度）：年度、半年度舆情指数合计除以年度、半年度月数，反映品类年度月均舆情指数。

月度品牌舆情指数合计：同品类月度品牌舆情指数相加总和。

月品牌平均舆情指数：同品类品牌平均月度舆情指数。

OTA等社会化评论方式，给予了消费者评价和反馈的渠道，是产品反馈的重要方式。

（3）运营指数（OI）：一段时期内，品牌在互联网和移动互联网的运营情况，如官网、App、微博、微信等。

月均运营指数合计（年度、半年度）：年度、半年度运营指数合计除以年度、半年度月数，反映品类年度月均运营指数。

月度品牌运营指数合计：同品类月度品牌运营指数相加总和。

月品牌平均运营指数：同品类品牌平均月度运营指数。

运营商通过官网、App、微博、微信的运营向访客展示其产品、服务和企业文化，进而影响消费者的消费决策。

（4）媒体指数（MI）：一段时期内，大众媒体和行业媒体报道中与品牌关键词相关的正面新闻数量。

月均媒体指数合计（年度、半年度）：年度、半年度媒体指数合计除以年度、半年度月数，反映品类年度月均媒体指数。

月度品牌媒体指数合计：同品类月度品牌媒体指数相加总和。

月品牌平均媒体指数：同品类品牌平均月度媒体指数。

企业借助品牌专页、社会化媒体网站，通过文字、图片、视频、音频等内容，潜移默化地向消费者进行品牌营销。

迈点品牌指数MBI基于当前经济"互联网+"的发展趋势，侧重于市场因素和消费者因素，动态衡量消费者和品牌之间的关系。将品牌作为一种无形资产，为企业所带来的超值能力进行评价，选取衡量品牌价值的关键评价因素如品牌知名度、品牌美誉度、企业服务、传播形象等，最终确立维度，并根据层次分析法进行评价因素权重设置，将品牌在各个维度的表现所能转化的超能价值进行量化评价。该品牌价值评价体系的设计遵循标准化、可量化、衍生性强的原则，因而可在多个垂直行业广泛使用。

（二）评价方法与指标体系

住房租赁品牌指数从搜索指数、舆情指数、媒体指数、运营指数四个维度对住房租赁行业品牌进行评价，并对四个维度的指数进行加权和，从而对品牌综合价值和影响力进行可持续性、客观性评价。四个维度监测选取占有全网市场份额80%以上、具有较高稳定性的渠道，进行全时监测、超千种维度的数据抓取、5轮精校与自我审核，数据量全面且精准。

住房租赁品牌指数是迈点品牌指数MBI专注于住房租赁品牌的应用和延伸，从搜索指数、舆情指数、媒体指数、运营指数四个维度来评价品牌价值，并根据住房租赁行业的行业特点和品牌特点，对数据采集来源进行针对性选择；根据层次分析法进行评价因素权重设置，将品牌在各个维度的表现所能转化的超能价值进行量化评价。

（注：由于集中式长租公寓和分散式长租公寓产品房源主要来自官方网站和App，以及考虑消费者使用习惯，因此暂不对OTA网站监测进行舆情指数的计算。）

模型：MBI = A×SI + B×PI + C×OI + D×MI

MBI，指某品牌迈点品牌指数 MBI 数据；

A、B、C、D，指系统中的加权系数；

SI（Search Index），指搜索指数；

PI（Public Sentiment Index），指舆情指数；

OI（Operation Index），指运营指数；

MI（Media Index），指媒体指数。

（1）搜索指数是指在一段时间内，品牌关键词在各大搜索引擎中的正面搜索频次的加权和，如百度搜索引擎、搜狗搜索引擎、360 搜索引擎等主流搜索引擎。计算公式：

$$SI = A \times \sum_{i=1}^{s} \times \frac{\log S_i}{\log K_i} \times SL$$

（2）舆情指数是指一段时间内用户对某品牌（服务式公寓）下公寓的点评情况，涉及的 OTA 网站包括携程网、艺龙网、去哪儿网、大众点评网、美团网、同程网、猫途鹰等。计算公式：

$$PI = B \times \sum_{j=1}^{P} \times \frac{\log P_j}{\log K_j} \times PL$$

（3）运营指数是指一段时间内品牌在互联网和移动互联网的运营情况，如官网、APP、微博、微信等。计算公式：

$$OI = C \times \sum_{r=1}^{O} \times \frac{\log O_r}{\log K_r} \times OL$$

（4）媒体指数是指一段时间内大众媒体和行业媒体报道中与品牌关键词相关的新闻数量，涉及的媒体包括百度、新浪、腾讯等社会主流媒体和房天下、观点地产网、迈点网等行业媒体。计算公式：

$$MI = D \times \sum_{t=1}^{M} \times \frac{\log M_t}{\log K_t} \times ML$$

住房租赁指数当前所监测的品牌数量达到 2000 家以上，主要监测品类可以分为：集中式长租公寓、分散式长租公寓、服务式公寓。

迈点研究院将住房租赁品牌指数结果进行实时计算，并按照品类将各品牌指数表现进行排名，生成月度中国长租公寓品牌发展报告在迈点网进行发布，供品牌运营商、投资人、业主、消费者、产业链相关人员等使用者参考。

三 内涵和功能

住房租赁品牌指数体系以科学模型所汇集的大数据为基础，探索品牌与消费者之间的关系，对品牌发展进行持续性评价。同时该指数体系也可动态量化产业、品牌发展，对住房租赁品牌近年来的经营现状进行全面剖析。

参照该评价体系并结合实际发展，行业品牌可以获得相对科学的品牌建设方法，依据消费者需求进行产品和服务的完善和升级，完善品牌与消费者之间的关系，为人们追求美好生活提供更好的服务；消费者、物业主、投资人以及相关监管部门也可以获取对行业品牌发展状况相对客观的评价。

（一）住房租赁品牌指数的内涵

住房租赁品牌指数是迈点品牌指数MBI专注于住房租赁行业的应用和延伸。作为以大数据为基础的指数评价体系，其配套的大数据管理系统设有完善的数据采集、数据储存、数据分析和数据应用板块。

住房租赁品牌评价体系结合住房租赁市场运营和营销互联网化发展趋势，确立从搜索指数、媒体指数、舆情指数、运营指数四个维度对长租公寓品牌进行评价，其中搜索指数侧重反映品牌知名度、潜在客群的分布情况和需求；媒体指数反映行业动态，预见未来趋势；舆情指数体现用户反馈，检验产品、服务质量；运营指数呈现商业模式、体现产业链分布。同时根据层次分析法进行评价因素权重设置，将行业以及品牌在各个维度的表现所能转化的超值能力进行量化评价。

与其他品牌评价体系不同的是，该评价体系的建立以互联网大数据为基础，顺应当前住房租赁市场运营和营销互联网化的发展趋势，侧重关注市场

因素、消费者因素，通过动态监测品牌发展、消费者和品牌之间的关系、行业发展等因素衡量品牌发展。

该指数模型针对住房租赁行业特点，对数据采集来源进行针对性选择，实施全时监控，数据基础规模庞大、来源丰富、时效性强。当前该模型数据基础来源于迈点品牌指数监测系统，四个维度选取稳定性高、全网市场份额80%以上的渠道进行全时监测，运营团队对所抓取的数据进行5轮精校与自我审核。

作为行业第三方品牌价值评价体系，住房租赁品牌指数建立的宗旨是前瞻性、独立性、开放性。其中前瞻性是指迈点研究院在模型的设计与建立上参考多种国际先进品牌评价方法，结合行业运营高度互联网化发展趋势，实践中根据品牌中国战略规划院的指导不断对数据产品进行升级；独立性是指为确保住房租赁指数的中立运作，在数据分析和应用中，成立MBI指数独立顾问委员会，以独立创新视角，对住房租赁行业发展进行客观性解读；开放性是指指数模型的开放性，指数体系运营迭代依赖于深耕行业多年的数据、技术、研究团队，技术上不断创新，对产品进行开发、升级、迭代。

（二）住房租赁品牌指数的功能

住房租赁品牌指数旨在为品牌运营方、消费者、投资者、产业链相关领域的企业与人士衡量长租公寓品牌价值提供数据化参考，并为品牌传播、营销管理提供数据运营和决策依据。

由于该评价体系建立在标准化、可量化、全时数据筛选的基础上，可动态量化产业以及品牌发展，使用者可通过该体系对长租公寓品牌近年的经营状况进行全面剖析。以模型所汇集的大数据为基础，企业可深度解读消费者需求、品牌发展需求，探索品牌与消费者之间的关系，以此推动行业品牌不断提升产品质量和服务标准，完善与消费者之间的关系，在进行品牌建设的同时提升品牌溢价，进而促进行业可持续发展。业主、投资者也可以通过对该指数体系的研究了解品牌商业模式、产业链，以此为参考进行成本估算、利润预算、投资回报预测。对于消费者而言，参考该体系进行品牌选择，可一定程度上降低购买风险、提高消费体验。同时,该品牌指数体系对于相关部门、金融机构、媒体客观了解住房租赁行业发展,能起到一定的协助作用。

因此,住房租赁品牌指数的应用不局限于只对其指数计算结果及排名,更重要的是对其四个维度进行的具体分析,了解品牌、行业发展状况。但值得注意的是,由于住房租赁品牌指数侧重考虑互联网化趋势下品牌运营的市场因素和消费者因素,并不涉及企业运营中的财务因素,因而该品牌指数对于所监测品牌的历史反映和预测并不完全等同于品牌的实际发展。

以世联红璞为案例进行分析,对住房租赁品牌指数功能做进一步阐释(见图1)。深圳世联集房资产管理有限公司是世联行全资子公司,为世联行"长租公寓建设项目"实施主体。世联行1993年成立于深圳,是境内首家A股上市的房地产综合服务提供商(股票代码:002285)。2015年10月开始涉足长租公寓,推出世联红璞品牌,专注于解决中国房地产存量物业空置问题,瞄准青年租房市场,为城市白领提供设计、质感、乐趣的居住体验。①

近三年,世联行长租公寓板块业务发展迅速,根据其2016年半年报至2018年半年报数据,长租公寓营业收入已由1137.78万元上升至1.67亿元。② 同时,自2016年7月加入住房租赁品牌指数监测以来,其品牌指数整体呈上升趋势,由2016年7月的71.39上升至2018年6月的156.2,排名由第16位上升至第7位。

从具体表现来看,世联红璞搜索指数由2016年7月的1.68上升至2018年6月的15.42,其潜在客群规模正在逐渐扩大。从搜索指数监测渠道所显示的数据来看,世联红璞潜在客群主要集中于24~35岁的具有网上购物、游戏和观看网络视频习惯的青年人,分布于广东、浙江、北京、江苏、陕西、湖南等地区。沿海经济发达地区的"80后""90后"是世联红璞的重要潜在客群,人口密集度较高的内陆局部地区则是新兴潜在客群来源地。实

---

① 《世联行:2016年半年度报告》,2016年8月17日,http://news.10jqka.com.cn/20160817/c7945821.shtml。
② 《世联行:2016年半年度报告》,2016年8月17日,http://news.10jqka.com.cn/20160817/c7945821.shtml。

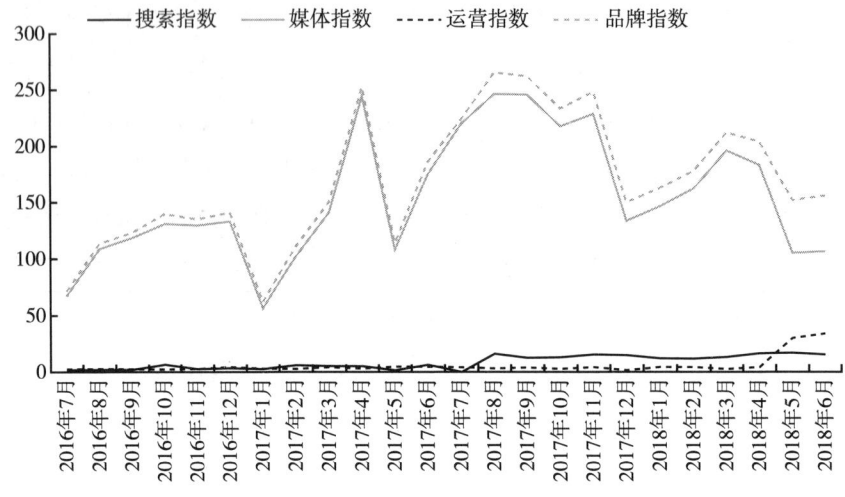

图 1　世联红璞品牌指数分析

资料来源：迈点研究院。

际运作中，潜在客群也部分转化为实际客群。世联行 2018 年半年报数据显示，截至 2018 年 6 月 30 日，世联红璞所服务的租户累计达 6.2 万人次，主要为大学毕业生、年轻白领。[①]

媒体指数方面，世联红璞由 2016 年 7 月的 67.05 上升至 2018 年 6 月的 106.8，可推断其品牌线上推广不断加强，并且其间受高速扩张、资产证券化、行业褒奖等事件的影响，分别在 2017 年 4 月、2017 年 9 月和 2018 年 3 月达到顶峰。媒体的频繁关注，促使世联红璞的知名度和美誉度不断增强，其所传递的品牌形象也更加精准地吸引更多潜在客群和合作商的关注。

运营指数方面，世联红璞由 2016 年 7 月的 2.54 上升至 2018 年 6 月的 33.98，2018 年开始明显加快上涨步伐。2018 年，世联红璞官网的活跃度和官方 App 下载量、微博"粉丝"不断累加，其全渠道的产品展示能力，已成为品牌营销的主要途径和方式，效果颇佳。同时，世联红璞的线下运营项

---

① 《世联行：2018 年半年度报告》，2018 年 8 月，http：//pdf.dfcfw.com/pdf/H2_AN201808211181331738_1.pdf。

目也在不断增加、管理效率不断提高。截至2018年6月30日，其运营项目达177个，运营间数接近3万间，出租率超过90%，并在2018年完成了产品2.0至3.0的升级。

通过对世联红璞近三年的住房租赁品牌指数分析，可以看出，住房租赁品牌指数在一定程度上反映了品牌互联网影响力作为一种无形资产给企业创造的价值，并对品牌未来发展具有一定的预见性作用。

通过指数解读运营商，可以预见性地分析品牌潜在客群的喜好、分布、年龄，当下市场营销、品牌传播、运营效率等。同时，还能充分了解竞争对手数据，并根据品牌自身和市场情况进行及时调整。

消费者通过对世联红璞住房租赁品牌指数的了解，也能对该品牌公寓的产品和服务质量、品牌形象有清晰的了解，能够做出符合需求的消费决策。① 寻求资产托管或与运营商合作的业主及公寓投资者，通过对住房租赁品牌指数的解读，加深了对该品牌商业模式、产业链、运营管理效率、品牌形象等方面的理解。②

因此，住房租赁品牌指数的应用是建立在当前公寓品牌"互联网+"的发展趋势上，并重点考虑市场因素和消费者因素，对使用者衡量公寓品牌未来价值具有一定的指导作用。

参考文献

［1］汪同三：《中国品牌战略发展报告（2016）》，社会科学文献出版社，2016。
［2］汪同三：《中国品牌战略发展报告（2017）》，社会科学文献出版社，2017。
［3］陈永慧：《长租公寓品牌商大盘点》，《安家》2018年第5期。
［4］吴力军：《"互联网+"背景下的长租公寓盈利模式研究》，《住宅与房地产》2018年第9期。

---

① 宋梁：《通过互联网对品牌展示及品牌影响力评估的方法》，2012年9月5日，http://www.wanfangdata.com.cn/details/detail.do?_type=patent&id=CN201210325725.9。
② 〔美〕约翰·麦克马汉：《商业房地产投资手册》，王刚、王洪译，中信出版社，2014。

［5］《房地产品牌营销策略》，克尔瑞信息技术有限公司，中国物资出版社，2012。

［6］杨爽、郭昭宇：《品牌依恋对品牌对抗忠诚的影响研究——基于心理距离的调节作用》，《消费经济》2017年第3期。

［7］巴曙松、杨现领：《房地产大转型的"互联网+"路径》，《中国房地产》2015年第27期。

［8］罗小容：《浅谈品牌与消费者之间的关系》，《中国新技术新产品》2012年第5期。

［9］邱长波、孙凯、古安伟：《移动互联网环境下品牌信息内容呈现对消费者参与影响的理论模型研究》，《图书情报工作》2016年第10期。

［10］钱明辉、李蔚菱、李祺等：《企业品牌价值外部评价方法研究进展及其启示》，《品牌》2016年第6期。

［11］唐龙虎：《长租公寓离不开金融，也必将走向金融》，《中国房地产》2017年第26期。

［12］张燚、张锐：《品牌生态学——品牌理论演化的新趋势》，《外国经济与管理》2003年第8期。

［13］乔春洋：《英特品牌公司能评估模型》，《科技智囊》2011年第5期。

［14］〔美〕约翰·麦克马汉：《商业房地产投资手册》，王刚、王洪译，中信出版社，2014。

B.5
服务式公寓品牌指数报告

任开荟 郭德荣*

摘 要： 服务式公寓早年主要以外籍高管为目标客群，满足其长期差旅住宿需求，热点分布区域主要集中于珠三角地区。随着服务式公寓品牌在我国的逐步发展，其开始受到国内具有中长期差旅需求的高端商务人士以及具有长期旅行需求的高端消费人士的欢迎。当前服务式公寓潜在客群热点分布开始由东部沿海地区向北部、西部等内陆地区扩展，热点旅游城市更是聚集了大量潜在客群。早期服务式公寓在我国的发展以扩张为主，而随着品牌的发展和成熟，各品牌也开始注重客群的把控，关注实际客群的反馈，结合线上运营扩展客群的同时不断提升服务标准，提高客群黏性。

关键词： 服务式公寓 品牌指数 数据分析

一 搜索指数分析

（一）品牌知名度近年逐渐上升

2016年至2018年上半年，服务式公寓搜索指数整体呈上升趋势，年度

---

* 任开荟，英国阿斯顿大学会计金融学硕士，迈点研究院高级研究员，研究方向为长租公寓、联合办公、商业地产；郭德荣，迈点网主编兼迈点研究院研究总监，研究方向为商业空间品牌及运营。

(半年度)月均搜索指数合计由2016年的1.16上升至2018年上半年的2.94,上升幅度达153%;月度品牌搜索指数合计由2016年1月的22.57波动上升至2018年6月的104.48,月度品牌平均搜索指数也由1.12上升至2.75,增幅达146%。①②③ 由此判断,服务式公寓的品牌知名度在不断上升,潜在客群规模也在逐渐扩大(见图1)。

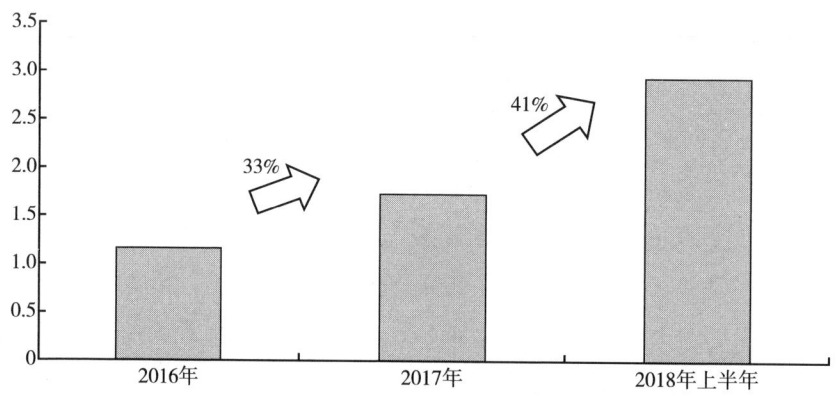

图1 服务式公寓品牌月均搜索指数合计(年度、半年度)

资料来源:迈点研究院。

具体分析服务式公寓品牌搜索指数整体走势,发现其搜索指数变动存在一定的季节性,每年的5~9月,是毕业生找工作的旺季,其指数会有一定程度的上涨(见图2)。

随着近年来服务式公寓在我国的不断成熟,其客群在"客群身份"以及"满足客群需求"两个方面发生了很大变化。早期的潜在客群主要为满足北上广深等一线城市的外籍高管居住需求,客群主体是长期外派的港澳台

---

① 于博文:《2017年中国租赁地产(公寓)品牌白皮书》,迈点研究院,2018年4月26日,https://www.meadin.com/153806.html。
② 于博文:《2016年度中国公寓品牌发展报告》,迈点研究院,2017年4月21日,https://www.meadin.com/141610.html。
③ 任开荟:《2018上半年长租公寓大数据分析报告》,迈点研究院,2018年8月3日,https://www.meadin.com/159253.html。

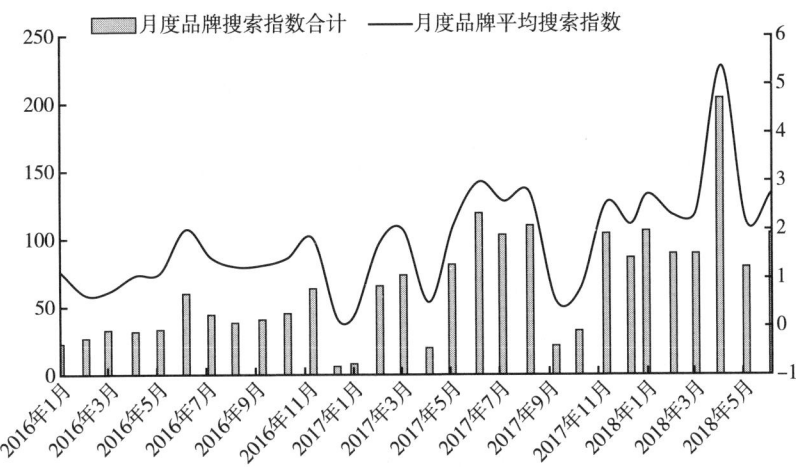

图2　2016年至2018年上半年服务式公寓品牌搜索指数表现

资料来源：迈点研究院。

或外籍来华高管。而从每年5～9月的指数上涨数据来看，服务式公寓也开始为部分初入职场的院校毕业生所关注。

（二）潜在客群热点区域

由于服务式公寓早期消费群体主要为外企高管，因而在华南尤其是外商聚集的珠三角地区分布较为密集。从热点区域分布图来看，我国服务式公寓潜在客群正由东部沿海地区向北部、西部等内陆地区扩展。除在经济发达的一线城市需求旺盛外，热点旅游城市、新一线城市以及二线城市的需求也在逐渐上升。截至2018年上半年，服务式公寓搜索指数品牌潜在客群热点分布城市主要集中于上海、深圳、广州、北京、杭州、武汉、成都、西安等地区（见图3）。

伴随需求变动的是，我国服务式公寓品牌门店也呈现东部沿海地区分布密集、西部内陆地区零星分布的状态（见图4）。据迈点研究院不完全统计，截至2018年6月，全国19个主要城市的服务式公寓数量共计1440家，其

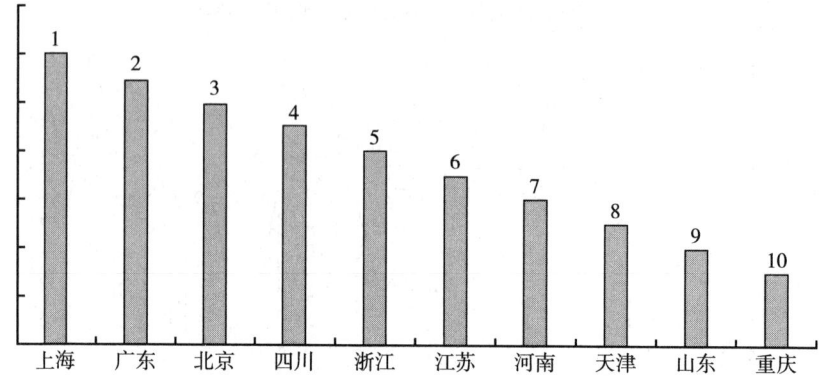

图 3　截至 2018 年上半年服务式公寓潜在客群排名前十热点区域

资料来源：迈点研究院。

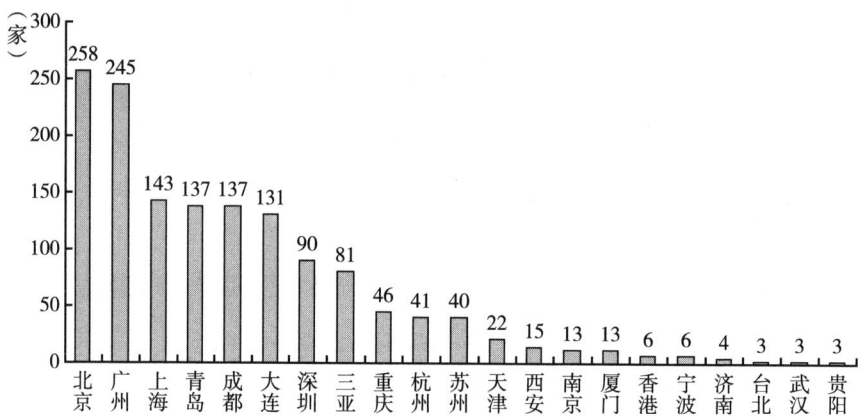

图 4　截至 2018 年上半年服务式公寓品牌全国主要城市门店分布

资料来源：迈点研究院（不完全统计）。

中北京、广州分布最为密集，数量分别达到 258 家和 245 家，规模占比分别达到 18% 和 17%；其次是上海、青岛、成都、大连等热点区域，数量也均超过百家（见图 5）。

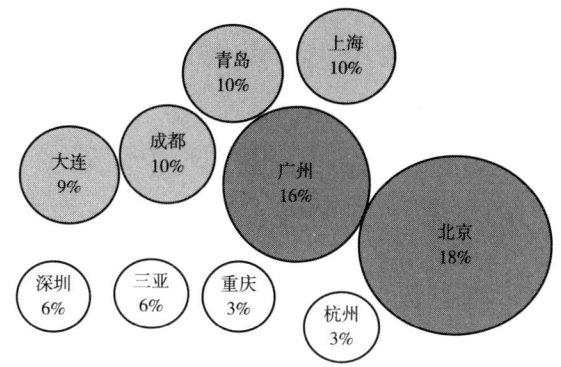

图5　截至2018年上半年服务式公寓数量占比前十城市

资料来源：迈点研究院。

（三）潜在客群主力人群

从人物属性来看，其潜在客群仍以消费能力较强的"80后"都市白领和IT精英为主，所占比例接近50%；其次是40~49岁的成熟金领，所占比例达到36%。值得注意的是，在注重品质的部分"90后"群体中，服务式公寓同样占有一定的市场份额，有12%的潜在客群年龄在20~29岁之间。总体来看，男性客群略高于女性客群，所占比例分别为53%和47%（见图6）。

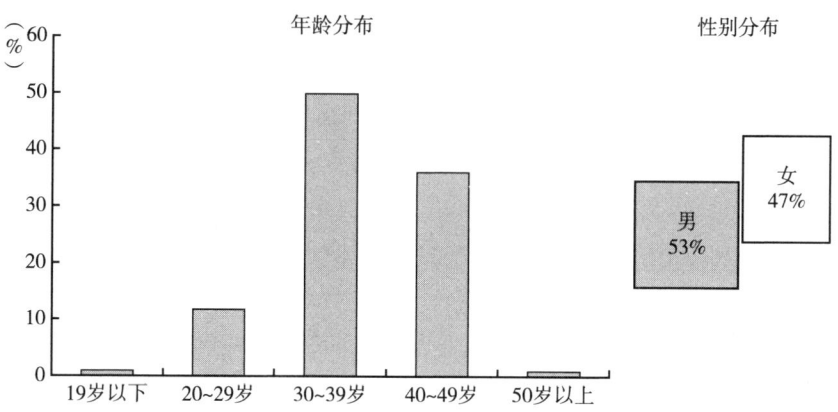

图6　服务式公寓品牌潜在客群人物属性

资料来源：迈点研究院。

一直以来，服务式公寓都以生活设施齐全、服务内容标准而深受长期差旅商务人士的青睐。近两年来，服务式公寓产品也开始不断优化升级，定位更加细分，除提供一般星级酒店的标准化服务外，更多的是为客户提供高端定制化服务，以此来吸引年轻群体。随着"80后""90后"的事业逐步成长以及其消费能力和观念的不断增强，未来其将成为服务式公寓消费新主力。

以雅诗阁服务公寓2018年用户需求图谱为例（见图7），分析服务式公寓潜在客群需求图谱，不难发现其在上海、广州等一线城市具有较高知名度。潜在客群越来越年轻化，且具有网络游戏、视频、直播、旅行、网上购物等娱乐和生活需求，兼具一定的网上办公习惯。

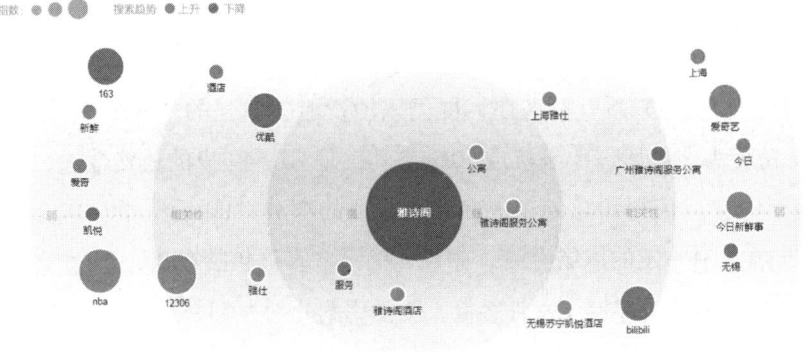

图7 2018年雅诗阁服务公寓品牌部分用户需求图谱

资料来源：百度指数。

二 媒体指数分析

借助媒体传播力进行品牌宣传，是树立品牌形象、提升品牌影响力的重要途径。迈点研究院数据显示，2016年服务式公寓品牌媒体指数较高，2017年和2018年出现下滑。其中，2018年上半年月均媒体指数合计为7.8，相比2016年的16.0下降51%（见图8）。近两年，除部分特殊月份外，服务式公寓品牌的媒体关注度整体呈现下降趋势（见图9）。早期，服务式公寓多为国际品牌经营，为长租公寓的发展提供了较为成熟的样本和经验。近两年，随着住房租赁市场的民生化和规模化，媒体也开始将目光从高端客群体验转移到大众需求满足上来。

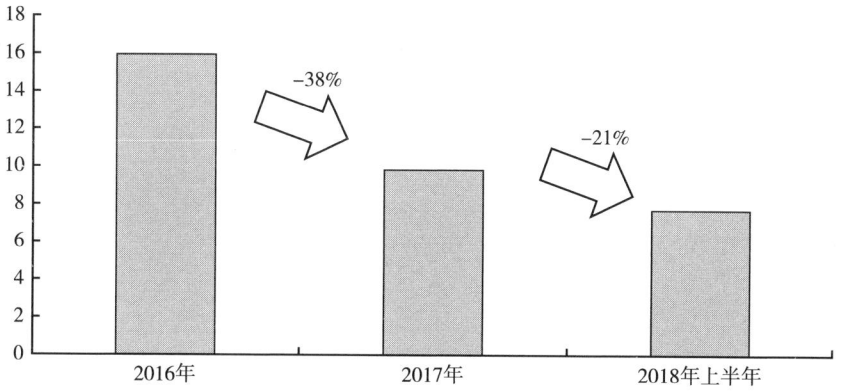

图8　服务式公寓品牌月均媒体指数合计（年度、半年度）

资料来源：迈点研究院。

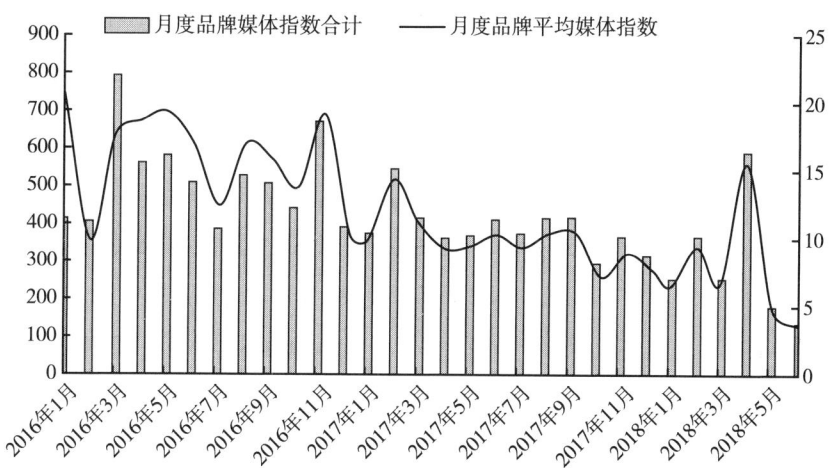

图9　2016年至2018年上半年服务式公寓品牌媒体指数表现

资料来源：迈点研究院。

尽管媒体指数整体有所下降，但每月仍有大量媒体对服务式公寓品牌予以关注。据住房租赁品牌指数监测系统对大众媒体和行业媒体报道中与服务式公寓品牌相关的新闻数量监测统计，360新闻、百度新闻、中国网位列主流媒体报道前三名，迈点网、中国航空旅游网、环球旅讯等行业媒体则重点关注品牌动态。其中360新闻涉及服务式公寓品牌的新闻数量最多，2016年至2018年上半年累计达到108568条（监测范围内）（见图10）。

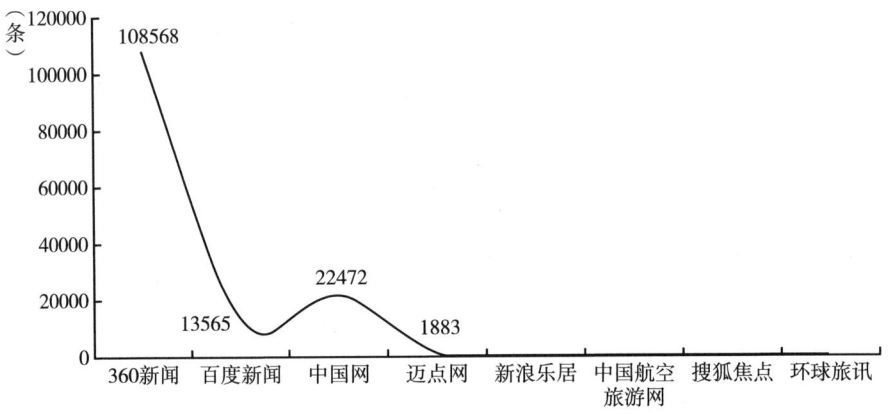

图10 2016年至2018年上半年服务式公寓相关新闻数量统计

资料来源：迈点研究院。

一方面，从媒体报道对象来看，随着服务式公寓产业不断完善，国内品牌也开始涌现，媒体关注重点逐渐由国际品牌转向国内品牌。例如，2016年媒体热点关注品牌主要集中于国际服务式公寓品牌如雅诗阁服务公寓、奥克伍德华庭、第一太平戴维斯酒店式服务公寓等，而2017年则逐步加强对优帕克服务式公寓、橡树公馆、碧桂园凤祺公寓等国内新生力量的报道。

另一方面，从媒体报道话题来看，服务式公寓品牌已从"东部扩张"、"合作扩张"转向"内陆扩张"、"盈利模式"。2016年媒体关注热点重点集中于国际品牌在我国经济发达的东部沿海城市扩张，树立其国际化形象；而自2017年下半年以来媒体对于该品类的关注与报道开始转向"中西部和北部地区扩张",并使用了"创新"、"高品质"等关键词;2018年更是将公寓设计、运营与科技化、热点IP相结合,在运营模式和盈利模式上进行IP探索和金融探索。因此,在品牌形象的树立上,除了要考虑消费需求外,也需要关注潜在投资者的盈利需求,将两者作为营销重点。

三 舆情指数分析

舆情指数反映了服务式公寓黏性客群的住后反馈,是品牌忠诚度的具象表现。从2016年至2018年上半年的舆情指数来看,服务式公寓稳中有升。目前,实际客群对于服务式公寓的消费感受已到一定水平,这也意味着未来服务式公寓品牌的竞争将更激烈(见图11、图12)。

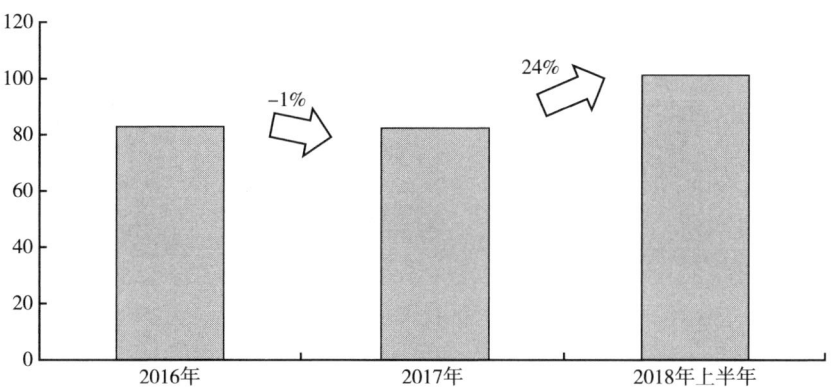

图11 服务式公寓品牌月均舆情指数合计(年度、半年度)

资料来源:迈点研究院。

住房租赁品牌指数系统对主流OTA网站监测的数据显示,2016年、2017年服务式公寓实际客群主要通过携程网、艺龙网和去哪儿网进行预订和点评,实际客群通过携程网对服务式公寓进行点评的频率一直很高,而艺龙网累计点评量所占比例也在稳定上升(见图13)。

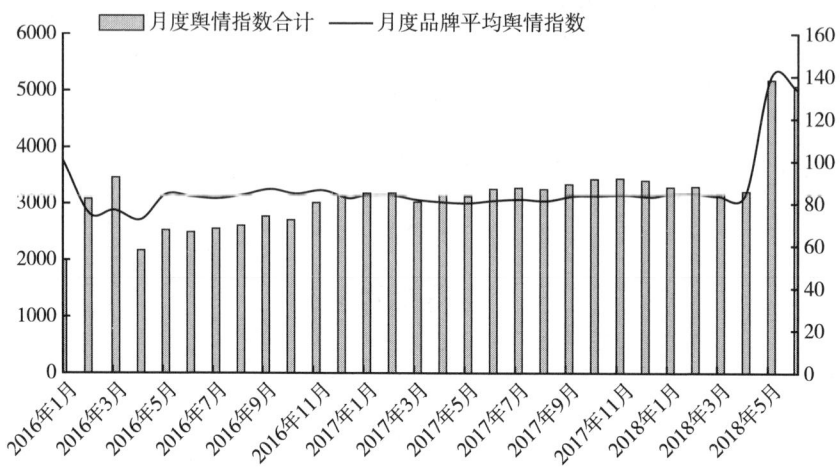

图 12　2016 年至 2018 年上半年服务式公寓品牌舆情指数表现

资料来源：迈点研究院。

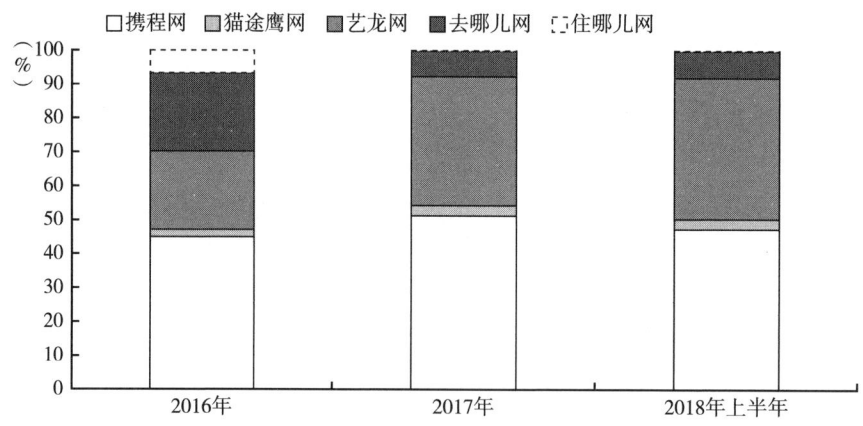

图 13　2016 年至 2018 年上半年服务式公寓品牌 OTA 口碑分布情况

资料来源：迈点研究院。

随着移动端用户的增加，用户消费习惯的改变，2018 年 6 月用户量较大、活跃度较高的大众点评网和美团网开始加入住房租赁品牌指数系统 OTA 监测渠道。通过对比可以看出，尽管当前消费者在美团网、大众点评网的历史累计评论量较少，但好评率较高，其中美团网好评率最高达到92%（见图14）。

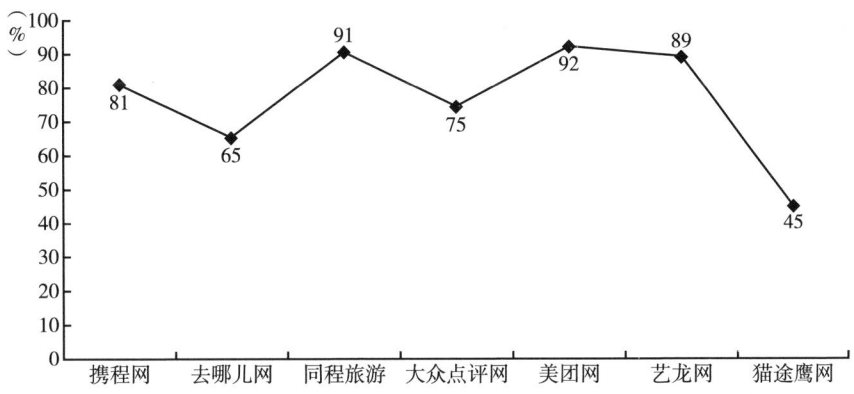

图14　2018年6月七大OTA渠道好评率对比情况

资料来源：迈点研究院。

四　运营指数分析

（一）线上运营

就服务式公寓主动运营表现来看，2017年品牌月均运营指数合计相比2016年略有下降，2018年上半年大幅上涨，服务式公寓品牌主动运营的重视程度正在逐步加强。关注具体监测数据发现，品牌线上运营加深的同时，运营渠道也在发生结构性变化（见图15、16）。

根据住房租赁品牌指数系统监测数据统计，对比品牌各渠道运营情况，2016年以来服务式公寓品牌官网活跃度开始有所下降，而微博、微信等新兴运营渠道开始逐渐引起运营者重视。监测数据显示，服务式公寓品牌官网日均PV自2015年末开始逐渐下降，2018年上半年品牌日均PV已经下降到100000左右（见图17）。

官网活跃度下降的同时，服务式公寓品牌中拥有App的数量却逐渐上

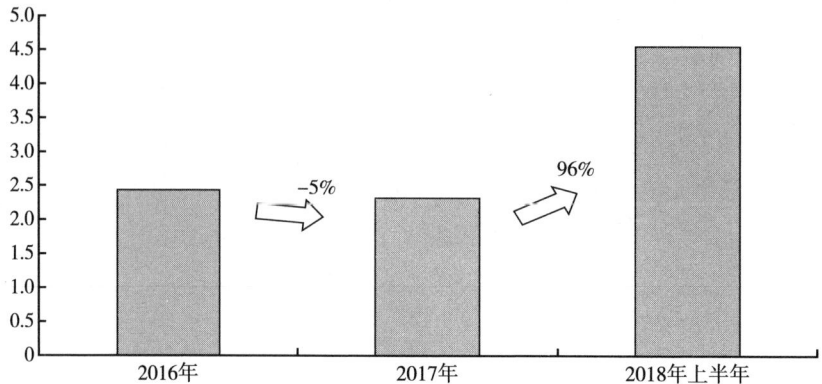

图 15　服务式公寓品牌月均运营指数合计（年度、半年度）

资料来源：迈点研究院。

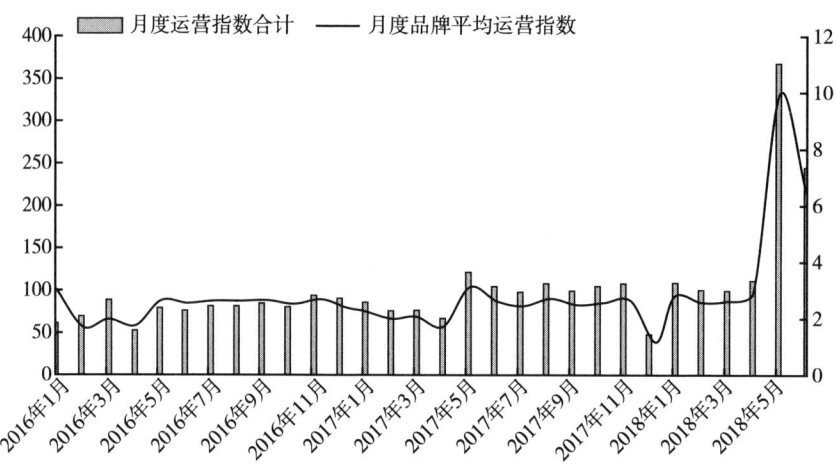

图 16　2016 年至 2018 年上半年服务式公寓品牌运营指数表现

资料来源：迈点研究院。

升。截止到 2018 年 6 月，住房租赁品牌指数系统监测范围内有接近 30% 的服务式公寓品牌在构建自己的 App，并通过 App 进行品牌包装、营销、运营管理等活动。

同时，服务式公寓品牌的微博、微信运营也日渐活跃。从数据上看，服务式公寓品牌微博"粉丝"数量逐年上升，运营过程中微博数量也在累计上涨。近年微博、微信渗透率不断提高，成为用户获取品牌相关信息的重要

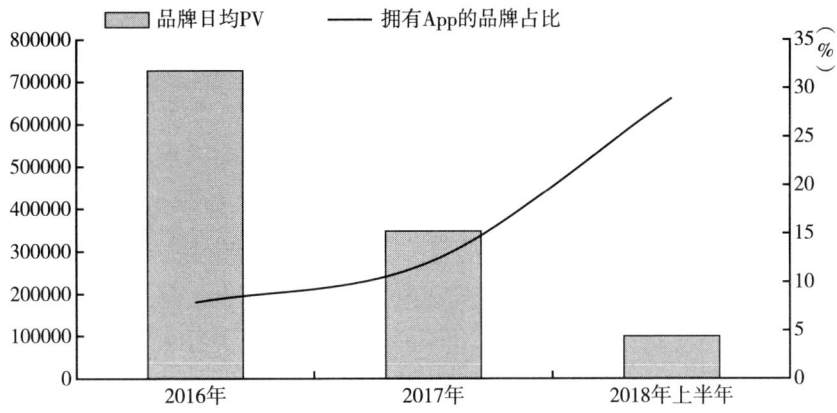

图17 2016年至2018年上半年服务式公寓品牌运营表现情况

资料来源：迈点研究院。

渠道。品牌多采用发布微博、微信软文等方式进行重大事件、产品营销、活动宣传等，对客群进行品牌推广的同时，抓住客群痛点，与客群进行高效率互动。而今，微博、微信等新媒体渠道逐渐成为服务式公寓树立品牌形象，扩大潜在客群的重要方式之一。据统计，2018年上半年，服务式公寓相关微信软文数量累计达到10000条上下，品牌微博数量累计达到70911条，微博"粉丝"数量累计达到1127329个（见图18、19）。

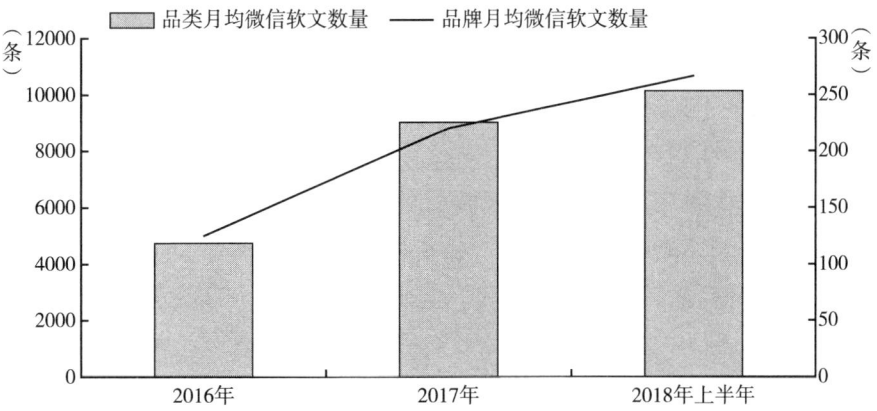

图18 2016年至2018年上半年服务式公寓品牌微信运营情况

资料来源：迈点研究院。

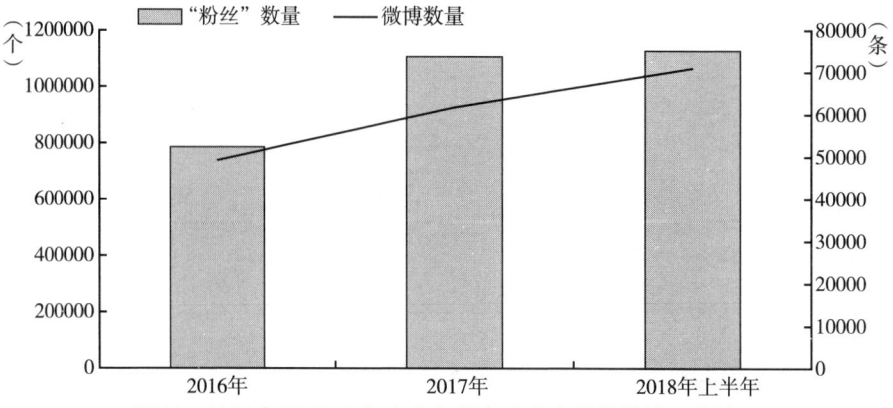

图19　2016年至2018年上半年服务式公寓品牌微博运营情况

资料来源：迈点研究院。

（二）线下运营

就服务式公寓品牌的平均房价来看，国际品牌要高于国内品牌。其中，万豪行政公寓平均房价达到标准间2569元/天，辉盛庭、奥克伍德、雅诗阁、盛捷均超过标准间1000元/天；国内品牌平均房价均小于标准间1000元/天，其中铂顿均价仅标准间477元/天（见图20）。

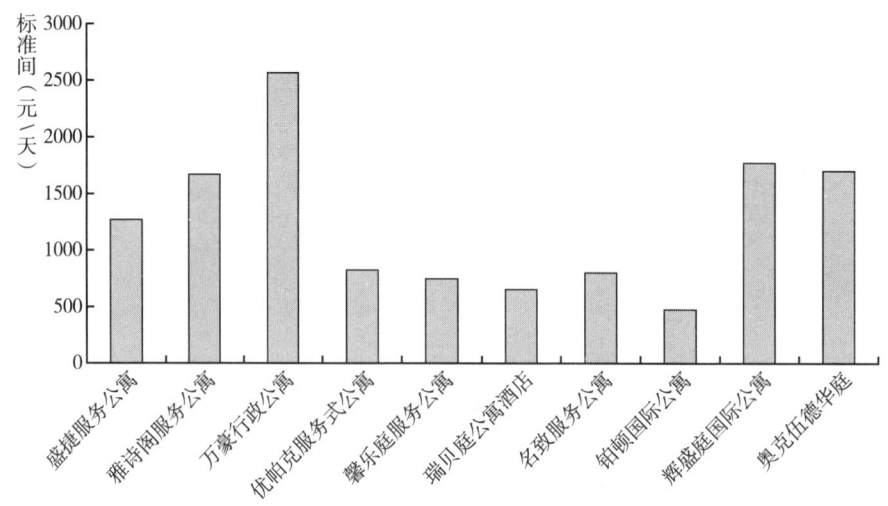

图20　2018年上半年十大服务式公寓品牌平均房价

资料来源：迈点研究院。

分析全国十大城市最低房价和最高房价情况,万豪行政公寓深圳最低为标准间1516元/天,最高达到标准间7589元/天,遥遥领先于其他品牌;馨乐庭广州最低为标准间310元/天,最高仅标准间540元/天,与国内品牌基本相当。作为相对成熟的市场,服务式公寓在华南地区已全面覆盖低、中、高档产品,且在主动运营层面效果显著(见图21、图22)。

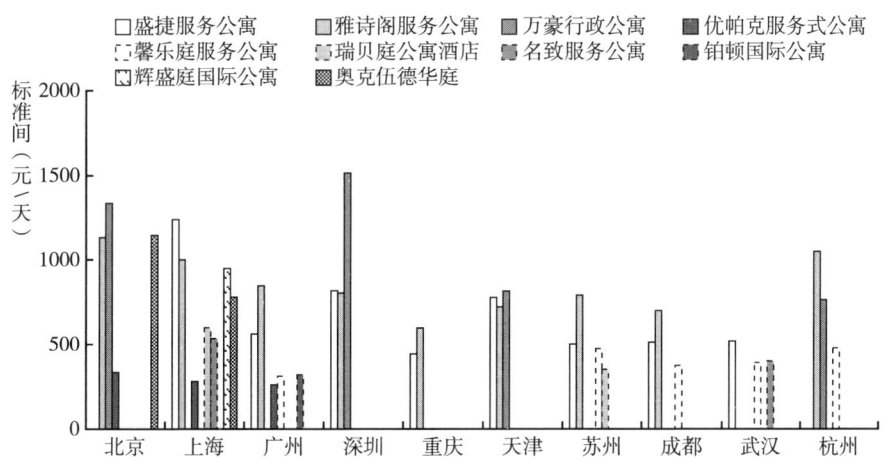

图21 2018年上半年十大服务式公寓品牌十大城市最低房价

资料来源:迈点研究院。

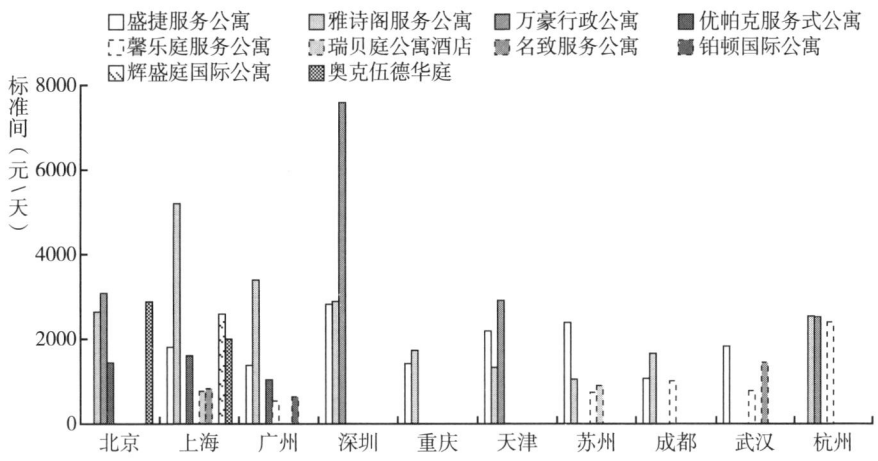

图22 2018年上半年十大服务式公寓品牌十大城市最高房价

资料来源:迈点研究院。

五 品牌指数分析

整体来看,2016年至2018年上半年服务式公寓品牌指数呈现波动式上涨趋势。其中,2018年上半年上涨幅度较大,月均品牌指数合计达到117.02,月度平均品牌指数也达到146.47(见图23、图24)。

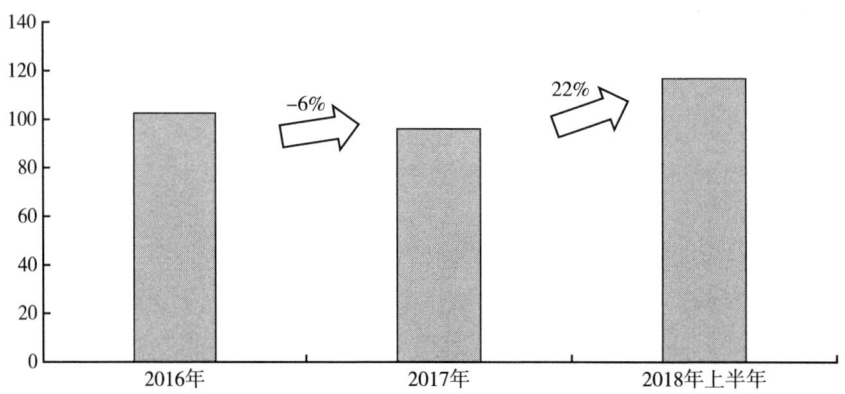

图23 服务式公寓品牌月均品牌指数合计(年度、半年度)

资料来源:迈点研究院。

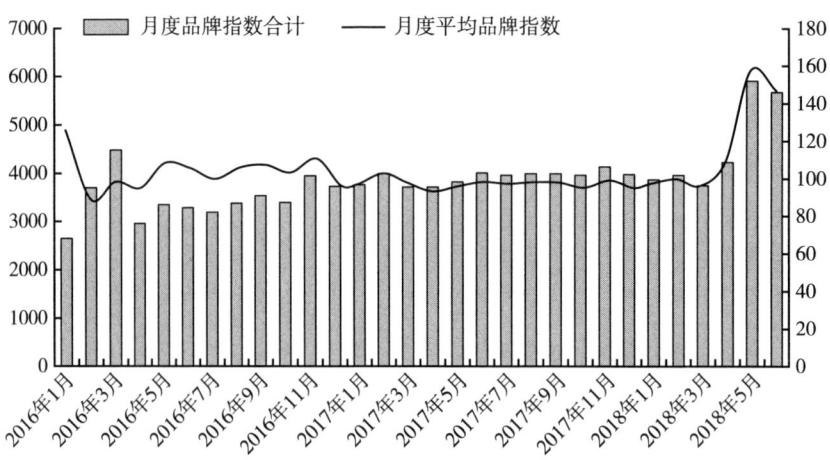

图24 2016年至2018年上半年服务式公寓品牌指数表现

资料来源:迈点研究院。

近两年来，服务式公寓品牌潜在客群开始在内陆地区、热点旅游城市和新一线城市兴起，品牌扩张重点逐渐从沿海城市扩张转向内陆扩张；实际客群的反馈口碑进一步提升，OTA 点评渠道向移动端转移；运营者根据潜在客群的年轻化特点，将日常运营与文化 IP、智能科技化相结合，提供高端定制的个性化服务来树立品牌形象；同时，获客渠道的线上化，也促使品牌营销进一步线上化，活跃度、渗透率高的 App 和微信成为品牌运营重点；伴随运营模式和盈利模式的不断创新，局部品牌也开始在金融配套方面尝试资产证券化等融资方式的创新。整体来看，服务式公寓品牌正在稳健成长并逐步走向成熟，不断升级的产品、服务质量和凝聚的品牌影响力，正在引领住房租赁行业发展，并最终助力人们向美好生活迈进。

参考文献

［1］于博文：《2017 年中国租赁地产（公寓）品牌白皮书》，迈点研究院，2018 年 4 月 26 日，https：//www.meadin.com/153806.html。

［2］于博文：《2016 年度中国公寓品牌发展报告》，迈点研究院，2017 年 4 月 21 日，https：//www.meadin.com/141610.html。

［3］任开荟：《2018 上半年长租公寓大数据分析报告》，迈点研究院，2018 年 8 月 3 日，https：//www.meadin.com/159253.html。

B.6
集中式长租公寓品牌指数报告

任开荟 郭德荣*

摘　要： 集中式长租公寓主要是指对整栋商住楼进行装修、统一对外出租，并进行统一管理的公寓，其集中于流动人口聚集的一二线城市。近年来，随着大型房企集团、酒管公司以及中介机构等的加入，众多新生品牌迅速发展起来，为行业奠定了基础。同时，繁华背后，出租率低、回报率低、资金周转难等问题，也在考验长租公寓企业。为进一步稳固品牌发展，集中式长租公寓品牌开始将重点从扩张转向运营，针对客群需求提高产品溢价。

关键词： 长租公寓　品牌指数　盈利模式

一　搜索指数分析

自2016年起，随着各大房企、酒管公司的加入，集中式长租公寓迎来井喷式发展。众多新生品牌在这三年里发展起来，为行业奠定了基础。同时，繁华背后，出租率低、资金周转难等问题，也在考验长租公寓企业。[1][2][3]

---

* 任开荟，英国阿斯顿大学会计金融学硕士，迈点研究院高级研究员，研究方向为长租公寓、联合办公、商业地产；郭德荣，迈点网主编兼迈点研究院研究总监，研究方向为商业空间品牌及运营。
[1] 于博文：《2017年中国租赁地产（公寓）品牌白皮书》，迈点研究院，2018年4月26日，https://www.meadin.com/153806.html。
[2] 于博文：《2016年度中国公寓品牌发展报告》，迈点研究院，2017年4月21日，https://www.meadin.com/141610.html。
[3] 任开荟：《2018年上半年长租公寓大数据分析报告》，迈点研究院，2018年8月3日，https://www.meadin.com/159253.html。

(一)潜在客群分析

在获客层面,集中式长租公寓的搜索指数相对较高。2016年上半年和2017年下半年其搜索指数出现两次高峰,且整体数据保持稳定(见图1)。

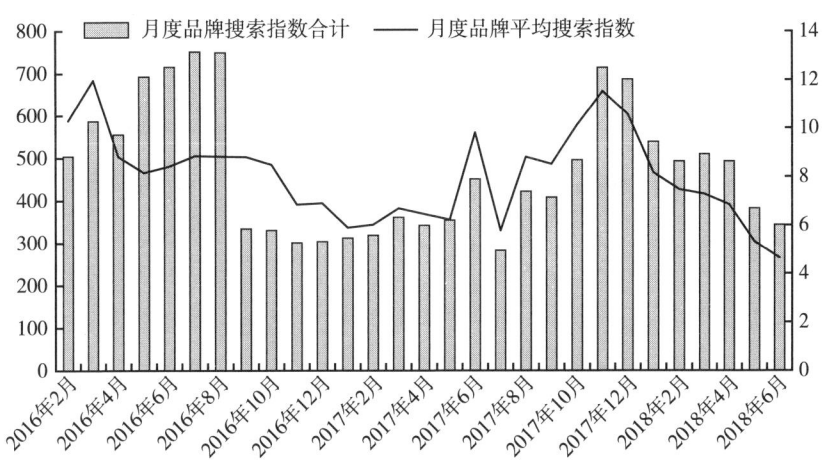

图1 2016年至2018年上半年集中式长租公寓品牌搜索指数表现

资料来源:迈点研究院。

2016年面对市场刚需、国家租赁政策的有力引导,长租公寓品牌赢来大规模资本的垂青,新派公寓、魔方公寓等一批集中式长租公寓独角兽诞生,集中式长租公寓开始受到大批潜在客群的关注。2017年下半年,大批房企先后加入住房租赁行业,进行集中式长租公寓品牌建设,并进行大规模扩张,再次引起各界关注,引发集中式长租公寓搜索指数的大幅度上升。

住房租赁品牌指数监测系统所监测的品牌搜索指数热点区域显示,集中式长租公寓品牌潜在客群热点区域主要集中于上海、北京、江浙地区,并逐步向河南、广东、山东、湖北等人口大省延伸(见图2)。

截至2018年上半年,集中式长租公寓品牌门店分布主要集中于上海、北京、广州、福建以及湖北等地(见图3)。与潜在客群热点分布区域对比,仍有部分区域存在较大的潜在消费需求,例如重庆、陕西、湖北、辽宁、湖

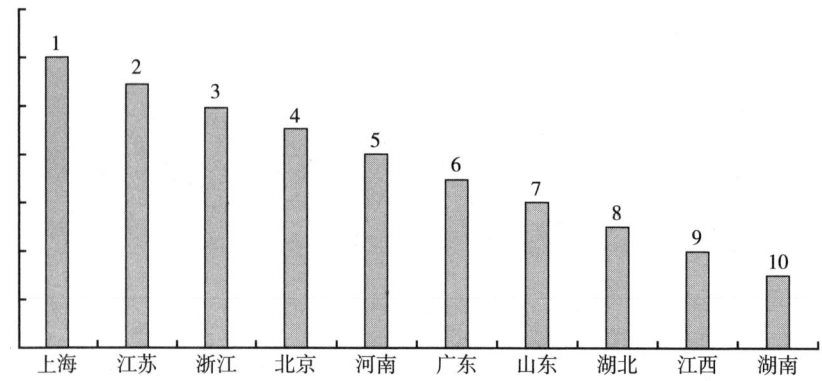

图2　2018年集中式长租公寓品牌潜在客群排名前十热点区域分布

资料来源：迈点研究院。

南等。据此推测，人口密集、经济发达的内陆省会城市以及区域经济中心，将成为各大品牌进一步拓展市场的重点。

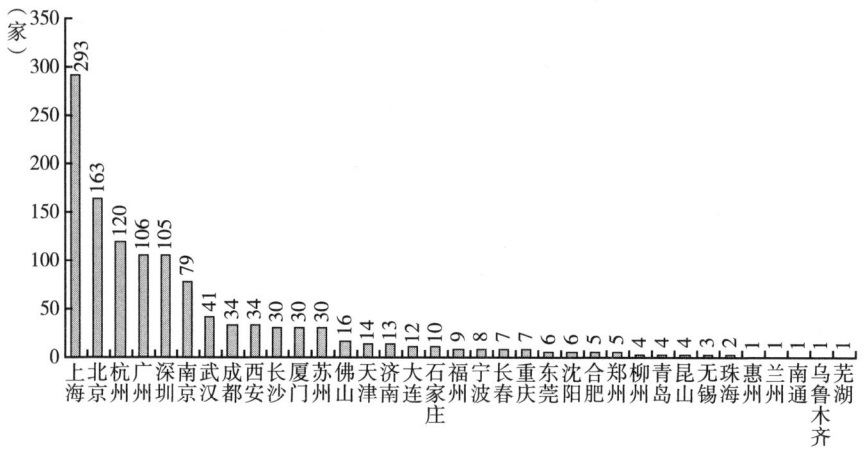

图3　2018年全国集中式长租公寓头部品牌门店地区分布

资料来源：迈点研究院（不完全统计）。

相比服务式公寓，集中式长租公寓租金相对较低，客群更为广泛。数据显示，集中式长租公寓主要潜在客群集中于一二线城市的青年人，相比服务式公寓年龄结构更为年轻化，其中19～34岁的人群占比高达90%，25～34岁的人群占比60%。租客性别方面，男性租客占比56%，女性租客占比

44%（见图4）。以此推断，集中式长租公寓潜在客群多来自刚毕业的大学生以及工作3~5年的白领工薪阶层。

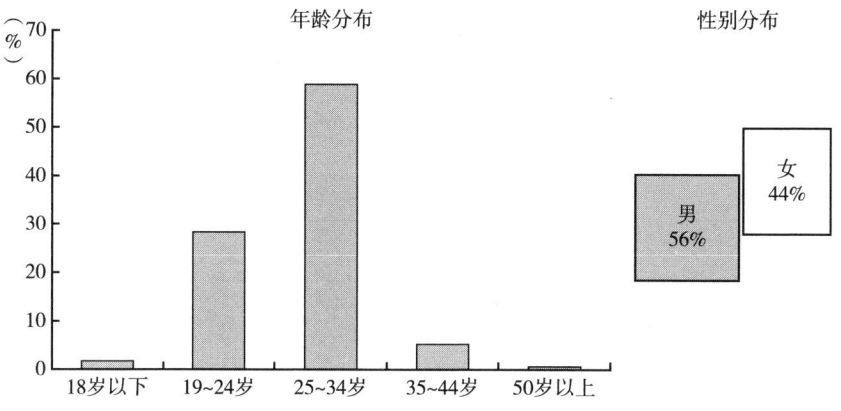

图4　2018年集中式长租公寓品牌潜在客群人物属性

资料来源：迈点研究院。

以上海为例，根据其集中式长租公寓人物画像数据，客群主要集中于月薪6000~10000元的年轻群体，工龄为5年上下（见图5）。此类客群工作相对稳

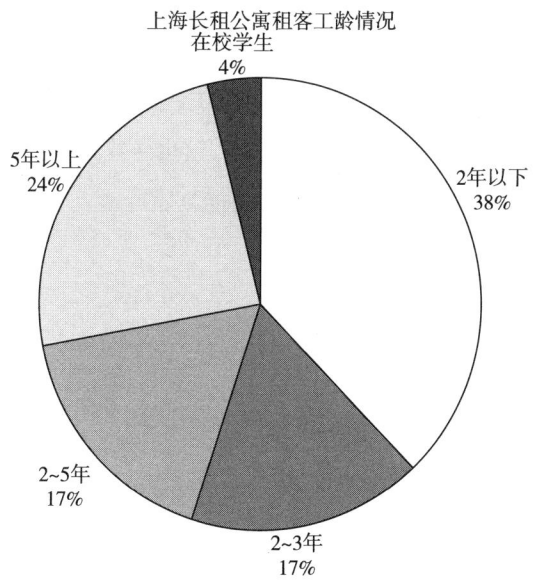

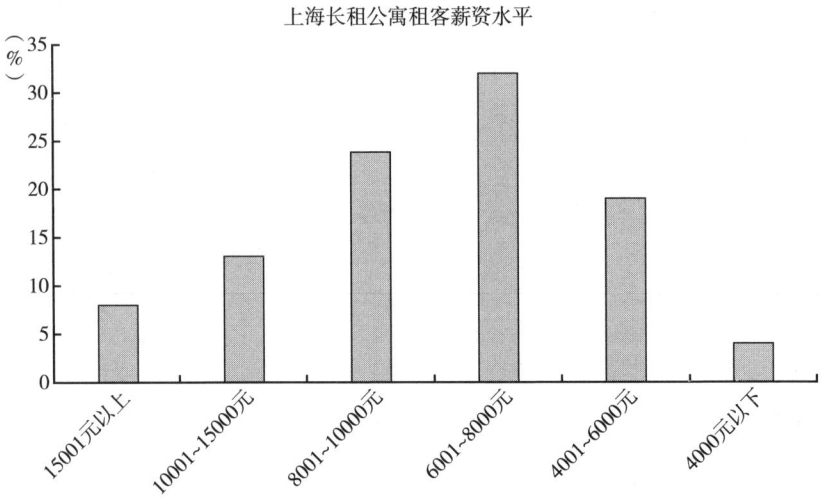

图5 2018年上海长租公寓租客人物画像

资料来源：银砖研究院。

定，其公寓选择会更多考虑出行便捷性，同时注重生活品质。首先，通勤时间的长短是其选择公寓的重要因素，一般来说一小时内的通勤时间普遍被接受；其次，年轻租客对私密性好、配套设施齐全、安全系数高并且公司化管理的公寓具有较高偏好（见图6）。因此，选址在繁华市区中心或交通便利的地铁、公交站周边，管理集中化、配套设备齐全的集中式长租公寓更能被广大租客接受。但是，由于集中式长租公寓在房源获取、消防安全、物业管理等方面具有较高要求，要在交通便利区域布局的成本并不低，这也导致其租金压力较大。

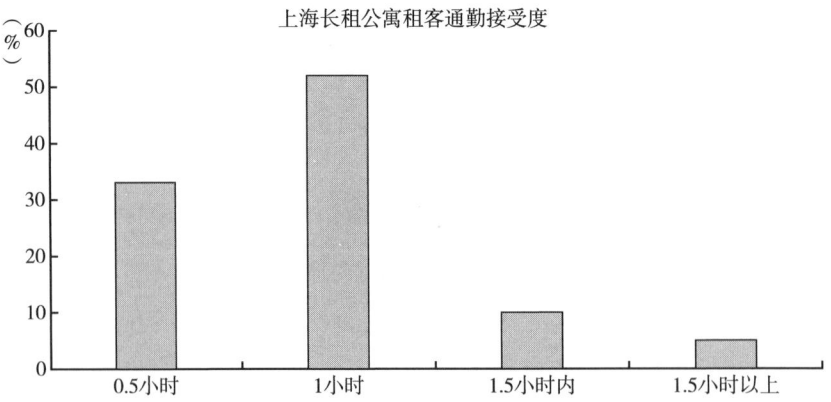

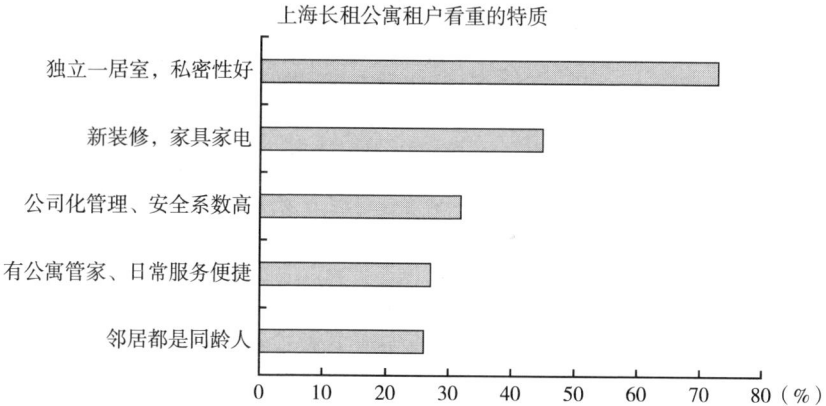

图6 2018年上海长租公寓租客通勤接受度及品质要素

资料来源：银砖研究院。

二 媒体指数分析

媒体对集中式长租公寓品牌的关注度正在不断加强，月均品牌媒体指数合计由2016年的月均2670.6上升到2018年上半年的月均2967.04，上涨幅度达11%（见图7）。尽管行业整体关注度处于不断上升的趋势，但平均到月份，媒体指数开始出现波动。2017年媒体对于集中式长租公寓品牌的关注度达到最高，2018年开始有所下滑（见图8）。

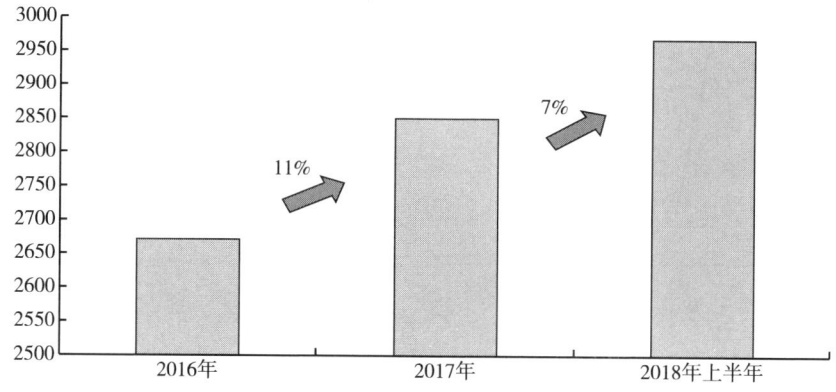

图7 集中式长租公寓品牌月均媒体指数（年度、半年度）

资料来源：迈点研究院。

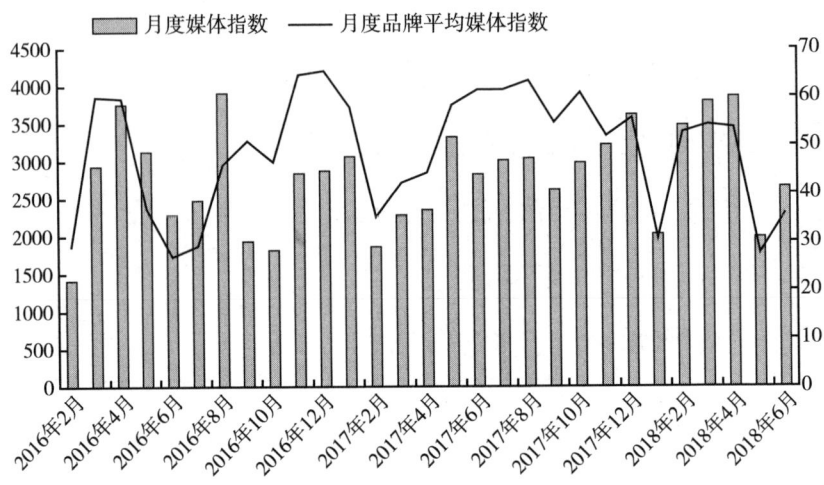

图8 2016年至2018年上半年集中式长租公寓品牌媒体指数表现

资料来源：迈点研究院。

2016年至2018年上半年数据显示，媒体对于集中式长租公寓的相关报道累计达到76356条（监测范围内）。其中，集中式长租公寓品牌新闻报道最多的媒体是百度新闻，其次为搜狐新闻，大众媒体对于集中式长租公寓拥有较高的关注度（见图9）。

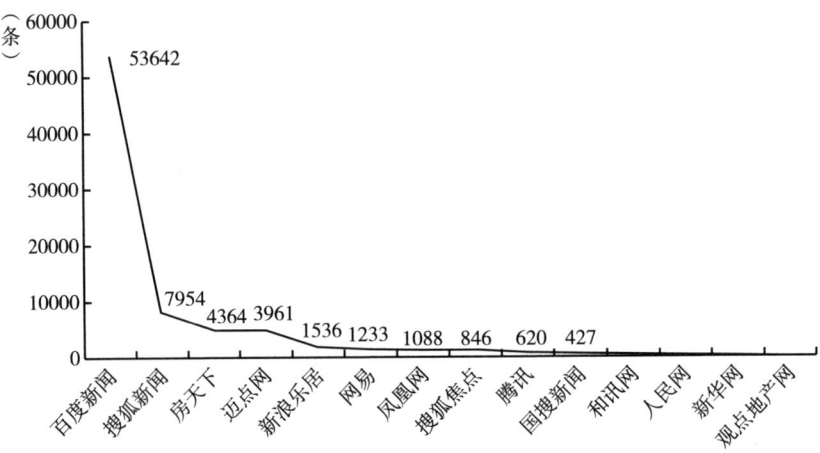

图9 2016年至2018年上半年集中式长租公寓品牌相关新闻数量

资料来源：迈点研究院。

2016年，百度新闻对集中式长租公寓品牌的报道为月均917条，2017年月均达到2211条，2018年上半年月均则达到3406条。值得注意的是，国搜新闻、人民网、新华网等媒体对于集中式长租公寓品牌的新闻报道数量也在逐渐增多，这也说明国家层面开始全面关注行业发展。行业媒体方面，房天下、迈点网、新浪乐居对于集中式长租公寓品牌的新闻报道量排名前三。其中，房天下月均新闻数量由2016年的8条上升至2018年的530条，而迈点网2016年至今已累计报道3961条。

2016年，集中式长租公寓媒体关注热点主要为相关政策红利以及品牌独角兽诞生。国务院相继发布2016年《政府工作报告》《关于加快培育和发展住房租赁市场的若干意见》，国土资源部（现自然资源部）、住建部联合发布《利用集体建设用地建设租赁住房试点方案》。同时，在资本助力下，新派公寓、魔方公寓等多个品牌获得巨额融资，未来域、创寓等品牌相继开张，集中式长租公寓第一批独角兽开始形成。

伴随行业成长，2017年媒体对于集中式长租公寓的关注开始转向扩张、资产证券化。同时，不断有房企宣布进入住房租赁市场，这也预示着房地产行业已从增量经济转向存量经济，这也成为时下媒体关注的又一大焦点。2017年，品牌媒介运营集中在规模扩张方面，如魔方公寓、YOU+、世联红璞、湾流国际共享社区等品牌抢占全国一二线城市市场。与此同时，未来域、窝趣等品牌相继获得金融机构的支持。

除战略投资、风险投资外，为拓宽长租公寓融资渠道，促进企业发展，国家在政策上也开始辅助长租公寓拓宽融资渠道。2017年7月，九部委发布《关于在人口净流入的大中城市加快发展住房租赁市场的通知》，支持公司信用类债券及资产支持证券，专门用于发展住房租赁业务。魔方公寓信托受益权资产支持专项计划在上海证券交易所正式挂牌转让，新派公寓权益型房托资产支持专项计划正式"破冰"，中联前海开源—保利地产租赁住房一号资产支持专项计划获得上海证券交易所审议通过，头部集中式长租公寓品牌纷纷尝到"甜头"。

此外，保利、招商蛇口、旭辉、龙湖、碧桂园、恒大等龙头房企也将长租公寓作为创新领域，列入战略发展重点。由于集中式长租公寓前期投入资金量大，房源要求集中，多为运营商通过自建、收购等方式获得，房产开发商拥有先天优势，因而具有房企背景的集中式长租公寓品牌逐步成为市场主力军。伴随一系列热点事件，集中式长租公寓品牌媒体指数不断攀升，2017年达到峰值。

2018年，媒体对于集中式长租公寓的关注开始转向"运营"、"蓝领公寓"等关键词。为应对赢利难这一痛点，集中式长租公寓品牌纷纷实施社群运营、毕业生计划、智慧公寓、大数据运营等拓展房客，降低运营成本。另外，在国家政策的鼓励下，集中式长租公寓品牌也开始细分服务品类，向蓝领公寓、员工宿舍、学生公寓等方向拓展，9号楼公寓、安歆公寓等一批细分板块的佼佼者，再次引发媒体关注。

三 运营指数分析

（一）线上运营

三年来，集中式长租公寓运营指数存在一定波动，2016年和2017年基本平稳，2018年出现大幅上涨。可见，步入2018年，集中式长租公寓品牌线上运营效果开始显现（见图10、图11）。

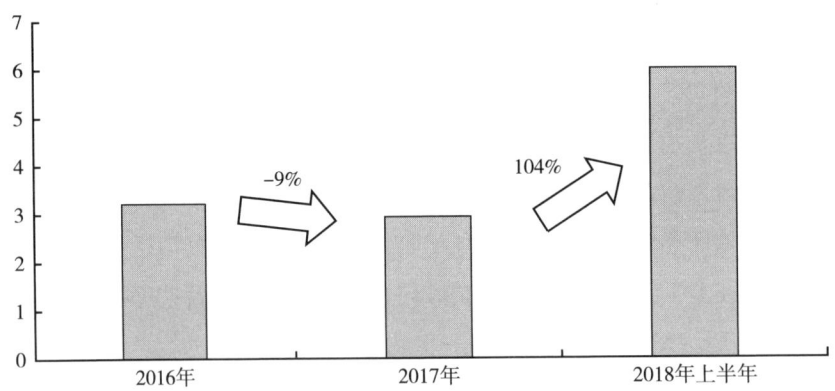

图10 集中式长租公寓品牌月均运营指数（年度、半年度）

资料来源：迈点研究院。

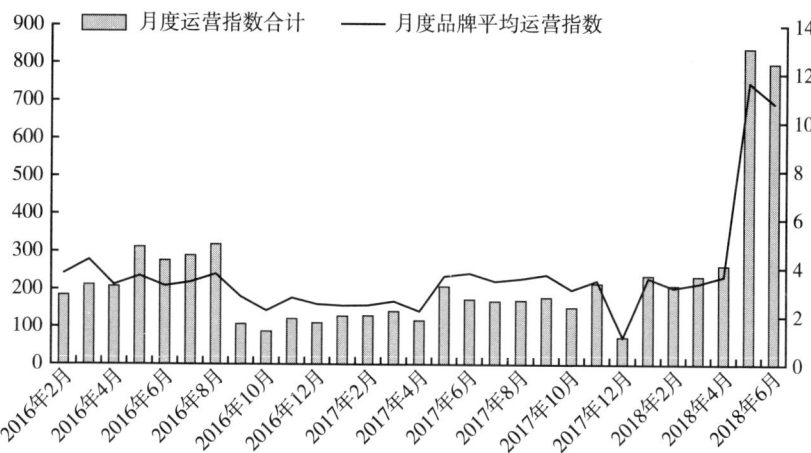

图 11　2016 年至 2018 年上半年集中式长租公寓品牌运营指数

资料来源：迈点研究院。

而今，App 应用已成为集中式长租公寓品牌运营的主要工具之一。住房租赁品牌指数监测范围内数据显示，拥有 App 的品牌所占比例已从 2016 年的 7% 上升到 2018 年的 42%，品牌 App 累计下载量达到 5540197 次（见图 12）。

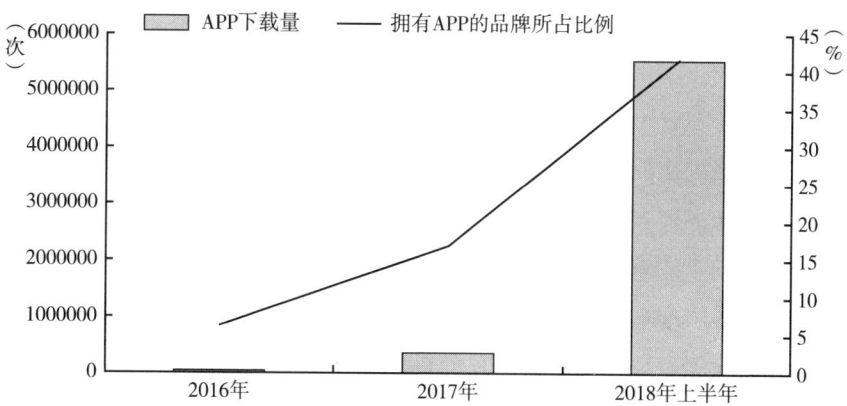

图 12　2016 年至 2018 年上半年集中式长租公寓品牌 App 运营情况

资料来源：迈点研究院。

一方面，租客通过 App 进行公寓搜索、申请维修、交纳租金等活动；另一方面，运营商通过 App 收房租、社群管理，提高了运营效率。打造线上两端的完整服务体系，不仅可以降低长租公寓品牌的运营成本，还能提高产品溢价和服务口碑。

微博作为集中式长租公寓社群运营、对客交流的重要途径之一，被大量成长性品牌追崇。截至 2018 年上半年，集中式长租公寓品牌微博"粉丝"数量累计达到 1056316，发布微博数量累计达 43031（见图 13）。

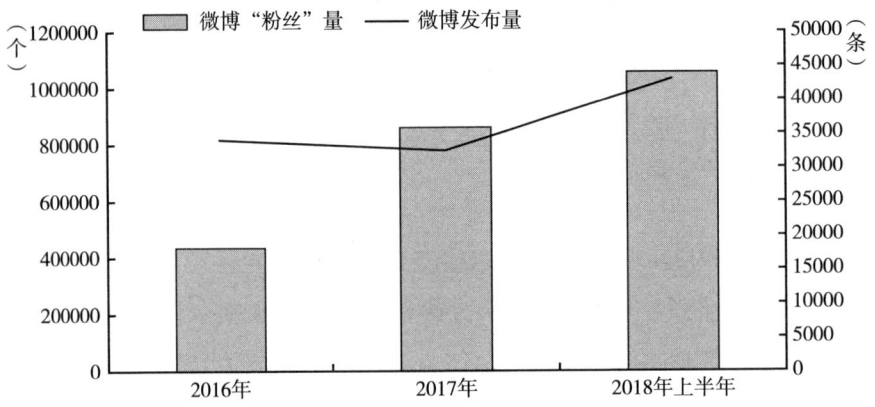

图 13　2016 年至 2018 年上半年集中式长租公寓品牌微博运营表现

资料来源：迈点研究院。

当前，品牌对于微博的运营，一方面是对公寓产品的宣传，另一方面则是选取租客感兴趣的话题、IP 或者组织有趣的活动来与租客形成共鸣，提高产品落地能力和客群黏性。面对年轻化的消费群体，在做好公寓装修、配套设施的基础上，利用社群运营、打造品牌独特 IP，满足其个性化需求，是提高品牌辨识度和竞争力的又一法宝。

微信作为人们社交、获取信息的重要途径，集中式长租公寓品牌自然也不会错过深度运营。据迈点研究院不完全统计，2016 年集中式长租公寓品牌软文月均 13623 篇，2017 年上涨到 24916 篇，2018 年上半年依然保持在 24130 篇左右（见图 14）。

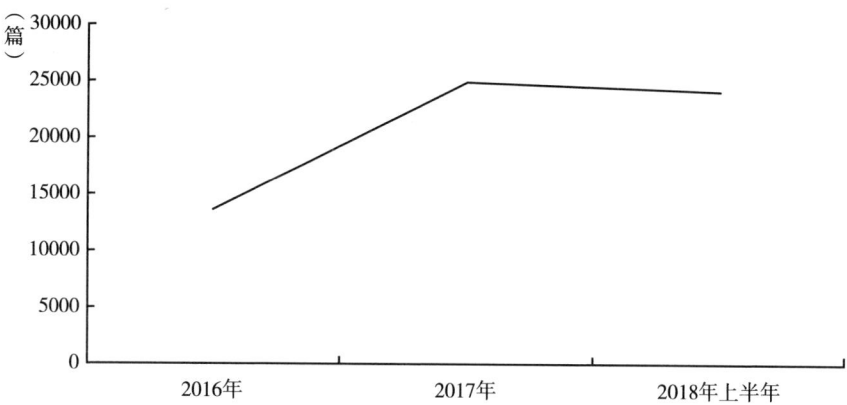

图 14　2016 年至 2018 年上半年集中式长租公寓品牌月均微信相关软文数量
资料来源：迈点研究院。

具体关注微信相关软文主题，除对集中式长租公寓品牌相关热点事件的报道外，公寓风格、社群活动、追求美好生活是另一类热点话题。对于越来越重视社群运营和 IP 打造的集中式长租公寓来说，运营好像微信、微博社交性强、内容传达丰富的平台，对其提高品牌辨识度、保持出租率的稳定增长至关重要。

（二）线下运营

就十大集中式长租公寓品牌租金情况而言，除新派公寓接近 10000 元/月外，其他品牌普遍集中在 2000～5000 元/月。其中，YOU＋官网渠道仅反馈出最低租金，实际值应超过 2145 元/月。整体来看，服务体系越健全，相应的租金也越高（见图 15）。

从全国十大城市来看，城家公寓在广州、苏州、成都以及杭州租金起价较高，服务标准也比较完善；新派公寓在北京独领风骚，占据核心商圈；魔方公寓在上海尝试高端客群服务，租金最高达到 16300 元/月；冠寓则选择客群较为成熟的深圳打造高端产品，租金同样高达 14500 元/月；此外，泊寓、BIG＋碧家国际社区分别在广州、北京也有租金超过 10000 元/月的产品。

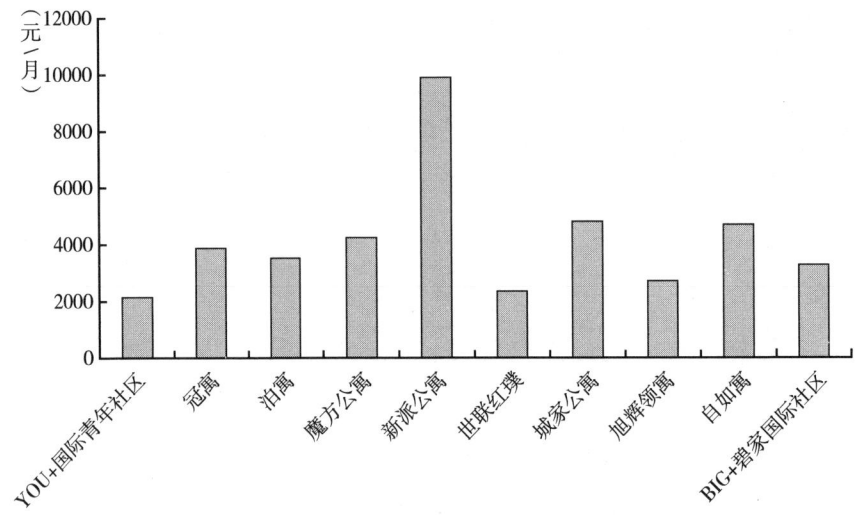

图 15　2018 年上半年集中式长租公寓品牌平均租金

资料来源：公寓品牌官网、58、贝壳。

显然，从泊寓在深圳最便宜的 408 元/月，到魔方公寓在上海最贵的 16300 元/月，集中式长租公寓正试图通过向下深耕、向上延展的方式，来丰富产品线，以给予租客更好的租住体验（见图16、图17）。

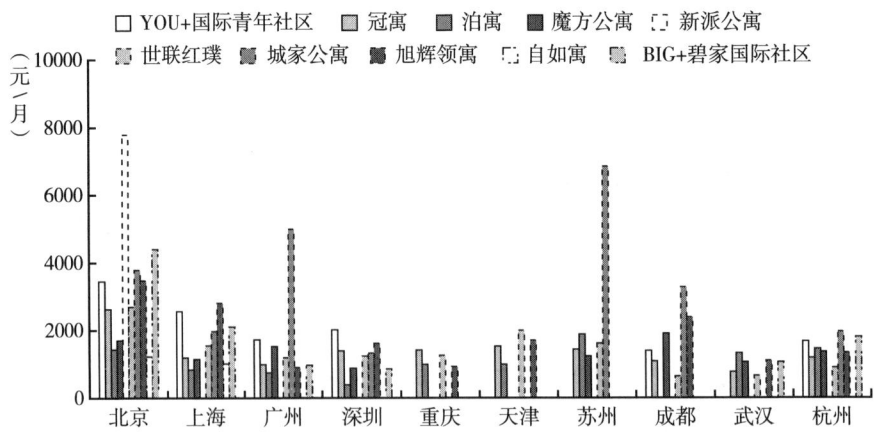

图 16　2018 年上半年集中式长租公寓品牌十大城市最低租金

资料来源：公寓品牌官网、58、贝壳。

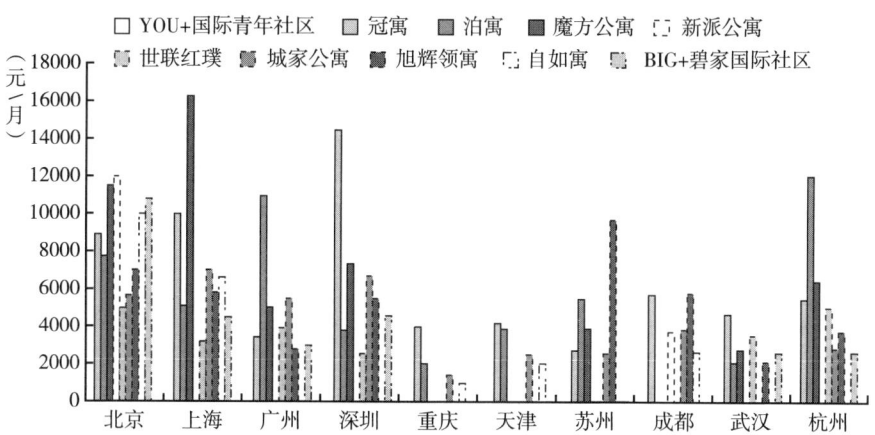

图17　2018年上半年集中式长租公寓品牌十大城市最高租金

资料来源：公寓品牌官网、58、贝壳。

四　品牌指数分析

集中式长租公寓品牌指数整体呈波动上涨趋势，2018年上半年月均品牌指数合计达到3857.84，相比2017年上涨12%，集中式长租公寓的品牌影响力正在逐步加强（见图18、图19）。

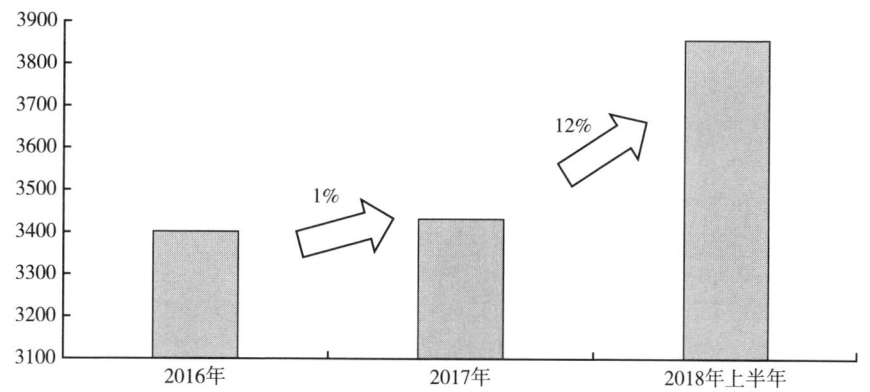

图18　2016年至2018年上半年集中式长租公寓月均品牌指数合计

资料来源：迈点研究院。

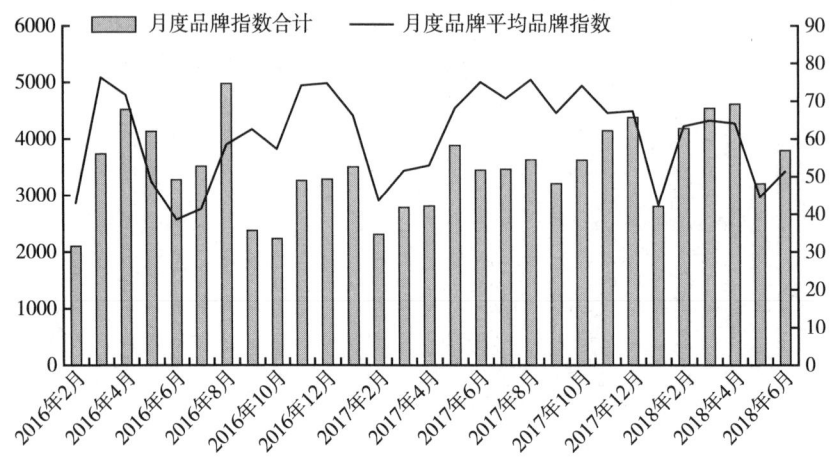

图19　2016年至2018年上半年集中式长租公寓品牌月度品牌指数表现

资料来源：迈点研究院。

近年来，一二线城市白领群体规模在逐年扩大，新兴"90后""00后"群体更加注重生活质量，而集中式长租公寓为这一群体在紧张忙碌的生活中追求幸福美好生活提供了切实服务。

参考文献

［1］于博文：《2017年中国租赁地产（公寓）品牌白皮书》，迈点研究院，2018年4月26日，https：//www.meadin.com/153806.html。

［2］于博文：《2016年度中国公寓品牌发展报告》，迈点研究院，2017年4月21日，https：//www.meadin.com/141610.html。

［3］任开荟：《2018上半年长租公寓大数据分析报告》，迈点研究院，2018年8月3日，https：//www.meadin.com/159253.html。

［4］《2018上半年长租公寓市场研究报告》，银砖研究院，2018年7月22日，https：//www.meadin.com/158179.html。

B.7 分散式长租公寓品牌指数报告

任开荟 郭德荣[*]

摘 要： 分散式长租公寓主要为个人房东房源且较为分散，通过品牌运营商对公寓进行统一装修、运营、出租。与集中式长租公寓不同，分散式长租公寓多为轻资产运营模式，房源获取渠道较广，因而品牌扩张更为迅速。但也正因如此，分散式长租公寓地方品牌更多，品牌知名度具有较为明显的区域性。尽管分散式长租公寓轻资产的运营模式在品牌建立初期发展较快，但由于其房源呈现较强的分散性，相比重资产为主的集中式长租公寓，品牌在运营层面所付出的成本更高；品牌快速扩张所需要的资金支持更为庞大，因而品牌管理和运营中面临的挑战也更大；同时分散式长租公寓品牌多为"创业系"背景，资金储备相对薄弱，应对风险的能力相对较弱。

关键词： 长租公寓 轻资产运营 品牌指数

一 搜索指数分析

近三年，分散式长租公寓搜索指数整体呈波动上涨趋势，2016年月均

---

[*] 任开荟，英国阿斯顿大学会计金融学硕士，迈点研究院高级研究员，研究方向为长租公寓、联合办公、商业地产；郭德荣，迈点网主编兼迈点研究院研究总监，研究方向为商业空间品牌及运营。

搜索指数合计为387.16，2017年达到508.69，2018年上半年稳定在485.76，可见分散式长租公寓品牌的潜在客群正在不断扩大（见图1）。①②③

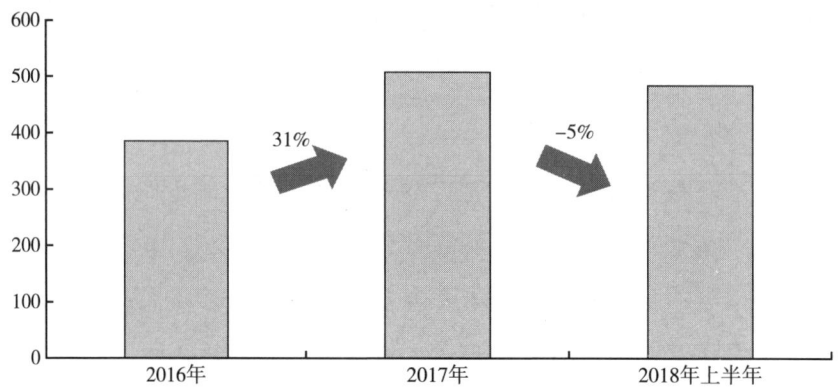

图1　分散式长租公寓品牌月均搜索指数合计（年度、半年度）

资料来源：迈点研究院。

具体分析分散式长租公寓月均搜索指数表现，可以发现，受到春秋季招聘等季节性因素影响，分散式长租公寓品牌搜索指数存在一定波动，分别大致在每年的4月份及8月份出现小幅度上升（见图2）。

长租公寓近年来处于"风口"，整体来看，分散式长租公寓品类被关注程度日渐增强。但聚焦到品牌上，其平均搜索指数呈现下降趋势，月度品牌平均搜索指数由2016年的11.77下降到2018上半年的6.99，主要由行业面临洗牌、品牌新老交替的不稳定因素造成。

分散式长租公寓主要采用轻资产运营模式，房源获取渠道较广，品牌建立初期发展较快。但在运营层面，相比重资产为主的集中式长租公寓，其面

---

① 于博文：《2017年中国租赁地产（公寓）品牌白皮书》，迈点研究院，2018年4月26日，https://www.meadin.com/153806.html。
② 于博文：《2016年度中国公寓品牌发展报告》，迈点研究院，2017年4月21日，https://www.meadin.com/141610.html。
③ 任开荟：《2018年上半年长租公寓大数据分析报告》，迈点研究院，2018年8月3日，https://www.meadin.com/159253.html。

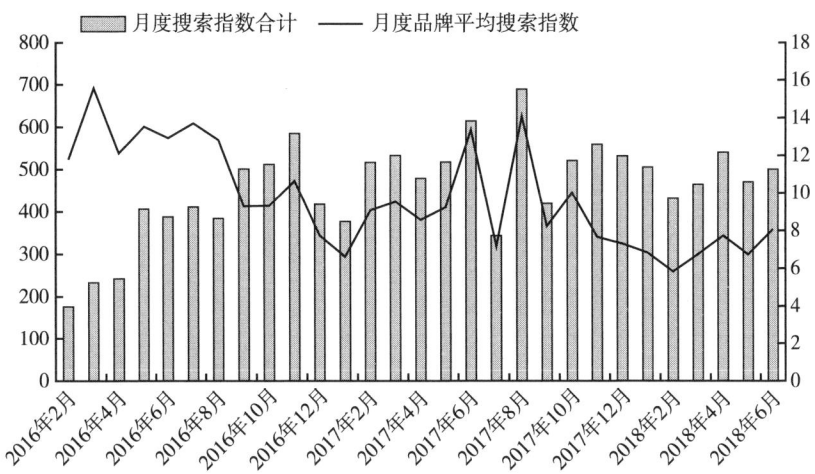

图 2　2016~2018 年上半年分散式长租公寓品牌搜索指数表现

资料来源：迈点研究院。

临的挑战也更大。目前，长租公寓利润率普遍较低，分散式长租公寓赢利主要通过房租与房源价格、运营成本的差价来实现盈利。大部分品牌通过扩大市场份额来实现规模经济，靠的是"薄利多销"的运营策略。然而，不断扩张的过程中，对于分散式长租公寓品牌的要求也变多，如资金链周转、非标准化装修成本、分散化房源管理效率、个人房东租赁关系管理、出租率、门槛低等。2017 年下半年至 2018 年上半年，分散式长租公寓品牌出现大面积洗牌，尤其是区域性品牌，洗牌比例远超集中式长租公寓。尽管分散式长租公寓品牌搜索指数总量波动上涨，但在新旧品牌更迭过程中，分散式长租公寓品牌月度平均搜索指数却呈现下降趋势。

（一）热点区域分析

从搜索指数热点区域上来看，分散式长租公寓潜在客群由东部沿海地区逐步向西部内陆地区扩展。具体可以分为以下几类：①我国东部沿海地区的一线城市，如北京、上海、广州、深圳；②东部沿海地区的新一线及二线城市地区，如杭州、苏州、厦门、天津等；③西部内陆地区经济较为发达的省会地区，如成都、武汉等（见图 3）。

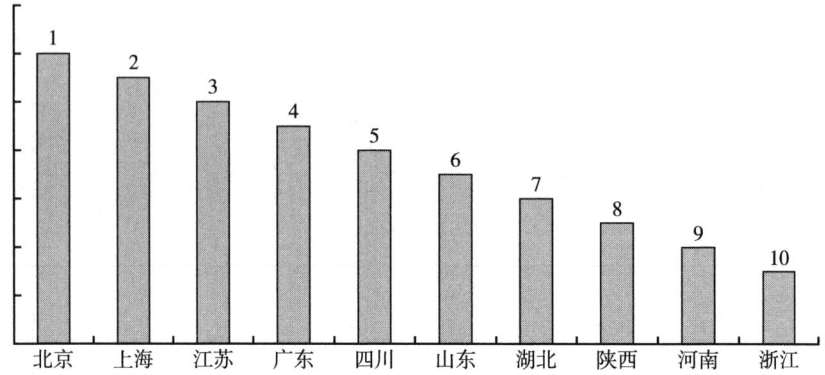

图3 2018年全国分散式长租公寓品牌潜在客群排名前十热点区域

资料来源：迈点研究院。

由于经济发达、工作机会较多，上述这些城市成为流动人口聚集的热点区域，具有较大的住房租赁需求。与集中式长租公寓不同，分散式长租公寓多为轻资产运营模式，地方品牌更多，品牌知名度具有较为明显的区域性。

目前，分散式长租公寓品牌门店热点分布区域与集中式长租公寓品牌门店热点分布区域基本一致（见图4），集中于大中型城市。伴随着分散式长租公寓品牌的快速发展，城市租客的需求正在逐渐被满足。尽管分散式长租公寓在区域扩展上对应了潜在客群的分布，但在供应量上还远不能满足潜在客群的需求。根据重点租赁住房城市"十三五"规划、城市总体规划等公开资料，当前大型一线城市流动租赁人口与租赁住房的比值平均达到1.5，其中分散式长租公寓品牌房量所占租赁住房总量的比例仅为6%，个人普租、城中村供应数量所占比例高达83%。品质较高、管理规范的分散式长租公寓，仍存在较大的发展空间。

相比服务式公寓和集中式长租公寓，分散式长租公寓品牌潜在客群更为年轻化，19～24岁人群占比高达40%，男性客群占比达到70%（见图5）。这部分人群主要为学生以及工作时间在5年以内的大学毕业生，其月薪在

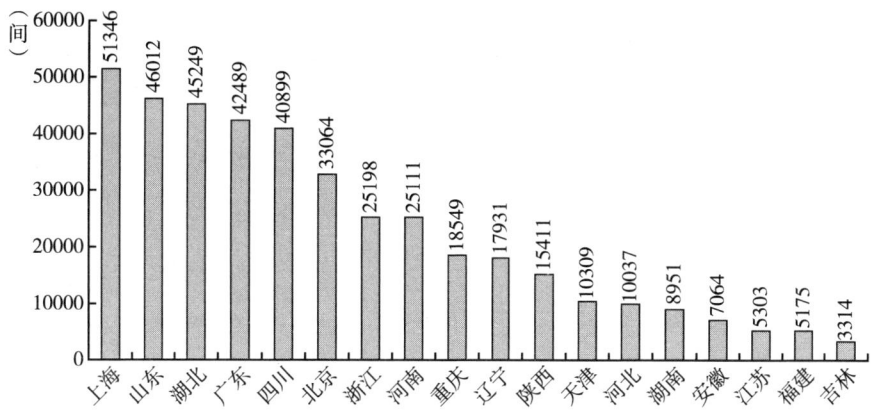

图4 2018年全国分散式长租公寓品牌主要门店区域分布

资料来源：迈点研究院。

5000~10000元。作为职场新人，这部分人群对于居住的面积、品质要求相对较低，更多考虑价格因素。相比服务式公寓和集中式长租公寓，分散式长租公寓在价格上具有一定优势。同时，相比个人普租、城中村等类型房屋，分散式长租公寓由于在装修、管理和服务上的标准化，同时兼具一定的安全保障，颇受年轻租客的欢迎。

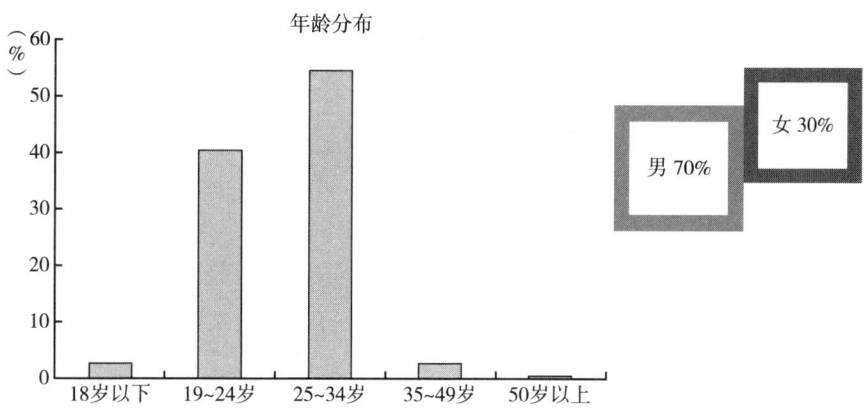

图5 2018年分散式长租公寓品牌潜在客群人物属性

资料来源：迈点研究院。

二 媒体指数分析

三年来，分散式长租公寓媒体指数变动趋势出现较大波动。相比2016年，2017年媒体指数合计上涨28%，2018年上半年则同比下滑14%（见图6）。具体到单个品牌，分散式长租公寓品牌月度媒体指数和月均媒体指数均呈现较为明显的下降趋势（见图7、图8）。

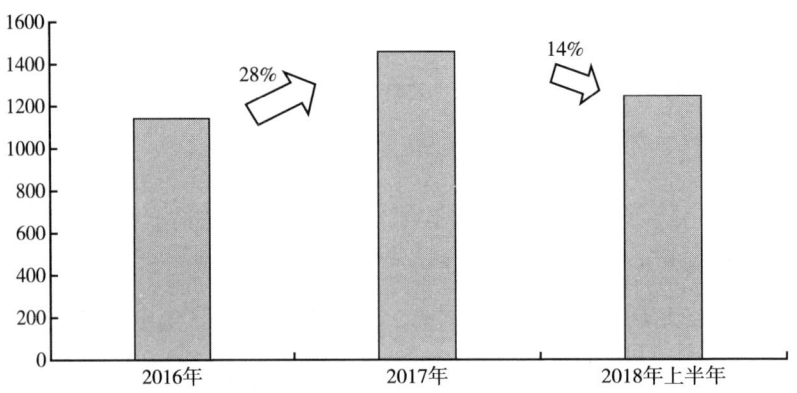

图6　2016年至2018年上半年分散式长租公寓品牌媒体指数合计

资料来源：迈点研究院。

关注2016年至2018年上半年的分散式长租公寓品牌相关新闻数量，其数量累计达到37703条（监测范围内），低于集中式长租公寓相关新闻报道的76356条。

监测渠道中，对分散式长租公寓报道最多的为百度新闻，其次为迈点网、房天下等行业媒体。其中百度新闻关于分散式长租公寓的相关报道累计达到31012条，迈点网、房天下则分别累计达到1615条和1255条（见图9）。

2016年媒体对于分散式长租公寓品牌的关注主要集中在"融资"以及"独角兽的诞生"上。据不完全统计，2016年长租公寓融资规模达到90亿元，分散式长租公寓中包租婆、爱上租、优客逸家等品牌纷纷获得巨额融

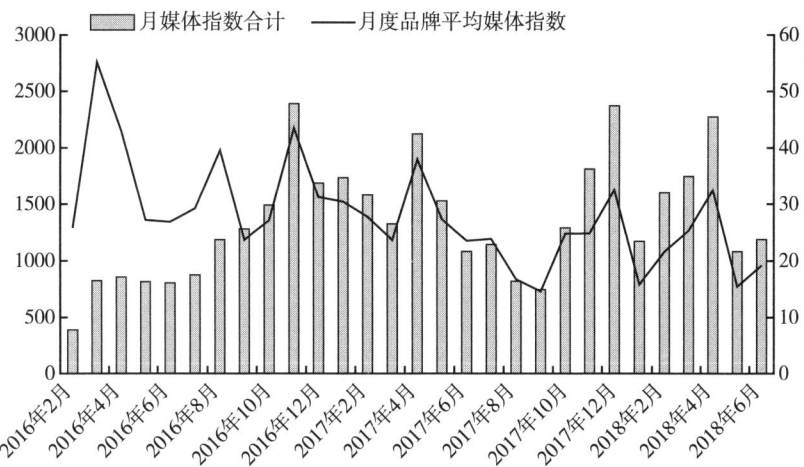

图7　2016年至2018年上半年分散式长租公寓品牌月度媒体指数表现

资料来源：迈点研究院。

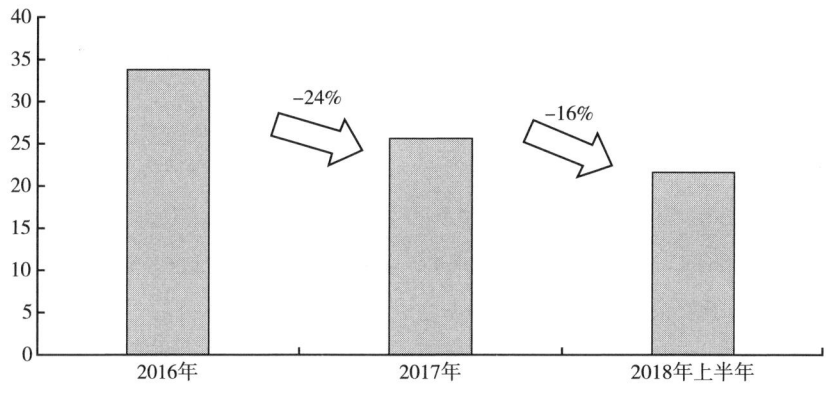

图8　2016年至2018年上半年分散式长租公寓品牌月均媒体指数

资料来源：迈点研究院。

资；我爱我家旗下的相寓动作不断，链家旗下的自如宣布独立并进入扩张阶段。同时，2016年分散式长租公寓新生品牌如雨后春笋般涌现，作为住房租赁行业一种新型的运营模式，开始逐渐代替传统的二房东模式，被各大媒体关注。

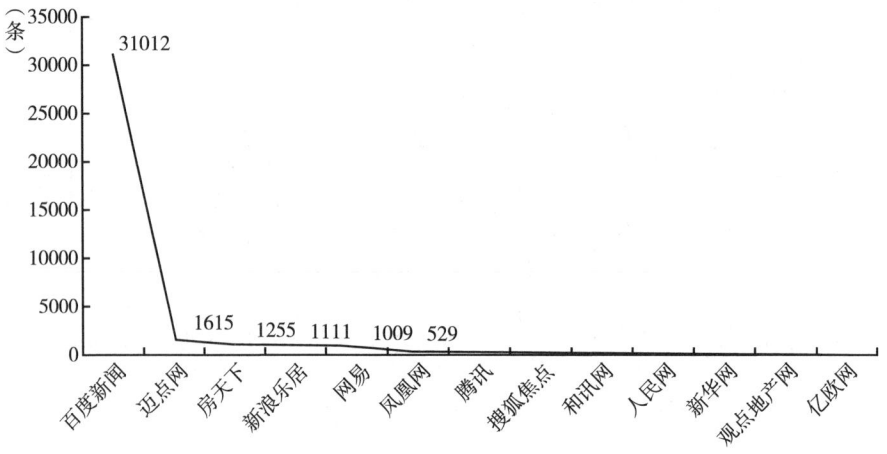

图 9　2016 年至 2018 年上半年分散式长租公寓品牌相关新闻数量统计

资料来源：迈点研究院。

2017 年，媒体对于分散式长租公寓品牌的关注更多集中于"扩张"和"洗牌"上。2017 年分散式长租公寓依旧深受资本追捧，头部品牌如自如、爱上租、蛋壳公寓等相继获得巨额融资。对于房源获取相对容易、门槛低、附加值低的分散式长租公寓，通过扩张寻求规模效应，是其追求利润增长的重要途径之一。自如、青客、美丽屋等头部品牌不断扩张区域板块，抢占市场份额。然而，在产品标准化建设不完善、管理体系不够成熟的情况下，进行规模扩张会使得品牌面临更大的挑战。由于房源分散、管理困难，装修成本高，资金量紧张等原因，分散式长租公寓品牌也快速进入洗牌阶段，相继有 GO 窝公寓、Color 公寓、好熙家公寓、聚福缘公寓等品牌运营出现问题。

与集中式长租公寓品牌不同的是，分散式长租公寓由于短租租约等因素，限制了其资产证券化的发展。截至 2018 年 6 月，除自如在 2017 年 9 月发行"中信证券—自如 1 号房租分期信托受益权资产支持专项计划"融资 5 亿元 ABS 外，多数品牌仍采用一级市场风险投资的途径来获取融资。如何拓宽分散式长租公寓融资渠道，助力行业发展，引发了业界的讨论。

另外，在经历较为激烈的行业洗牌后，行业品牌和媒体都开始关注分散式长租公寓发展的痛点——"盈利"。尽管有优客逸家等个别品牌对外宣布盈利，但多数品牌仍处于亏损状态。分散式长租公寓品牌也纷纷出招，与银行等金融机构进行战略合作，积极争取轻资产租赁专项金融支持、获取"支付工具"技术支持等。同时，针对大学毕业生举办了诸如"椋鸟计划"活动，运用小程序等工具进行社群营销拓展客群，举办各类主题房线下体验活动。一时间，分散式长租公寓品牌的盈利问题成为舆论关注的焦点。

三 运营指数分析

（一）线上运营

运营指数方面，分散式长租公寓整体呈上涨趋势，尤其是2018年上半年品牌月均运营指数合计大幅上涨，相比2017年月均运营指数合计上涨幅度高达50%（见图10、图11）。

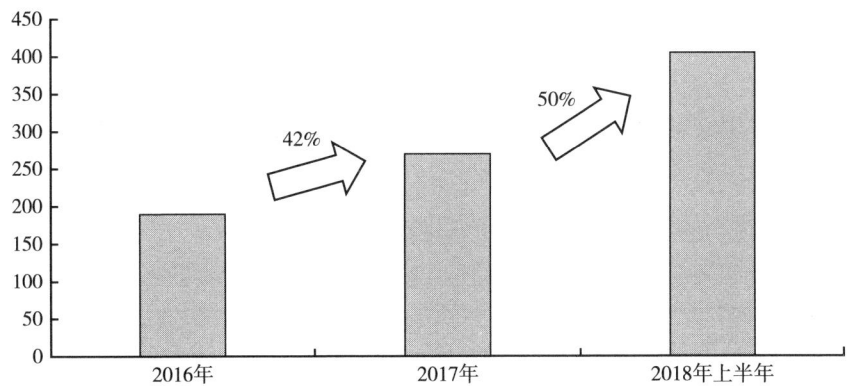

图10　2016年至2018年上半年分散式长租公寓品牌月均运营指数合计

资料来源：迈点研究院。

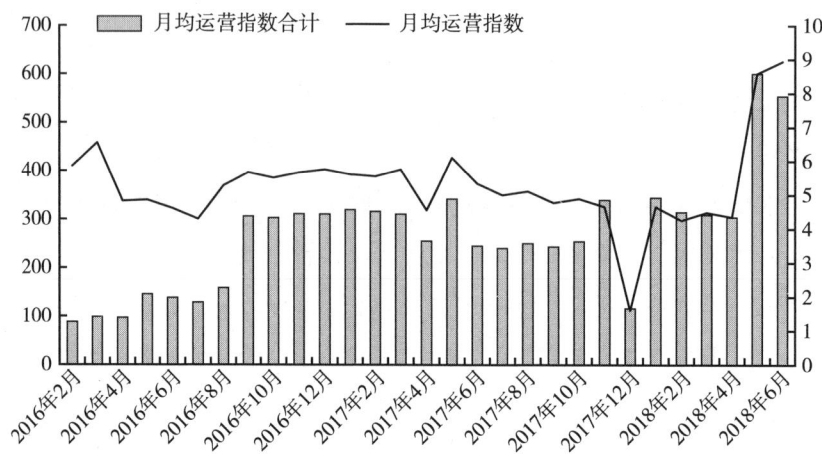

图11　2016年至2018年上半年分散式长租公寓品牌月均运营指数表现

资料来源：迈点研究院。

分散式长租公寓品牌官网点击量近年来波动较大，继2017年大幅上升后，月均合计官网点击量2018年上半年出现回落（见图12）。品牌App下载量上涨明显，2018年上半年累计达到9384467次。

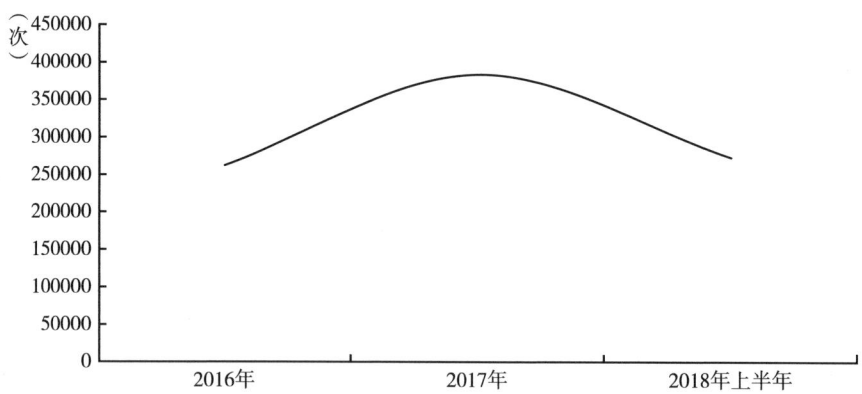

图12　2016年至2018年上半年分散式长租公寓品牌月均合计官网点击量

资料来源：迈点研究院。

对于房源分散、管理难度较大的分散式长租公寓品牌，App 是其主要运营工具。截止到 2018 年上半年，分散式长租公寓品牌影响力榜单中接近 70% 的品牌拥有官方 App。截至 2018 年上半年，极光大数据显示，自如 App 端渗透率达到 0.19%，蛋壳公寓渗透率达到 0.03%，用户活跃度不断增强。分散式长租公寓品牌对于 App 的运营主要集中于房源找寻、客户账户管理、附加产品营销以及社群运营、房屋托管、物品维修、家政服务等方面。针对房源分散、难管理，服务附加值低，社群运营程度化低等问题，App 会提供针对性的解决方案。同时，不可忽视的是，App 在方便租户的同时，也显著提高了物业主与品牌方的沟通，提高了存量资产的运营效率。

分散式长租公寓品牌也十分看重微博、微信的相关运营。截至 2018 年 6 月，分散式长租公寓品牌微博"粉丝"数量累计达到 635669，微博发布数量累计达到 52912（见图 13）。微信相关软文数量呈波动上涨，虽然在 2018 年上半年月均微博相关软文数量小幅度下滑，但仍保持在月均 54815 篇（见图 14）。

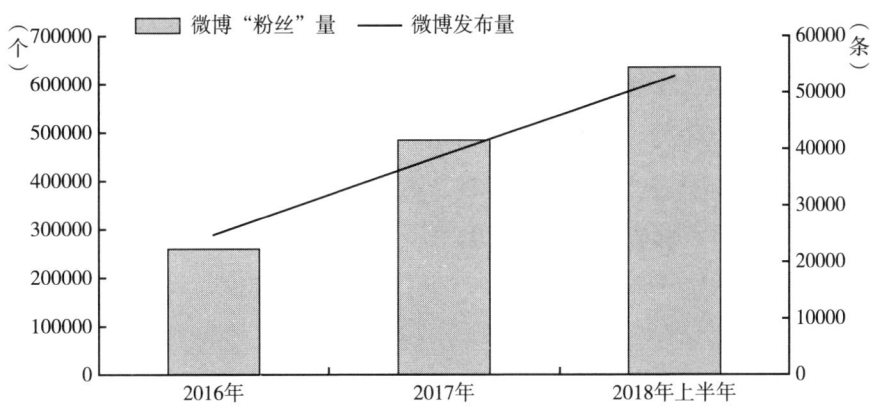

图 13　2016 年至 2018 年上半年分散式长租公寓品牌微博运营情况

资料来源：迈点研究院。

在微博、微信运营具体内容上，分散式长租公寓品牌除展开新品发布、社群营销等活动外，还针对"90 后""95 后"感兴趣的话题进行相关博文和软文的发布，增强与客群的交流和共鸣，建立消费者心目中的品牌形象。

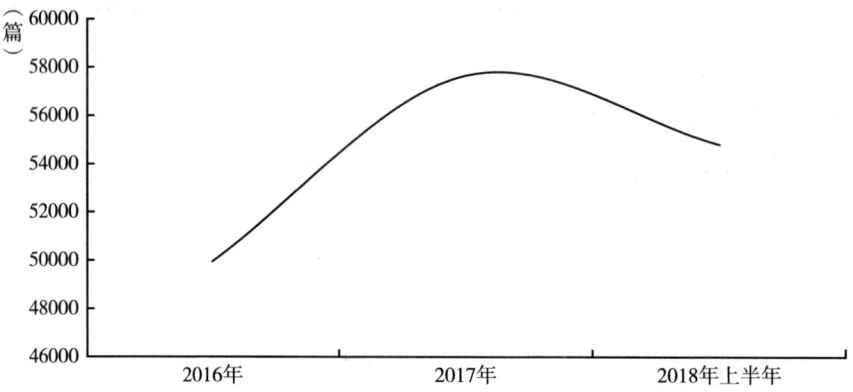

图 14　2016 年至 2018 年上半年分散式长租公寓品牌月均微信相关软文数量

资料来源：迈点研究院。

（二）线下运营

分散式长租公寓品牌通过整租和合租两种租赁模式，给予消费客群多样化和差异化的租房选择。在七大品牌中，自如友家的整租产品平均租金较高，其最贵的北京豪宅产品租金达到 80000 元/月，最便宜的深圳整租产品租金仅为 2130 元/月，覆盖板块较为全面；包租婆主打女性特色品牌公寓，溢价能力在合租产品定价上得到体现，租金最高达到 9000 元/月，最低也要 2990 元/月，用户群偏中上（见图 15）。

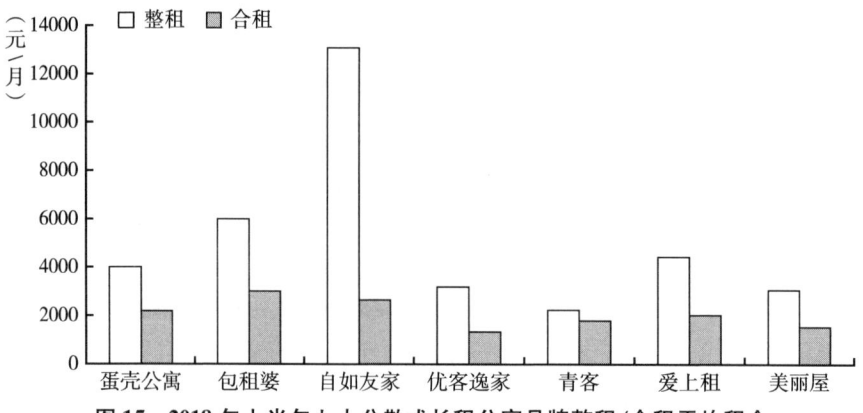

图 15　2018 年上半年七大分散式长租公寓品牌整租/合租平均租金

资料来源：迈点研究院。

对比七大品牌在十大城市的整租租金发现，广州、重庆对应产品处于紧缺状态，市场基本被集中式长租公寓品牌垄断；北京、杭州则竞争较为丰富，整租租金价格集中于1500～10000元/月，产品特色差异化较大，竞争并不明显（见图16、图17）。

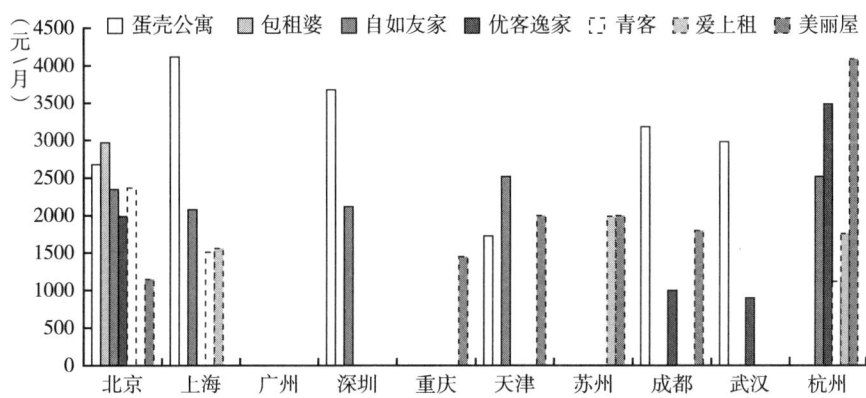

图16　2018年上半年七大分散式长租公寓品牌十大城市整租最低租金

资料来源：迈点研究院。

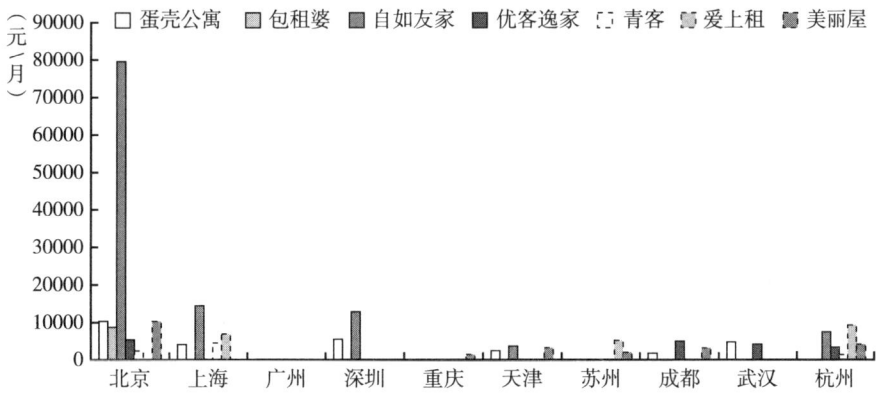

图17　2018年上半年七大分散式长租公寓品牌十大城市整租最高租金

资料来源：迈点研究院。

对比七大品牌在十大城市的合租平均租金发现，最低合租租金集中在500～1000元/月，最高合租租金集中在2000～4000元/月。其中，成都、武汉、杭州各大品牌租金设定接近，市场竞争激烈；重庆、广深等尚处于蓝海，未来可以更多考虑在这些城市拓展市场（见图18、图19）。

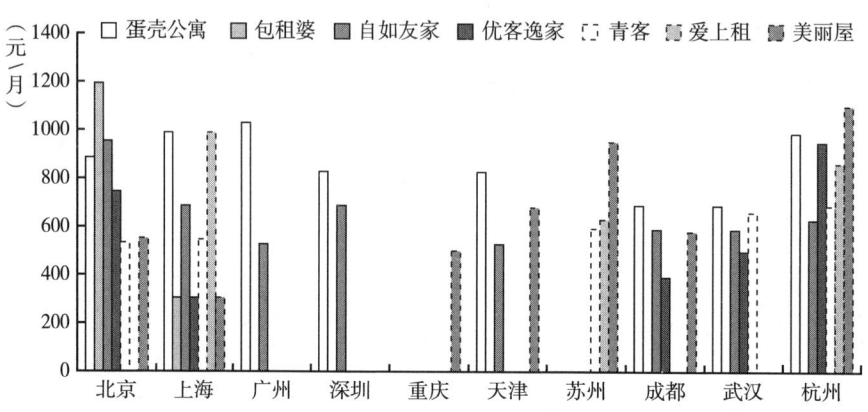

图18　2018年上半年七大分散式长租公寓品牌十大城市合租最低租金

资料来源：迈点研究院。

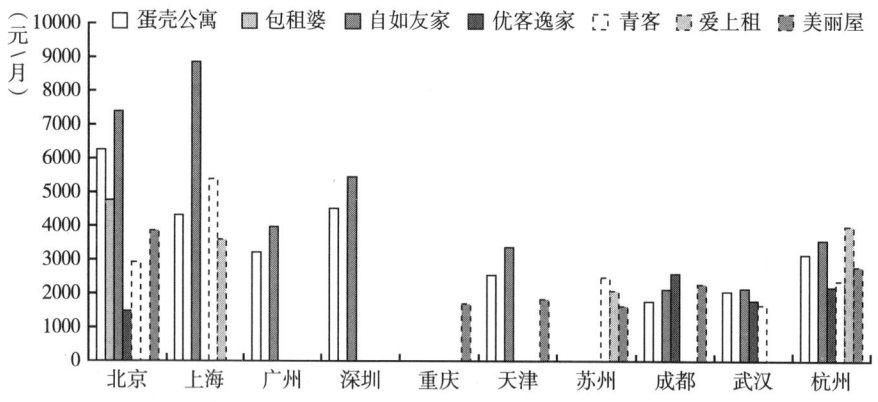

图19　2018年上半年七大分散式长租公寓品牌十大城市合租最高租金

资料来源：迈点研究院。

四 品牌指数分析

分散式长租公寓品牌指数整体呈现波动上涨趋势，2017 年月均品牌指数合计同比 2016 年上涨 32%，2018 上半年月均品牌指数合计达到 2401.8，同比上涨 6%（见图 20、图 21）。

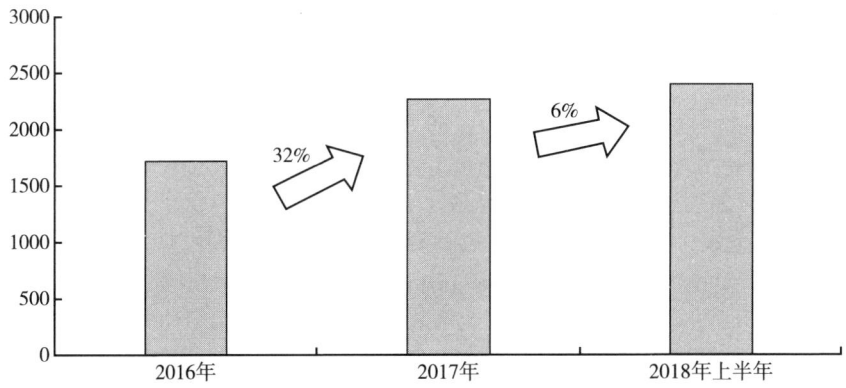

图 20　2016 年至 2018 年上半年分散式长租公寓月均品牌指数合计

资料来源：迈点研究院。

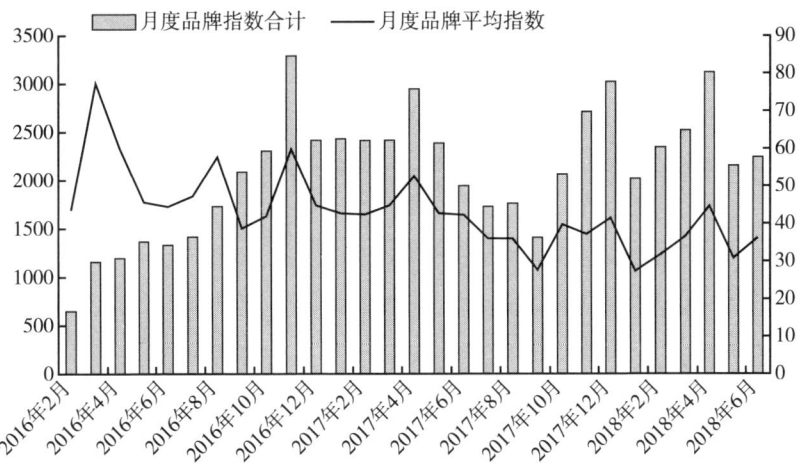

图 21　2016 年至 2018 年上半年分散式长租公寓品牌指数表现

资料来源：迈点研究院。

具体来看，每年4月和10~11月，其品牌指数会出现一定幅度的上涨，很大程度上来源于季度性媒体推广度和潜在客群活跃度。可以说，分散式长租公寓是机遇与挑战并存，是对我国传统住房租赁行业"二房东"模式的革新。其品牌运营管理模式的输出，也将促进我国房地产行业存量市场的健康发展，并最终推动住房租赁行业整体品质的提升。

参考文献

［1］于博文：《2017年中国租赁地产（公寓）品牌白皮书》，迈点研究院，2018年4月26日，https：//www.meadin.com/153806.html。

［2］于博文：《2016年度中国公寓品牌发展报告》，迈点研究院，2017年4月21日，https：//www.meadin.com/141610.html。

［3］任开荟：《2018上半年长租公寓大数据分析报告》，迈点研究院，2018年8月3日，https：//www.meadin.com/159253.html。

案例篇
Case Study

B.8
国际服务式公寓
——雅诗阁、辉盛国际

郭德荣 陈志商*

摘　要： 服务式公寓发展三十余年，为长居住客提供了"家"一般温暖的服务体验。早期的国际服务式公寓布局于全球大都市的核心商圈，旨在解决顶层人士的长租需求；后期开始形成品牌矩阵，通过细分运营来满足市场上顾客的差异化需求；未来则将在物业选择上更加多样化，进入旨在提升人民美好生活的长租公寓市场。通过雅诗阁和辉盛国际等品牌的商业模式研究，为中国住房租赁行业的标准化体系的建立与升级，提供了现实依据和经验参考。

---

* 郭德荣，迈点网主编兼迈点研究院研究总监，研究方向为商业空间品牌及运营；陈志商，英国华威大学工商管理硕士，雅诗阁中国区董事总经理，研究方向为服务式公寓投资及拓展。

关键词： 服务式公寓　商业模式　品牌价值

服务式公寓作为业主和租客的桥梁，为长、中、短期商住客人提供了一个完整、独立、具有自助式服务功能的住宿设施，其公寓客房由一个或多个卧室组成，并带有独立的起居室以及装备齐全的厨房和就餐区域。目前，典型的品牌包括雅诗阁、辉盛国际、ONYX、奥克伍德等，还包括万豪行政公寓、泛太平洋高级服务公寓、诗铂高级服务公寓等国际酒店集团旗下的公寓品牌。

一　发展历程

作为同样发源于新加坡的服务式公寓，雅诗阁和辉盛国际都致力于全球化布局，同时进行多品牌运作，以迎合不同客群的需求。

（一）雅诗阁

雅诗阁成立于1984年，是全球知名的服务公寓及酒店业主和住宿运营商，也是最早进入服务公寓的品牌。目前，在美洲、亚太、欧洲、中东地区和非洲30多个国家160多座城市已管理物业630多家，旗下包括雅诗阁、馨乐庭、盛捷、Quest、The Crest Collection、lyf等多个公寓品牌。

1998年，雅诗阁进入中国市场，其始终践行根植本土、彰显个性、宾至如归、超越想象的品牌价值观，为中国带来全球化专业运营的品牌服务公寓及国际化生活理念。截至2018年10月底，其在中国32个城市布局超过110

家物业、21000多套服务公寓单元，拥有雅诗阁、馨乐庭、盛捷、lyf以及途家盛捷五大品牌。其中，已投入运营服务公寓近1000套。其发展历程见表1。

表1 雅诗阁发展历程

时间	发展历程
1984年	雅诗阁引领"服务公寓"的新概念，在亚太地区推出了首家服务公寓
1998年	雅诗阁进入中国，落子上海和天津
2000年	在盛捷和雅诗阁公司合并后，雅诗阁成为上市公司
2004年	雅诗阁完全收购了馨乐庭，自此旗下拥有三大服务公寓品牌：雅诗阁、馨乐庭和盛捷
2015年	雅诗阁公寓信托宣布进军美国市场，1.635亿美元收购纽约时代广场优质物业
2017年	雅诗阁在华规模突破一百家，公寓超过20000套
2018年	雅诗阁以2600万美元投资印度尼西亚领先的酒店运营商TAUZIA，进一步扩大业务板块

资料来源：迈点研究院整理。

（二）辉盛国际

辉盛国际创立于1998年，是星狮地产集团的成员公司，拥有并经营着五个酒店及服务公寓品牌，同时还管理星狮地产信托持有的第三方地产。起初，辉盛国际只在新加坡境内拥有412间客房，目前已在全球80多座城市开发筹备了150多处地产，拥有26000多间客房，遍及北亚、东南亚、澳大利亚、欧洲和中东。

辉盛国际在创新和改变上不断挑战自我，致力于为顾客打造超越期望的住宿体验，在业界树立全新的行业标准。2004年，辉盛国际进入中国市场，目前在北京、天津、大连、南京、无锡、上海、广州、深圳、长沙、武汉、成都等城市共拥有16家公寓，其发展历程见表2。

表2 辉盛国际发展历程

时间	发展历程
1998年	辉盛国际集团的开始——新加坡辉盛阁国际公寓和新加坡辉盛坊国际公寓正式营业
2002年	集团首次进军海外市场,分别于伦敦、马尼拉和首尔推出四个公寓项目
2004年	集团进军中国市场,在中国开设首家公寓——深圳蛇口辉盛坊·泰格公寓
2007年	集团扩展至澳大利亚——由世界著名建筑师诺曼·福斯特爵士设计推出悉尼辉盛阁国际公寓
2009年	集团推出辉盛名致服务公寓,专为那些常需要到中国出差的商务人士而设,首站为上海 集团于中东设立首家物业——巴林辉盛阁国际公寓,这是辉盛国际集团进军中东市场的首个物业
2012年	专为满足"千禧一代"商务旅客在科技方面的需求而特别设立的全新辉盛凯贝丽酒店式服务公寓诞生
2015年	集团与奔驰携手合作,于伦敦和新加坡推出豪华公寓 Mercedes-Benz Living @ Fraser 集团收购英国精品设计品牌马梅森和杜文酒店
2016年	于曼谷推出辉盛名致服务公寓,这是该品牌在中国以外的首个物业,并主打"乐活"概念
2017年	集团首次进军非洲——阿布贾辉盛阁国际公寓正式营业 集团推出升级版的 Fraser World 忠诚计划,为会员提供更多便利与优惠 辉盛凯贝丽进军中国——深圳凯贝丽君临海域服务公寓是中国乃至整个北亚地区的首家
2018年	首家沙特阿拉伯公寓项目诞生——推出利雅得辉盛国际公寓,继续扩展旗下的中东市场 集团宣布在日本投资,将于2020年在东京开设辉盛庭与辉盛凯贝丽服务公寓

资料来源:迈点研究院整理。

二 商业模式

通过优质化服务来提升品牌的溢价能力,是雅诗阁和辉盛国际等国际服务式公寓主要的经营模式。同时,为了与酒店的短租模式形成差异,其在硬件上会重点突出餐厨、亲子活动等家庭场景。

目前,雅诗阁旗下几大品牌定位有所不同:雅诗阁定位超凡尊贵,以卓越和个性为特色,为顶级管理层和行业领袖提供高效的商务支持;馨乐庭活力时尚,为旅行者提供灵活的菜单式服务,满足旅行者所需;盛捷温馨和谐,为管理层提供如家一般的舒适与温暖;住宿品牌 lyf 专为千禧一代所设,打开了共享生活新概念,以实现"畅享自由生活"。

雅诗阁通过投资、战略联盟、管理合同、特许加盟、租赁和特许经营等多种方式进行商业运营。从雅诗阁、馨乐庭、盛捷以及途家盛捷的品牌指数表现来看,其整体呈现上升态势。尤其是2018年5月以来,盛捷、馨乐庭等品牌的市场认可度快速提升,这得益于雅诗阁与途家、华住等本土集团的强强联合(见图1)。

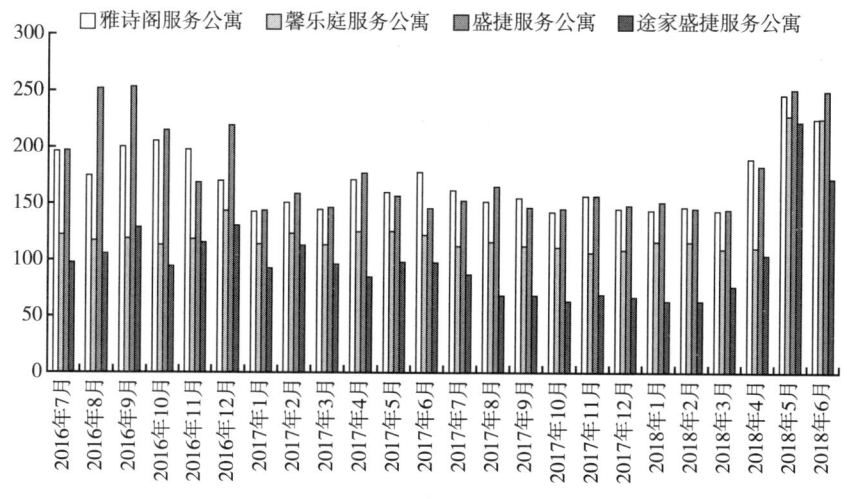

图1 雅诗阁旗下品牌指数表现

资料来源:迈点研究院。

辉盛国际同样通过运营各类服务式公寓品牌来迎合细分市场:辉盛阁、辉盛坊和辉盛庭是满足企业高管人士长期入住需求的金质标准服务式公寓。其中,辉盛阁设在核心商业区的黄金地段,映射着所在城市的独特风情:典雅稳重、兼具悠闲气息;辉盛坊代表着动感十足的大都会生活,装潢时尚而高雅,每一处公寓都设在充满活力的闹市区,通常位于核心商业区;辉盛庭设在黄金地段,堪称放松身心的绝佳私密处所,现代设计和宁静简约兼具,使其成为广大宾客携家人一同休闲放松的隐世天堂。名致注重简约、可持续环保及乐活身心的现代生态风尚精致服务公寓,在休闲放松、简约质朴的环境中享受配备齐全的便利设施。

从辉盛阁、辉盛庭、辉盛坊以及名致的品牌指数表现来看，其呈现波动增长的态势。四大细分品牌在全国各地布局，得到了不同客群的市场认同，尤其是辉盛阁和名致（见图2）。

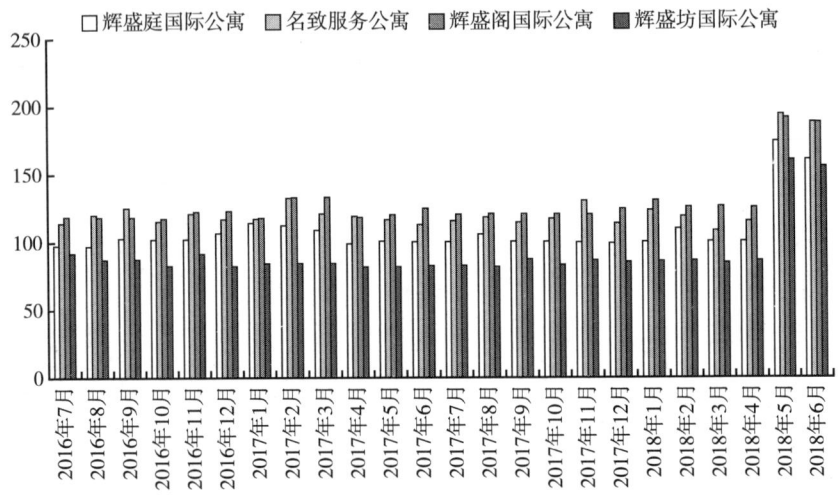

图2　辉盛国际旗下品牌指数表现

资料来源：迈点研究院。

三　领袖观点

雅诗阁中国区董事总经理陈志商

陈志商认为，在庞大的市场需求和政府政策支持下，国内的公寓市场前景非常广阔。"扎根中国二十年来，雅诗阁作为行业先行者，见证了国内市场的发展变迁。在中国政府进一步扩大开放的举措下，外商投资将持续增长；与此同时，中国企业快速壮大，跨区域发展需求快速增长，雅诗阁也将迎来新一轮发展机遇"。

陈志商表示，随着中国城镇化进程的深入，人口结构及产业结构的转变，未来将有更多的细分市场得到进一步发展，具体包括青年公寓、养老公寓等，这也是雅诗阁关注的方向。

如今，科技和互联网正全面改变着人们的生活，酒店住宿行业也面临着转型升级的新挑战。深刻洞察市场需求的转变，在保持专业化运营管理传统优势的基础上，前瞻性地推进数字化战略，探索科技创新工具在业务中的落地应用，全方位提升住客体验，才能赢得未来。

B.9
国内服务式公寓
——寓居服务公寓、瑞贝庭、铂顿国际公寓

郭德荣 刘斌 袁野 郝磊*

摘 要： 国内服务式公寓早期借鉴了国际服务式公寓发展模式，中期随着都市金领的需求提升，开始聚焦于物业坪效和专属服务，逐渐成为市场上的主要力量。通过多年的不断运营，国内服务式公寓品牌在体系、服务、经营板块方面都有一定建树，且本土化能力较强，研究国内服务式公寓对于住房租赁行业的可持续发展具备指导意义。通过对区域品牌、传统品牌以及酒店系品牌发展演变的关注，可以更加清晰地预测未来规律，即在规模上通过快速复制取得行业地位，在服务上通过迭代产品满足多样化客群需求，在成本上通过集约化运营实现盈利。

关键词： 服务式公寓 品牌价值 盈利模式

国内服务式公寓借鉴了国际服务式公寓的管理体系和标准流程，同时又针对中国高端商旅客群的个性化需求提供专有化服务。为了保证业主经营利

---

* 郭德荣，迈点网主编兼迈点研究院研究总监，研究方向为商业空间品牌及运营；刘斌，寓居联合创始人、CEO，研究方向为服务式公寓经营与管理；袁野，中富旅居董事长，研究方向为酒店式公寓投资及运营管理；郝磊，铂顿国际公寓CEO，研究方向为中高端服务式公寓经营与管理。

润的最大化,对于物业资源的使用和选择也更加灵活。因此,都市金领在价格上接受度较高,业主则便于消化旗下多种类型物业。目前,典型的运营品牌包括寓居、瑞贝庭、铂顿、艾丽华、橡树公馆等。

一 发展历程

国内服务式公寓经历了从与国际品牌合作到自主运营,再到全新的"强强联合"三个主要发展阶段。伴随着国内消费客群需求的不断提升,其市场空间正在被逐步放大。

(一)寓居服务公寓

寓居服务公寓(以下简称寓居)成立于2007年,其专注于中高端服务式公寓的投资和管理,主要精耕北京市场核心区域,开业门店近20家。作为国内早期成功的服务式公寓品牌,寓居通过线下业态与互联网深度结合,来打造服务式公寓、酒店式公寓及品质公寓等综合型生态服务体系。立足于都市核心区,以专业高效的服务,打造舒适高雅的居住空间,携都市旅居精英人群,解构潮流生活方式,是寓居的长期发展策略,其发展历程见表1。

表1 寓居服务公寓品牌发展历程

时间	发展历程
2007年	寓居成立 首个项目寓居北京紫金数码开业
2009年	寓居北京中关村公馆开业
2013年	寓居北京唐宁港湾开业 寓居北京九都汇开业
2015年	寓居北京霄云里8号开业

续表

时间	发展历程
2016年	寓居总部成立 线上平台建立 寓居北京远洋公馆开业 寓居北京中骏世界城开业
2017年	寓居进军上海,金巢铂瑞阁、万业新阶、都荟贤居三个项目相继开业
2018年	寓居首个品质公寓产品落地重庆 完善PMS管理系统,并向全国进行推广 正式推出寓居会员体系

资料来源:迈点研究院整理。

(二)瑞贝庭

瑞贝庭(Suisse Place)由中富旅居与新加坡城市发展集团(CDL)联合创建,长期服务于中高端商务人群,用全新的产品设计和服务理念为商旅用户提供高品质的住宿体验。无论是短暂停留还是长期栖停,在瑞贝庭舒适的私人空间内,都可以享受到细致入微的服务。深耕行业16年的中富旅居拥有扎实的公寓运营能力,通过与国际品牌的长期合作,积累了丰富的本土运营经验,建立了国际标准体系。目前,瑞贝庭已遍布上海、苏州、天津、沈阳、大连等10余座城市,开业及在建项目接近100个(见表2)。

表2 瑞贝庭品牌发展历程

时间	发展历程
2013年	首家瑞贝庭公寓酒店在苏州李公堤开业
2015年	瑞贝庭公寓酒店在上海、苏州、天津、沈阳、大连等地快速发展
2017年	瑞贝庭推出全新服务产品"舒眠房",受到市场好评
2018年	瑞贝庭进入快速发展期,已开业和待开业项目近100个

资料来源:迈点研究院整理。

(三)铂顿国际公寓

铂顿国际公寓成立于2016年8月8日,是东呈国际集团旗下中高端服务式公寓品牌,目前全国在营及筹备项目超过100个,房间数超过10000间;即将签约项目超过150个,分布在广州、佛山、惠州、海口、昆明、贵阳、柳州、武汉、漯河等城市。作为"酒店系"典型代表,铂顿以精致典雅的尊享空间,星级酒店式的品质服务,创新稳健的商业模式,赢得了市场和中高端客人的口碑,锻造了业界典范,其发展历程见表3。

表3 铂顿国际公寓品牌发展历程

时间	发展历程
2016年8月8日	铂顿国际公寓与东呈国际集团正式签署战略合作协议
2016年12月1日	成功签约第一个项目——佛山西樵山项目
2017年8月8日	成功签约第十个项目——广州大夫山项目
2017年12月29日	成功签约第二十个项目——阳朔乌布小镇项目
2018年4月4日	铂顿国际公寓与中国建设银行佛山市分行在佛山举行住房租赁战略合作协议签约仪式
2018年7月15日	铂顿国际公寓与碧桂园福建区域正式签署战略合作协议

资料来源:迈点研究院整理。

二 商业模式

作为发展超十年的品牌,寓居目前主打三条产品线,分别为服务式公寓、酒店式公寓和品质公寓。服务式公寓主要为长期居住需求人群提供一个完整、独立、具有自助式服务功能的住宿设施。房间由一个或多个卧室组成，并带有独立的起居室以及装备齐全的厨房和就餐区域。酒店式公寓产品强调精英、品味、居家。客户群体主要以中短期居住需求的商务人士为主。房型主要以50㎡小户型为主，房间内配有全套家具及厨房设备。品质公寓则强调年轻、共享、汇聚，多以小户型为主，设计创新，提供更多的共享空间。

除了针对不同客群进行品牌和产品细分外，寓居还积极开展各种委托代办业务和个性化定制服务。比如相继引进了国际机票预定业务、商务租车业务、景区票务预定业务等多种经营业务，开展客户餐饮定制、西装定制、洗衣定制等个性化服务。从近一年的品牌指数表现来看，其波动增长趋势明显。尤其是2018年，随着业务在更多城市的落地和产品系的完整化，寓居的市场关注点同比往年提升不少。未来，针对客群的沉淀，将是寓居的重要课题（见图1）。

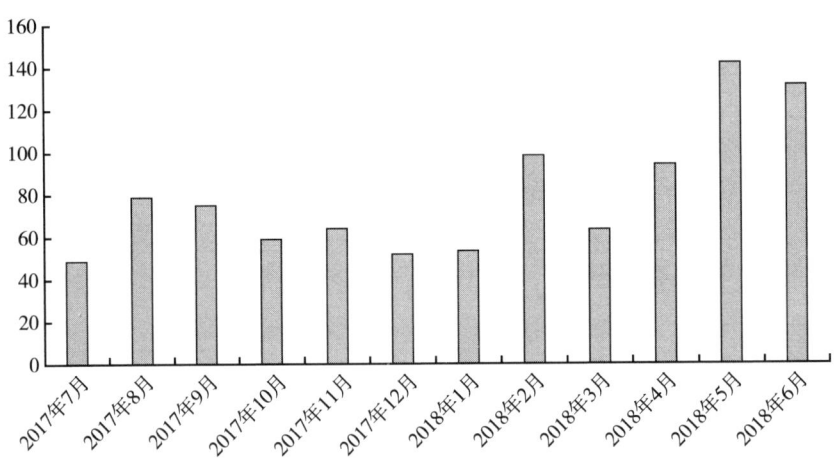

图1　寓居服务公寓品牌指数表现

资料来源：迈点研究院。

瑞贝庭围绕商旅客群,以"新空间、新效率、新睡眠、新温度"四大服务板块,打造全新的"新商旅生活方式"。在客人下榻期间,可纵情体验愉悦、温馨的私人空间,满足长短租不同的商旅住宿需求,时时刻刻让客人拥有高品质住宿体验。

在打造品质住宿服务时,其多元化的产品、热情的服务和令人惊喜的价格,是瑞贝庭的核心商业模式。接下来,瑞贝庭计划细分住宿产品,以四大子品牌来覆盖更多受众客群。其中,"瑞贝庭主题公寓酒店"围绕国内一二线城市的商务核心区域,着重主题和内容设计,呈现更富有特色和魅力的品牌个性;"瑞贝庭公寓酒店"面向中高端商务人群,提倡健康住宿服务,关注消费者核心住宿体验;"瑞贝庭服务公寓"面向长租商务客群,大户型独立居室空间,独特的装修风格,匹配长期居住的家电设备、厨卫设施、共享健身设施,让人有舒适如家的感觉;"瑞贝庭智选"则面向年轻一代消费客群。从中富旅居旗下品牌指数表现来看,其已基本实现了从基础到中端再到高端公寓产品的完整业务链,但影响力还有较大的上升空间(见图2)。

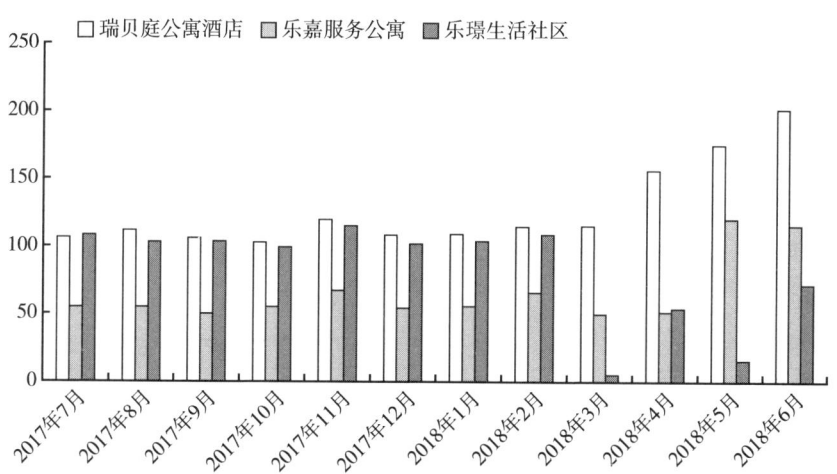

图2 中富旅居旗下品牌指数表现

资料来源:迈点研究院。

铂顿与寓居、瑞贝庭的优势不同,其背后拥有较为庞大的集团会员体系以及标准流程支撑。通过发挥东呈的平台优势,秉承品质至上的工匠精神,在产品和服务上做到领先水平,并辅以创新灵活的商业模式,是铂顿的主要经营策略。同时,依托于集团多年的连锁化加盟管理经验,铂顿的拓展未来势必会在规模化上进行突破,通过更多市场份额来奠定行业地位。

铂顿目前的市场定位有两个,一个是B端,另一个是C端。一边是持有物业、资金的投资人,一边是市场的主体消费者,铂顿作为其中的纽带和衔接者,既要通过品牌运营保证物业增值,又要以高品质的产品让市场与消费者满意。对于物业选择,铂顿有一套明确的标准:基本以核心商圈里的综合体、独栋物业为主;在C端消费者层面,铂顿要做的是满足多群体的居住需求:铂顿计划增加产品线为铂顿智优(智慧AI服务式公寓),引入目前世界前列的先进AI智能技术,使客户在铂顿内体验到更安全、更舒适、更称心的产品服务,时刻保持最满意状态。从近一年的品牌指数表现来看,铂顿处于持续上涨趋势。伴随着多家门店的落地和签约消息出炉,以及背靠集团的优势所在,其市场和媒介的关注程度也在不断提高(见图3)。

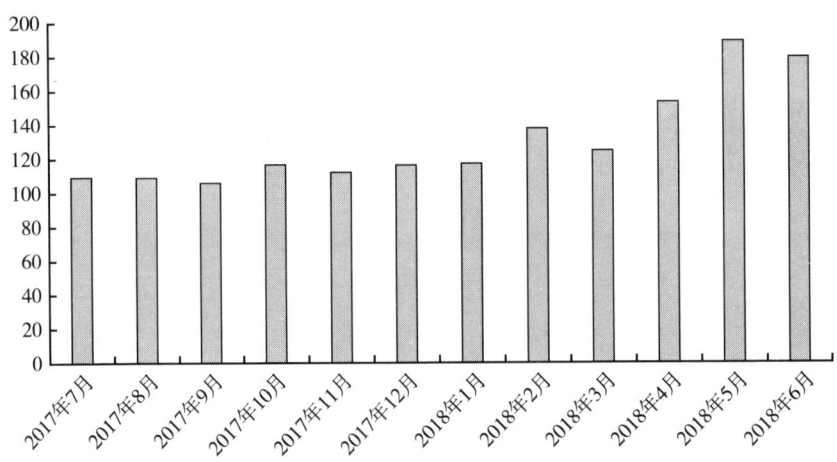

图3　铂顿国际公寓品牌指数表现

资料来源:迈点研究院。

三 领袖观点

（一）寓居联合创始人、CEO 刘斌

作为近年来才引入中国的舶来品，服务式公寓早期多分布于珠三角地区。随着改革开放的持续推进，服务式公寓也随着外资扩散的脚步，逐渐在国内大中型城市布局。刘斌认为，中国的服务式公寓行业尚处于起步阶段，在市场开发、产品设计、运营管理等方面都缺乏具体的行业标准和规范，致使产品品质、售后服务、安全管理等方面参差不齐，难以得到保障。"要想在行业中突出重围，重点还是要在产品和运营方面下功夫，建立体系化的服务链条，加大成本管控，通过服务和创新来获得新的盈利增长点"。

目前，很多入局企业未能适应这个"慢行业"，由于前期管理与服务成本投入大、现金流回正的周期较长，导致公寓品牌的运营难度加大，要找准自己的定位并打造优质有保障的产品并非易事。刘斌认为，服务式公寓的侧重点和优点在于高端服务，相对于其他长租公寓，服务式公寓可以通过各种增值服务进行收费。"当然，服务不是说越多溢价就越高，要找到服务和溢价间的平衡点"。

（二）中富旅居董事长袁野

袁野认为，相比国外服务式公寓运营商，瑞贝庭等国内服务式公寓运营商更懂得国内商旅的需求，通过本地化运营模式，融入当地的风土人情和风俗习惯，时时刻刻让客人拥有高品质住宿体验。

2018年，瑞贝庭全新推出了"新商旅生活方式"，从空间、舒眠、效率、温情服务四个维度去优化产品。"我们不仅要让商旅客群住得好、睡得好，更要挖掘他们的生活需求，在空间设施、效率服务上去满足他们"。

（三）铂顿国际公寓 CEO 郝磊

郝磊认为，抛开公寓市场不同的商业模式和服务群体，万变不离其宗的

核心便是盈利问题。"盈利能力是判断一个品牌发展潜力的重要指标,某种程度上也决定了品牌的市场价值"。不同于行业内其他品牌在盈利问题上的妥协与让步,铂顿在这一问题上态度非常坚决:一定要盈利!事实上,铂顿也确实做到了盈利,甚至将"盈利"变成品牌独有的标签。

支撑铂顿实现盈利的核心逻辑是坪效为王。与酒店相比,由于无须承担前期成本投入,铂顿可以在生活类公寓(较长租约产品)获得基本收益来抵扣物业租金成本,而服务式公寓(短中期租约产品)则可为铂顿带来更高的溢价收入,让公寓的坪效产生最大化收益,即长租抵租,短租获利。

坪效为王的另一个体现还在于产品设计和空间运用。在铂顿,服务式公寓和生活类公寓分别对应过客和住客,郝磊将其客群划分为三大圈层,通过社群运营让人与人、人与空间产生关联与互动,并衍生出增值服务。另外,铂顿还将部分空间进行招商策展,让坪效创造收益,或是将坪效的风险分摊给其他品牌。

"做对的事,把事情做对。"作为资产运营方,能否沉下心来踏实做运营,将决定其未来的路能走多远。以运营创造价值,铂顿"长租抵租,短租获利"的盈利模式,或许可以为整个行业带来启示。

B.10 房产系长租公寓
——龙湖冠寓、旭辉领寓

郭德荣　张智聪　张爱华*

摘　要： 近两年，全国TOP100房企开始大规模进入长租公寓领域，"抢人""扩张"等成为行业关键词。通过强大的物业资源和资金实力，房企系的入局给予长租公寓市场更大的想象空间。同时，从主要品牌房企的运营情况来看，无论是公寓产品的丰富性、门店拓展的效率还是长期的战略规划，都具备一定的科学性和系统性，也将为长租公寓的未来可持续健康发展塑造行业蓝本。更为重要的是，住房租赁作为提升人民美好生活的重要载体，也被房企作为核心战略来执行。

关键词： 租购并举　长租公寓　战略规划

当前，房企对于长租公寓业务的参与热情正在不断高涨。在房源物业及资金方面，房企拥有较大优势，尤其是全国布局的规模企业，切入当地市场更容易，具有改造装修的供应链采集优势。但同时，房企系机构的运营力量相对薄弱，对公寓运营成本的把控仍有待提升。目前，房企系公寓运营机构

---

* 郭德荣，迈点网主编兼迈点研究院研究总监，研究方向为商业空间品牌及运营；张智聪，龙湖集团冠寓发展部总经理，研究方向为租赁市场资产运营及增值服务；张爱华，旭辉领寓CEO，研究方向为存量资产开发、改造及运营。

典型代表包括万科泊寓、龙湖冠寓、旭辉领寓、BIG＋碧家国际社区、融创住住、保利N＋公寓等。

一 发展历程

房企系进军住房租赁市场，起于2014年底的万科，距今不过4年时间。2016年开始，随着万科泊寓品牌的成立，全国主要房企纷纷成立租赁事业部，开展长租公寓品牌化运营。

（一）龙湖冠寓

龙湖冠寓成立于2016年8月，是龙湖集团继地产开发、商业运营、智慧服务之后，面向"新世代"人群租住生活形态及消费升级需求推出的集中式长租公寓品牌。秉承"我家我自在"的品牌主张，以及CityHub（城市资源聚落）理念，将"住、商、办公、社交、服务"生态化联动一体。截至2018年6月底，龙湖冠寓已布局全国30余个一、二线城市，计划在2020年跻身行业规模前三位，营收收入达到30亿元。

在龙湖集团"空间即服务"（SaaS）战略下，龙湖冠寓将持续践行国家"租购并举"政策，谨记企业所肩负的社会责任，不断深耕产品和服务，精益化高效管理，打造综合租赁社区，联动城市资源，为年轻人创造更加优质的生活体验，让租住生活更美好，其发展历程见表1。

表1 龙湖冠寓发展历程

时间	发展历程
2016年8月	龙湖集团创建"龙湖冠寓"长租公寓业务品牌
2017年3月12日	龙湖冠寓全国首家店在成都开业
2017年3月15日	重庆首家店开业,并发布了"核桃"、"松果"、"豆豆"三条产品线

续表

时间	发展历程
2017年9月2日	龙湖冠寓CityHub(城市资源聚落)标志性门店,北京首家店酒仙桥店开业
2017年10月27日	广州首家店开业;至此,龙湖冠寓完成全国四大一线城市的布局和开业
2017年12月	龙湖集团成功获批全国首单住房租赁专项公募债券50亿元(已全部发行完毕)
2017年12月31日	龙湖冠寓完成布局全国17城,开业15000间房量
2018年5月	龙湖冠寓推出"雏鹰计划",为高校毕业人才"租房+实习"双助力
2018年6月	龙湖集团与新加坡政府投资公司(GIC)设立长租公寓投资平台,首期投资额10亿美元
2018年6月30日	龙湖冠寓完成布局全国30余城,开业超20000间房量
2018年7月	龙湖集团与加拿大养老基金投资公司设立长租公寓投资平台,首期投资额8.17亿美元
2018年9月	龙湖冠寓联动全国品牌布局的36城,发布企业员工专属一站式解决方案"冠企荟"

资料来源:迈点研究院整理。

(二)旭辉领寓

旭辉领寓作为旭辉集团房地产+创新业务板块,创立于2016年7月,致力于构建"全球租房生活服务平台"和"资产管理平台",打造基于客户租住全生命周期,融合社交、娱乐、办公、社区市集、文教科创等在内的"居住生态圈",重新定义年轻人居住方式,让年轻人生活更美好。

截至2018年11月,旭辉领寓已在上海、北京、深圳、广州、杭州、苏州、南京、武汉、成都、厦门等全国20个一、二线核心城市布局,拓房规模突破45000间,其发展历程见表2。

表 2 旭辉领寓发展历程

时间	发展历程
2016年7月	旭辉领寓在上海正式创立
2016年8月	旭辉领寓第一个项目落地上海浦江
2016年12月	与华东师范大学跨界合作,开启首个校企合作模式
2017年11月	与建设银行达成战略合作,共建租房生态圈
2017年12月	旭辉领寓在杭州召开"领杭全新生活"——柚米、博乐诗双品牌发布会 与58同城强强联合,在成都落地"租购并举"模式 携手京东小白信用,开启免押房租模式 获批中国民企首单长租公寓储架式权益类REITs 30亿元,距公募REITs仅半步之遥
2018年1月	旭辉领寓成为上海首批住房公积金租赁提取集中办理的租赁企业
2018年3月	旭辉领寓在厦门召开"厦一站,Linker Life"发布会
2018年5月	与国家级经济开发区平湖经开达成战略合作,落地人才公寓 与日本Global Agents公司签署战略合作协议,开拓日本市场,迈出全球化发展第一步
2018年6月	成功发行长租公寓民企首单储架式权益类REITs 柚米国际社区醉白池店挂牌松江区政府G60人才公寓
2018年7月	与bilibili携手打造长租公寓行业首个动漫主题公寓
2018年8月	旭辉领寓"高和晨曦—中信证券—领昱1号资产专项计划"首期发行挂牌仪式在上海证券交易所隆重举行 旭辉领寓产品研发基地——"领寓实验室"揭幕,这也是行业首个产品研发基地
2018年9月	成为深圳市城市更新开发企业协会住房租赁专业委员会创始委员单位 获取上海市松江产业园人才公寓项目
2018年11月	"创新户型、科学收纳、安全环保",旭辉领寓1.0全系产品正式发布

资料来源:迈点研究院整理。

二 商业模式

依托龙湖集团综合实力,龙湖冠寓打造了"核桃"、"松果"、"豆豆"三大系列产品线,切入各细分市场(见表3)。在安全、便捷、舒适、收纳、设计感、功能扩增和适配、社群社交、增值服务、资源生态等方面,全方位提升用户体验。

表3 龙湖冠寓产品线

产品线	核桃	松果	豆豆
产品定位	打造轻奢化服务型公寓	融合商业与社交功能的青年社区	选配化功能满足轻客品质需求
产品受众	质享派	群居 Animal	轻简 Bang
产品属性	打造专属消费升级租住系列	打造实践 CityHub（城市资源聚落）品牌理念、以邻为友的综合型青年社区	打造灵活便利的自助型功能系列
产品特点	大户型+小公区 享受龙湖生态资源	配套多种增值服务 享受龙湖生态资源	小房间+大公区 配套第三方O2O服务 享受龙湖生态资源

资料来源：迈点研究院整理。

在产品打造方面，龙湖冠寓在2017年"舒适、安全、便捷、时尚、社群"五大关键词的基础上，于2018年推出全新的"L·I·F·E"理念。"L"意味着"Limitless无限"，"I"意味着"Icon标志"，"F"意味着"Future趋势"，"E"意味着"Easy无忧"。通过对产品品质、功能、配置，以及智能化的不断探索与实践，在"有界的空间里，打造无限生活"。

龙湖冠寓希望通过自己的建造方式和产品创新，走出一套独特的模式。其制定了一个由"质量、速度、规模"组成的战略三角形，无论是投资、整个建造还是后续服务，都能够做到有效率。从近一年品牌指数表现来看，龙湖冠寓成为市场热捧的品牌之一，平均值接近300，在长租公寓品牌排行榜中稳居前三位（见图1）。

旭辉领寓在成立之初，便自主研发三条产品线：城市新青年品质租房优选——柚米国际社区，企业商旅首选服务式公寓——博乐诗服务公寓，学生、蓝领第一次租房的高性价比选择——菁社青年公寓，分别满足不同阶段的租住需求（见图2）。

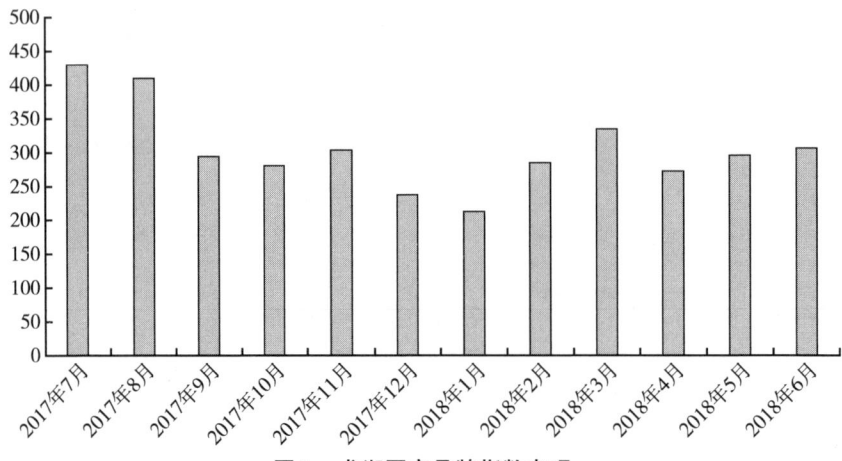

图1 龙湖冠寓品牌指数表现

资料来源：迈点研究院。

产品名称	博乐诗服务公寓	柚米国际社区	菁社青年公寓
产品定位	长短租结合的酒店式公寓	白领公寓	蓝领公寓/共享宿舍
产品特点	品质套房 + 商务公共空间	舒适套房 + 多功能公共社交空间	共享房型 + 多功能公共社交空间
城市选择	一线城市为主 以及二线核心城市	一线城市为主 以及二线核心城市	一线城市为主 以及二线核心城市
位置选择	核心城市核心地段 国家级工业园区	轨道交通1km周边和园区	轨道交通1km周边 和园区+高校周边
客群描述	对居住和服务 有高品质要求的 外企高管和商务金领	有一定经济能力 但尚无购房能力 看中环境、社交等 附加功能的企业白领	支付能力一般 对租房有安全、便捷 性价比要求的社会新人
客群定位	高端商旅 + 异地赴任企业管理者 + 专业精英	职场白领 + 新兴自由职业者 + 独立创业者	毕业生 + 职场小白 + 服务业人员
租金区间（梯度）	6000~15000元/月	2000~6000元/月	500~2000元/月/床位
未来品牌占比	10%	70%	20%

图2 旭辉领寓产品线

资料来源：迈点研究院整理。

2018年，伴随首个行业产品研发基地的落地，旭辉领寓围绕"创新户型、科学收纳、安全环保"三大核心，研发了 $5m^2$、$7m^2$、$13m^2$、$17m^2$ 等20多个应用户型，设计了涵盖玄关收纳、厨房收纳、盥洗收纳、衣帽间系统收纳、起居收纳、零散随手收纳等6个模块在内的科学收纳体系，并将采用装配式科技内装，安全环保。同时，社区运营官除提供基本的生活服务外，还积极组织丰富的社群活动，帮助客户融入本地生活。

旭辉领寓以包租、自持模式为切入点，向轻和重两端发展，运营+资产管理双轮驱动。每一年中间包租部分在减少，收购高性价比、有增值潜力的物业，坚持有质量的规模，同时借助REITs等金融创新工具，跑通募投建管退闭环，打造中国版EQR。从近一年的品牌指数表现来看，多样化的业务模式和新颖的升级产品，短期内得到了市场的认可（见图3）。长期来看，还需梳理各大层次之间的关系和连接，方能有的放矢。

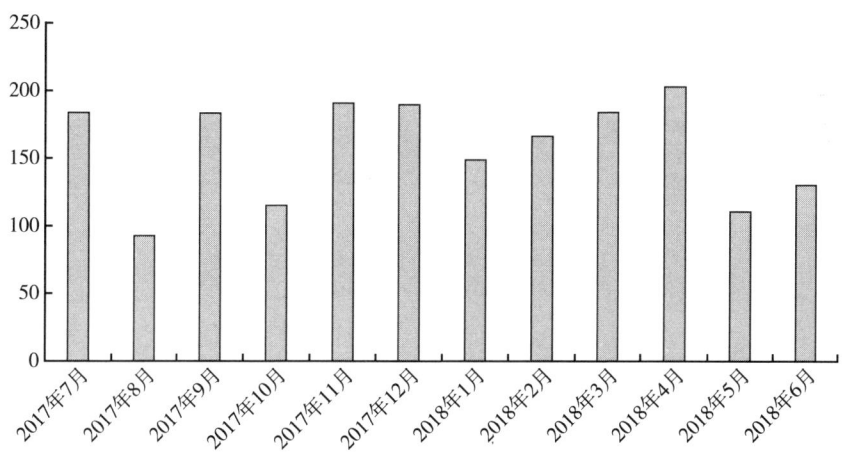

图3　旭辉领寓品牌指数表现

资料来源：迈点研究院。

品牌蓝皮书

三 领袖观点

(一)龙湖集团冠寓发展部总经理张智聪

长租公寓政策红利是行业最大的机遇,许多企业切入到这个市场中来,但由于需求量巨大,公寓市场依然是一片蓝海。

张智聪表示,龙湖冠寓要为城市年轻人提供有生命的空间和有温度的服务,让租住生活更美好。龙湖把长租公寓当作一个战略性业务来做,希望能够快速实现规模优势,成为"租购并举"国家战略坚定的实施者、践行者,变成一个真正新租住行业的优质品牌。

"我们非常欣喜地关注到'租购并举'等国家及城市相关政策的落地和行业法规的不断完善,对行业更加充满了期待,也期望联手各个机构及政府,共同为改变年轻人的租住生活做出努力!"

(二)旭辉领寓 CEO 张爱华

张爱华认为,首先行业尚处于发展初期,准入门槛和壁垒相对较低,参与者鱼龙混杂,目前还未形成真正的竞争,也没有行业统一的标准与规范。"随着市场发展越来越成熟,租赁立法逐步会落地,行业健康规范发展是必然"。

其次,越来越多的客户从传统租房转到长租公寓这样一个新兴的市场以后,对产品会有更多期待。比如安全问题,特别是空气质量安全。客户越成熟,对品质化产品和服务的需求就越高。产品打造聚焦给客户创造价值,这也是未来行业的趋势。租房是城市奋斗者落脚的第一步,是关系到千禧一代生活的社会民生话题。如何让年轻人能够"租得起、住得好",是所有长租公寓行业企业需要思考践行的使命。

最后,随着政策端推动租赁用地发展和集体用地、工业用地的转型,租赁社区可能会越来越多,供给端更多的会在增量市场上。租赁社区会成为一个机会点，从一栋到一个社区（配套商业、生活服务）。随着消费升级，越来越多的消费者将进入这个市场，家庭可能也会成为租赁市场的另一大群体。

"长租公寓行业是需要精耕细作并做好长线投资准备的"。张爱华认为，运营能力、资本实力、风控能力和发展心态非常重要。"企业想要在长租公寓稳定发展，一定要有'三心'：耐心、细心和爱心"。一个行业发展至少二十年才能走向成熟阶段，要想在这个行业立足要有足够的耐心，看长、看更远。精细化运营是微利行业发展的王道，要对每一个环节细致把控，练好"内功"，同时把爱心和温暖传递给更多的年轻人。只有坚持这"三心"，企业才能越做越好，真正让年轻人生活更美好。

B.11
品牌系集中式长租公寓
——YOU+国际青年社区、魔方公寓、乐乎城市青年社区、新派公寓

郭德荣 刘洋 柳佳 罗意 王戈宏*

摘　要： 从2014年YOU+受到雷军1亿元A轮融资算起，长租公寓行业经历了从情怀到资本，再到产品驱动的发展阶段。作为第一批长租公寓企业类目，当碰到政策、环境和市场问题时，品牌系集中式长租公寓更多的是寻找解决方法。物业、消防、卫生等事件爆发下，通过社群化运营，沉淀了公寓用户的信心；扩张、并购、重组等市场竞争环境下，通过人才化培养，给予行业成长的动力。这也被认为是品牌系"小而美"的意义所在。

关键词： 长租公寓　社群运营　人才培养　资产证券化

对于品牌系长租公寓来说，运营是其强项所在。一方面，作为最早进入长租公寓领域的企业，其在运营层面积累了大量的实战经验；另一

---

* 郭德荣，迈点网主编兼迈点研究院研究总监，研究方向为商业空间品牌及运营；刘洋，香港大学SPACE中国商业学院「整合营销传播」（IMC）研究生，YOU+国际青年社区董事长，研究方向为现代都市青年居住、生活、创业社区经营与管理；柳佳，魔方生活服务集团CEO，研究方向为连锁长租公寓经营与管理；罗意，乐乎公寓创始人&CEO，研究方向为城市社区长租公寓运营与管理；王戈宏，新派公寓创始人、CEO，赛富不动产基金合伙人，研究方向为连锁白领公寓投资和管理。

方面，其租住产品普遍具有设计感，追求个性化定制的同时，更加注重租户的体验感。集中式长租公寓的典型代表，包括YOU+国际青年社区、魔方公寓、乐乎城市青年社区、新派公寓、贝客公寓、未来域、麦家公寓等。

一 发展历程

经过多年的快速发展，市场上出现了以规模取胜的企业，也出现了以产品特色为王的代表，塑造了长租公寓行业丰富的产品线。

（一）YOU+国际青年社区

YOU+国际青年社区成立于2012年，是一个面向现代都市"新、奇、趣"青年的集居住、生活、分享、创业、社交为一体的实体社区。凭借"挡风遮雨，有爱陪伴"的理念，迅速得到广大新锐青年的认可。目前房源数量达到5000间，主要分布在北京、上海、广州、深圳、佛山、杭州、成都、苏州、南京等城市的22个社区。

YOU+汇集了真诚、快乐、分享、奉献等"泛90后"生活急需的正能量元素，致力于整合有创意的租住方式、多元化的青年人群、互补性的创业资源、丰富新奇的社群活动、移动端服务的开发，塑造一个有趣、信任、开放的社区生态链，并通过共享经济和社群经济影响新一代青年人的价值观，让生活于此的都市青年找到灵魂休息的温暖港湾，其发展历程见表1。

表1 YOU+国际青年社区发展历程

时间	发展历程
2012年6月	YOU+广州凤凰社区正式对外营业,一个月内133间房间全部满租
2014年	雷军旗下顺为资本领投A轮融资,冯波的策源创投跟投
2015年6月	YOU+获得A+轮融资,由时代地产与创始人团队联合领投,歌斐、DST、联创永宣跟投
2016年4月	中共中央政治局常委、国务院总理李克强,中共中央政治局原常委贾庆林先后考察参观了YOU+

资料来源:迈点研究院整理。

(二)魔方公寓

魔方生活服务集团成立于2009年,以多款公寓产品切入租赁领域的细分市场,以出色的运营能力为精英人士、城市白领、创业青年、基层员工等全人群提供安全、便捷、舒适、友好的租住解决方案。目前,魔方门店数达到300多家,房间数量约5万间,分布在北京、上海、广州、深圳、南京、武汉、苏州、杭州、成都、青岛、镇江、厦门、西安、无锡等20个主要城市。

魔方生活服务集团通过"聚焦租住本质"的产品及系列增值服务业务,打造以公寓为核心的生活服务平台,构建全新租住生态圈。同时,加快整合各大城市的物业资源进行公寓化连锁经营,致力于成为中国"租住3.0时代"的标杆级品牌,其发展历程见表2。

表2 魔方生活服务集团发展历程

时间	发展历程
2009年6月	首家公寓,戴家巷店在南京开业
2010年8月	魔方公寓成立,首创连锁集中式公寓租赁模式
2015年5月	更名为魔方(中国)生活服务集团,签约门店近70家,正式启动"公寓+"战略

续表

时间	发展历程
2016年4月	魔方发布C轮融资,并启动多品牌战略
2016年9月	发布B2B品牌"9号楼公寓"
2016年12月	发布中高端品牌"魔尔公寓"
2017年1月	公寓行业内首单资产证券化——魔方ABS发布
2017年8月	魔方生活服务集团入股深圳V客青年公寓,产品线更丰富
2018年3月	魔方公寓品牌升级,推出全新品牌slogan——"生活就该有MO有样",同时新一代升级产品亮相,开启全新人性化"租住3.0时代"
2018年7月	魔方生活服务集团推出业内领先会员体系——"魔力会"

资料来源:迈点研究院整理。

(三)乐乎城市青年社区

乐乎城市青年社区成立于2015年,通过丰富的产品线和多样的合作方式,赋能广大长租投资者和资产持有者,从而为市场提供高性价比的租赁产品和服务。目前,乐乎城市青年社区已布局12个城市,在营店80多家,房间数共计30000间,其发展历程见表3。

表3 乐乎城市青年社区发展历程

时间	发展历程
2007年	创始人团队开启长租公寓创业生涯
2014年	正式开启连锁公寓之旅
2015年	"乐乎城市青年社区"进入品牌发展阶段
2016年	升级为智能社区

续表

时间	发展历程
2017年	获复星集团A轮融资,开展城市合伙人计划
2018年	实施全国战略计划,获B轮融资获得翰同资本与鸥翎资本领投,顺为资本跟投的超亿元投资 开创"有朋学院",联合行业力量,促进产业发展 创建"乐乎大学",搭建全新的长租公寓信息化建设平台

资料来源:迈点研究院整理。

(四)新派公寓

新派公寓(CYPA)成立于2012年7月4日,是一家面向都市青年共享租赁式的新型人才公寓。新派公寓积极践行习近平总书记提出的"房子是用来住的,不是用来炒的"理念,通过投资收购持有运营存量资产,引进国际城市新的理念与技术,用创新的设计改造成新型生活方式的青年公寓,其发展历程见表4。

表4 新派公寓发展历程

时间	发展历程
2012年5月	新派公寓的经营管理公司 China Young Professionals Apartment Management Limited.青年乐(北京)企业管理有限公司,以及新派之寓(北京)投资管理有限公司同时在BVI、香港、北京、上海及深圳等地成立,同时赛富投资基金(SAIF Partners)对新派公寓进行战略投资
2013年5月	新派公寓紫禁城店开业
2013年8月	赛富不动产基金成立,并收购北京CBD森德大厦,开始整体设计改造成为新派公寓全国旗舰店
2014年6月	新派公寓北京CBD店开业
2016年11月	新派公寓成都银泰旗舰店签约
2017年2月	新派公寓南京未来科技城签约
2017年5月	新派公寓深圳国家科技园店签约

续表

时间	发展历程
2017年11月	新派公寓类REITs在深交所挂牌,成为中国第一支权益型住房租赁资产类REITs以及全国首支长租公寓类REITs
2018年3月	建设银行与新派公寓发起住房租赁资产证券化专项并购基金
2018年7月	深圳1980国际数字出版产业园人才公寓以及深圳北站城中村改造签约

资料来源:迈点研究院整理。

二 商业模式

YOU+当前运营产品包括YOU+国际青年社区、YOU+青年创业社区。其中,YOU+国际青年社区面向在城市奋斗的青年人,为年轻人提供符合调性与喜好的居住空间和拥有丰富线下社交场景的生活环境。目前,社区正通过建立24小时全方位服务体系,进一步整合居住场景与生活场景,满足社区年轻人多样化的日常生活需求和社交需求;YOU+青年创业社区是集创业、生活、分享交流等多维服务为一体的创新型青年创业社区,真正意义上实现8小时生活+8小时创业+8小时休息的新青年创业生活方式。针对在孵创业者进行多层次模式孵化培育,生活与创业环境融合,给创业者提供良好的生活办公环境。

目前,YOU+已将重点放在轻资产运营上,不仅节约了运营成本,还通过社群增值服务,丰富非房租收益模型,为租客提供更好、更丰富的产品。从近两年的品牌指数表现来看,YOU+保持了整体波动下滑的趋势。随着越来越多的新兴长租公寓品牌推出,垂直化经营的YOU+受到黏性客群的广泛青睐,被用户频繁通过搜索引擎查询,产生了较高的行业热度。但是,受限于其发展体量,社会号召力还有一定的提升空间(见图1)。

目前,魔方生活集团旗下拥有4大品牌,通过多品牌进军细分市场、覆盖更多类型的租住人群、提供更加综合的生活服务。主力品牌魔方公寓为都市白领提供长期独立居住的解决方案,客群以年轻情侣、创业者、在都市打拼的白领为主;B2B产品9号楼公寓是国内专为企业客户员工住宿提供综合

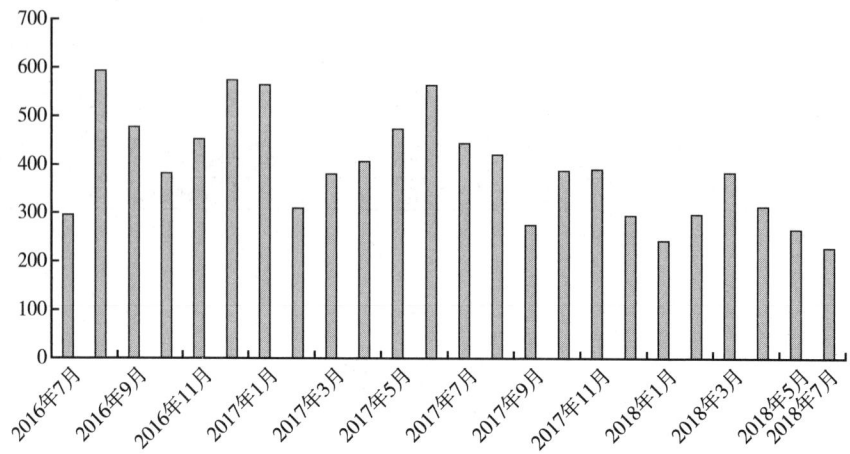

图1　YOU＋国际青年社区品牌指数表现

资料来源：迈点研究院。

性解决方案的领导者，解决目前租住产品良莠不齐，企业管理难度大，住宿成本持续升高等企业住宿痛点，为企业员工提供集中管理的居住空间解决方案；中高端品牌魔尔公寓定位为中高端旅居的轻奢之选，通过弹性标准化的高品质产品及个性细致的管家服务，为商务旅居客、外籍人士和都市文艺人士提供精致、舒适、有品质的独立租住空间；青年品牌V客青年公寓主打刚毕业大学生和年轻创客，通过宽敞的公区、丰富的住客活动，大家庭式的温暖服务，打造大都市、微生活。

从品牌指数表现来看，魔方公寓数据遥遥领先，9号楼公寓、V客青年公寓在部分月份表现亮眼，魔尔公寓的市场认知则还有待进一步培养和开发。值得注意的是，随着多品牌运营而来的是魔方生活集团的整体影响力下滑，后期的传播策略有待打开，重点有待明确（见图2）。

乐乎通过"一城一策"的城市定位，在创意园区、城市人才建设、城中改造中屡获赞誉。通过轻资产运营输出快速获取管理房源，并用互联网思维优化服务流程深挖客户价值，最大限度提升运营效率和非租金收入占比。作为一家公寓运营商，乐乎不只是做一个房产租赁的机构或物业服务机构，更是一个集硬件、软件深度融合的"互联网居住体验大产品"，充分激活"场"的价值。

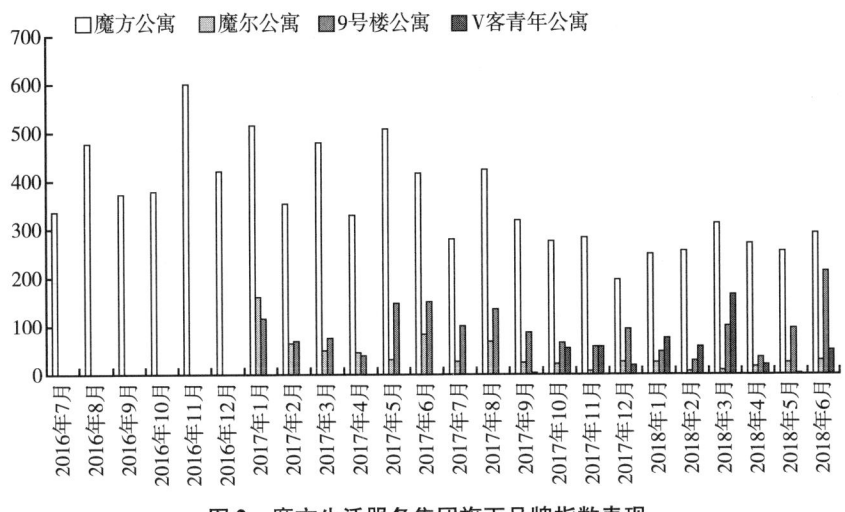

图 2　魔方生活服务集团旗下品牌指数表现

数据来源：迈点研究院。

从品牌指数表现来看，乐乎数据呈现稳中有升的态势。进入 2018 年，乐乎品牌影响力明显提升，其运营模式已得到资本市场认可，尤其是人才建设、管理模式等长期发展战略（见图 3）。

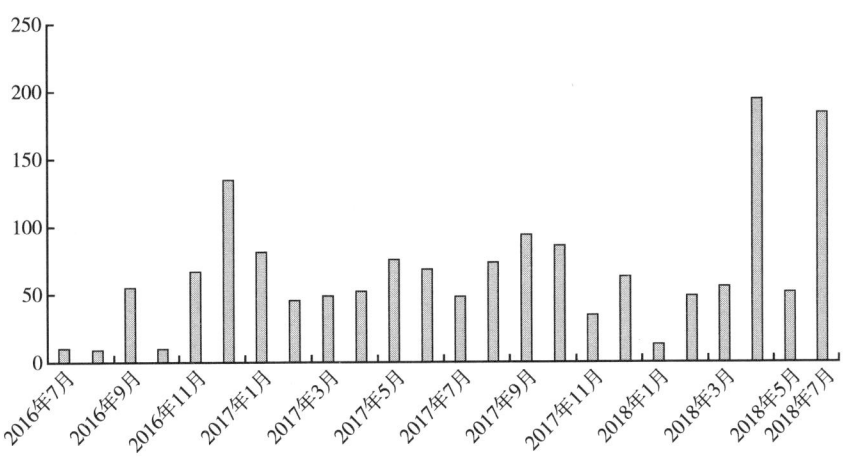

图 3　乐乎城市青年社区品牌指数表现

资料来源：迈点研究院。

新派公寓将自己定位成一个青年未来居住的消费品牌，以及一个资产价值的缔造系统。它用覆盖不同青年人群的四个细分产品（创客公寓、白领公寓、精品公寓、家庭公寓）来实现"让青年人快乐地住 Enjoy living"以及让青年人"有品质地居住，有尊严地打拼"的远大使命。

新派公寓在营销管理上建立营运标准、成本标准、产品标准以及客户APP、数据运营ODM，从标准和技术两端优化运营效率。通过用心打造产品细节、提供四档细分产品，为租客提供高品质的居住体验；通过专业化运营及类REITs等资本运作，为物业持有者带来资产增值。从品牌指数表现来看，新派公寓的品牌影响力在2017年1月达到最高，其产品体验价值创新、资产证券化等内容引发行业学习观摩（见图4）。

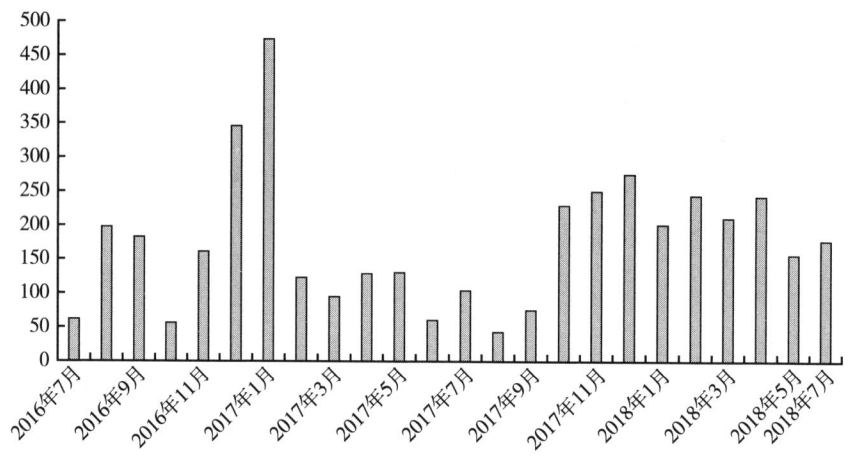

图4 新派公寓品牌指数表现

资料来源：迈点研究院。

三 领袖观点

（一）YOU+国际青年社区董事长刘洋

刘洋认为，集中式长租公寓的市场需求远远没有达到饱和状态，未来长租公寓市场有非常广阔的空间。"集中式长租公寓和分散式长租公寓将会百花齐放，更多的品牌加入市场，并以不同的定位满足消费者在不同的人生阶段对住房的需求"。

对于行业未来的发展方向和商业模型，刘洋认为会走向两端：一个是以固定资产升值为主的商业模式，另一个是用户消费升级带来的收益增长。通过提升社群运营与服务质量，使用户在不同维度上增强与品牌的黏度与信任感，并以此为依托让用户在社区产生更多的关注度和消费意愿，进而增加社区的非房租服务收入，这正是YOU+一直推崇的运营法则。

（二）魔方生活服务集团CEO柳佳

柳佳认为，在"租购并举"的背景下，各级政府大力培育住房租赁市场，长租公寓发展迅速，但目前供需矛盾仍然明显，主要存在三个错配：

（1）房型错配。当前的户型大部分面向的是家庭，小户型房源不足，魔方公寓等白领公寓品牌正是在填补这一市场空缺。

（2）地段错配。产业新城的发展致使大量房源集中在郊区，核心城区缺少有效的租赁产品。合法地盘活、改造市中心的闲置物业，能够解决大量供给跟需求地段错配的问题。

（3）价格错配。低端产品匮乏，高端公寓充沛，白领公寓逐步兴起，大量的服务业人口没有价格匹配的产品满足居住需求。

同时，柳佳提醒，长租公寓面临的另一个重要问题是人才稀缺，行业要发展先得重视人才的培养。长租公寓作为一个新兴的行业，人才储备量少，为了推动行业的快速标准化发展，魔方在行业最早成立了公寓行业人才培养基地，源源不断向外输出专业人才，被称为行业中的"黄埔军校"。同时，魔方还计划和一些高校合作开办与公寓相关的培训课程，为合作企业定向培养人才。"长租公寓是一个开放共生的行业，只有共同进步才能走得更远"。

（三）乐乎公寓创始人、CEO罗意

罗意认为，长租公寓发展要加大对客户生活的挖掘，寻找未来增值的可

能,从重视形式到"内容为王"。"传统思路需要思维的扩展,思想不同、内涵不同、公寓内容自然不同。在升级与迭代的发展中,做加法不只是表面功夫"。

罗意表示,在以往的经营中,长租公寓企业过于关注资产,削弱了对客户的体验与留存。未来的公寓发展将是资产与客户并重。激活客户要在"场"中互动,实现社区和周围社区的关联,通过与第三方平台合作,把客户的生活"引进来"。在数据时代下,以互联网批量获客,要重视数据的流转与深度,增量拉新、打通社交关系链,以达到存量的裂变。

"在风起云涌的长租公寓市场,竞争并不可怕,可怕的是没有良性的竞争和优秀的竞争对手,优秀的竞争对手是相互成长与行业发展的健康推力"。

(四)新派公寓创始人、CEO王戈宏

党的十九大中央提出倡导的"租售并举",是一项迎合未来的伟大国策。王戈宏表示,世界主要发达国家以及核心城市的租赁物业比例都在50%以上,中国的城市化进程、房地产产业的转型以及青年消费人群对居住消费观念的转变,给中国住房租赁市场带来了巨大机遇。

长租公寓的未来将会显现消费品和资产管理的双重属性,消费者新型居住生活方式的产品和品牌的建立、资产价值系统的创造,将是长租公寓机构的核心目标。未来的竞争将在产品力、品牌力、资管力三方面展开,轻重资产模式并举将成为主流模式。另外,相比美国REITs市场,中国的资产证券化公募市场预期将会为存量资产的盘活带来巨大机遇,长租公寓REITs也将成为中国资产证券化领域一支重要的力量。

B.12 品牌系分散式长租公寓

——蛋壳公寓、青客、优客逸家

郭德荣 高靖 金光杰 刘翔*

摘 要： 品牌系分散式长租公寓物业获取要求较低，在区域内通过规模化优势来降低成本，提高运营效率。随着智能化和新技术的普及，通过互联网方式来运营产品在各大行业被广泛运用，长租公寓也不例外。分析主要品牌的发展历程、商业模式及领袖观点发现，节约用户找房时间、提高业主出租效率，将决定一家企业的长期竞争力。

关键词： 长租公寓 互联网思维 大数据

对于品牌系分散式长租公寓而言，线上运营和规模效应是其优势所在。一方面，通过线上线下相结合的运营模式，给予租客、房东智能化的服务体验，简单便捷；另一方面，在某一区域深耕，对于区域客户渗透率很高，在抓取目标客户时特别有针对性。分散式长租公寓的典型代表，包括蛋壳公寓、青客、优客逸家、美丽屋、爱上租、包租婆、魔飞公寓等。

---

* 郭德荣，迈点网主编兼迈点研究院研究总监，研究方向为商业空间品牌及运营；高靖，蛋壳公寓创始人兼CEO，研究方向为高品质租住产品互联网服务平台；金光杰，上海交通大学法学硕士，青客创始人、CEO，研究方向为青年人才住房问题；刘翔，优客逸家创始人，研究方向为闲置不动产整合运营。

一 发展历程

早期的中国住房租赁市场存在信息不畅、房源混乱等问题，品牌系分散式长租公寓的出现，给予行业一定标准的梳理，提升了产品溢价能力和租住生活体验。

（一）蛋壳公寓

蛋壳公寓成立于2015年1月，是一家以数据驱动为核心，提供高品质租住生活的资产管理和居住服务平台，致力于用互联网方式改造传统的住房租赁行业，产品形态涵盖合租公寓、整租公寓等，满足都市年轻白领多元化的居住需求。截至2018年11月，蛋壳公寓已进驻北京、上海、广州、深圳、杭州、天津、武汉、南京、成都等9个城市，管理超过22万间公寓，其发展历程见表1。

表1　蛋壳公寓发展历程

时间	发展历程
2015年1月	公司成立，正式入驻第一城北京
2015年5月	蛋壳公寓1.0系列产品发布 蛋壳公寓获得数千万元人民币A轮融资
2016年4月	蛋壳公寓正式入驻第二城深圳
2016年5月	蛋壳公寓对外宣布开启全国布局战略
2016年7月	蛋壳公寓正式入驻第三城上海
2017年3月	蛋壳公寓获得数亿元A+轮融资
2017年5月	蛋壳公寓正式入驻第四城杭州
2017年6月	蛋壳公寓3.0系列产品发布
2017年9月	蛋壳公寓正式入驻第五城天津

续表

时间	发展历程
2017年10月	蛋壳公寓正式入驻第六城武汉
2017年11月	蛋壳公寓宣布推出整租产品
2017年12月	蛋壳公寓在管房间数近6万间
2018年2月	蛋壳公寓获1亿美元B轮融资
2018年3月	蛋壳公寓正式入驻第七城南京,蛋壳4.0系列产品发布
2018年4月	蛋壳公寓在管房间数近12万间 蛋壳公寓正式入驻第八城广州
2018年6月	蛋壳公寓获7000万美元B+轮融资
2018年10月	蛋壳公寓正式入驻第九城成都
2018年11月	蛋壳公寓在管房间数超过22万间

资料来源：迈点研究院整理。

（二）青客

青客成立于2012年，是一家新兴的中国公共租赁住房提供商，公司业务流程的每一个环节都充分体现了互联网思维，用科技彻底颠覆了传统公寓行业。目前，青客服务范围已覆盖上海、北京、苏州、杭州、南京、武汉等城市，运营房间数近10万间（见表2）。

表2 青客发展历程

时间	发展历程
2012年	青客成立
2013年	青客引进纽信创投、汇嘉创投以及达晨创投,完成A轮融资
2014年	青客顺利走向移动互联化
2015年	青客完成由赛富亚洲领投、纽信创投等跟投的B轮融资
2017年	青客完成由摩根士丹利管理的私募基金及专凯欣资本联合领投的C轮股权融资
2018年	青客目前运营房间数近10万间,满房率达到95%

资料来源：迈点研究院整理。

（三）优客逸家

优客逸家成立于2012年，依托先进的互联网技术及创新的金融工具为客户提供服务。对于闲置房业主，提供一站式房屋租赁增值管理解决方案；对于城市租房人群，提供高品质的长租公寓产品、租后服务，以及围绕房屋、居住社交而衍生的增值服务。目前，优客逸家在成都、武汉、杭州、北京四地运营，累计总房源量超过4万间，其发展历程见表3。

表3 优客逸家发展历程

时间	发展历程
2012年5月	优客逸家第一套合租公寓诞生,当天实现满租
2014年11月	UOKO优客获经纬中国领投,海纳亚洲、君联资本跟投的2200万美元B轮融资
2015年5月	UOKO优客与保利地产签订战略合作协议
2015年9月	UOKO优客与绿城服务成立合资公司
2016年5月	UOKO优客与碧桂园签订战略合作协议
2017年5月	UOKO优客成都公司净利润转正,创造公寓行业首家盈利先例,为公寓行业带来一线曙光
2018年5月	获得深创投等一线机构的C轮投资

资料来源：迈点研究院整理。

二 商业模式

蛋壳公寓产品坚持以数据驱动为核心，根据自主研发的互联网大数据系统识别和分析租客行为习惯和用户喜好，从而设计出满足和贴近用户需求的产品。目前，蛋壳公寓的产品已经迭代和升级到4.0，产品形态覆盖合租、整租两种形态，每个产品形态下又分为MUJI风和工业风两种风格。同时，蛋壳公寓所有房屋均经过专业设计，实行统一装修、家装方案高端定制及品牌家电配置，并为租客提供双周保洁、专业维修、极速Wi-Fi、搬家等多种服务，满足年轻白领多元化的居住需求。

未来，蛋壳公寓也将更加注重产品和服务的升级，以及整个IT大数据系统的完善，使其更具有对租客、房东的洞察力，从而拓展更多的增值服务。从品牌指数表现来看，蛋壳公寓呈现不断增长态势，这与其房源量大幅增加、客群不断扩充、产品迭代升级成正比关系。预计在未来，其品牌影响力还将持续高涨（见图1）。

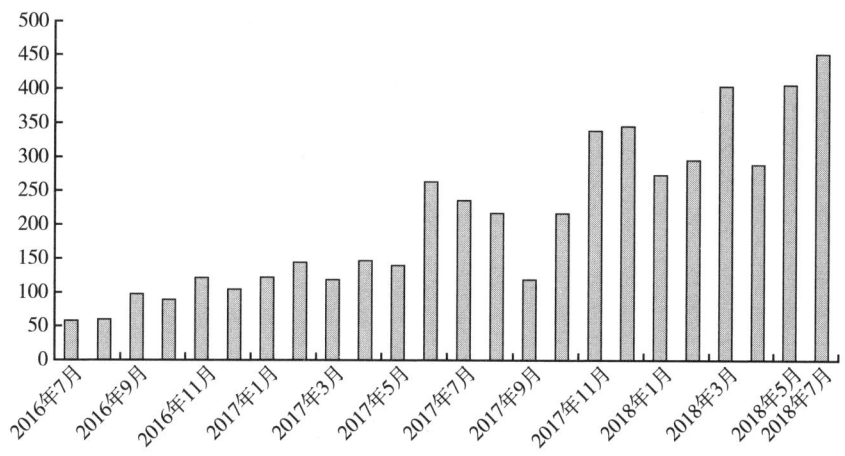

图1　蛋壳公寓品牌指数表现

资料来源：迈点研究院。

青客为广大白领提供1000～2000元/月的统一装修风格的公寓。通过对产品、服务、系统等的不断升级，在消费体验全流程中不断强化租客对品牌的认知，形成了较高的品牌认知度、参与度和忠诚度，累计服务租客超过22万人次。

青客以移动互联网为驱动,全程采用"房屋托管+标准化装修+租后服务"模式,通过App、互联网实现对房源、工程、营销、人员的管理;在为客户高效选房、看房、签约的过程中,全部通过互联网来管理签约、续租、退租、转租、交费、报维修、品牌活动等。关于租房的一系列的琐事全部通过互联网即可解决,犹如管家一般解决所有租房事宜。从品牌指数表现来看,青客已拥有较高的市场关注度,且在租赁高峰期保持一定热度(见图2)。

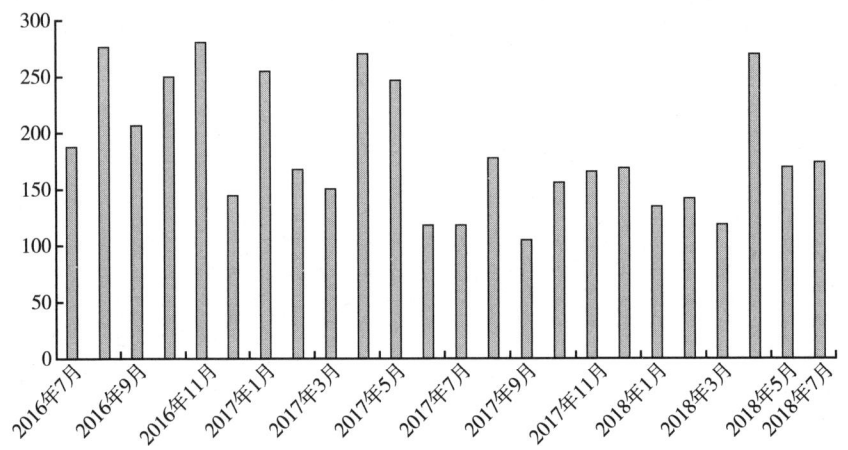

图2 青客品牌指数表现

资料来源:迈点研究院。

目前,优客逸家旗下拥有三大主要产品:(合租)分散式长租公寓优客逸家、(合/整租)分散式长租公寓星空家盟以及集中式长租公寓UOKO新宿,全部针对中低端公寓市场。其中,优客逸家房源量超过40000间,价格在500~1500元/月;星空家盟房源量近1000间,价格在1000~4000元/月;UOKO新宿已开业门店两栋,价格在500~1400元/月。

优客逸家计划通过打造星空家盟来赋能于不动产租赁行业:面向房东,提供租务在线管理赋能、BI决策数据赋能、租住产品赋能、房源赋能、流量及营销赋能、供应链赋能、金融赋能、品牌公关赋能等数字化租赁运营管理服务；面向租客，提供丰富的可选房源、租后服务、周边增值服务等品质化合租、整租房源以及租住服务。从品牌指数表现来看，丰富的运营模式和营销活动，让优客逸家的品牌影响力保持了较高热度。但同时，想要维持持久的品牌影响力，未来拓展的区域还需增加（见图3）。

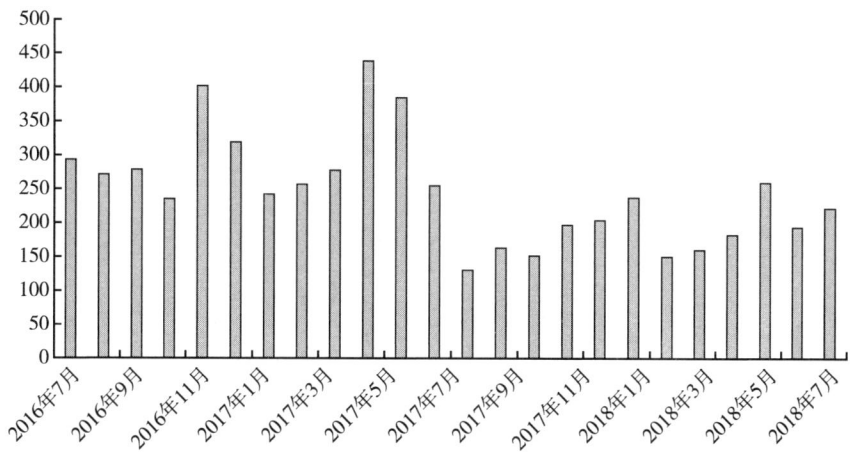

图3　优客逸家品牌指数表现

资料来源：迈点研究院。

三　领袖观点

（一）蛋壳公寓创始人、CEO高靖

高靖认为，目前公寓行业的基础服务整体偏弱，也不够标准化。"我们要做的就是把服务标准化，让租户对服务感到满意。只要你服务做得到位，用户自然会接纳你。我们的目的很简单，就是提高租房效率，让租房变得简单和快乐。"

据悉，创立之初，团队选择"蛋壳"这个名字，就是希望能够成为大城

市打拼的年轻人的梦想守护者,能够陪伴这些优秀的年轻人共同孕育对事业的渴望、对爱情的憧憬和对幸福的期盼,最终见证一切美好的梦想都能冲破阻碍,成为现实。"我们一直在努力为大家提供有品质的居住生活、倡导正能量的生活方式,让大家租房也可以拥有体面的生活。"

(二)青客创始人、CEO金光杰

在中国支持住房租赁的政策利好下,长租公寓行业正在经历着产业和服务升级。金光杰表示,青客是做汉堡包的,可能不好吃,但全世界都是。"长租公寓是一个微利行业,管理效率、风控能力直接关乎企业发展"。

首先,始终坚持用"诚信"为企业增持加码,在青客"所见即所得",在平台上展示的每一间房屋都是真实的。从采购到装修,当中有100多个环节,青客坚持全流程数据采集,将所有流程在线化,这需要极高的投入,以及长期的积累。

其次,"昔之善战者,先为不可胜,以待敌之可胜。不可胜在己,可胜在敌"。做企业要先做好自己,在行业迭代与洗牌中存活下来,然后等待机会战胜竞争者。

最后,企业的资源是有限的,伤其十指不如断其一指。在一个充满变化的市场中,企业家应顺应市场变化,尽可能在不确定性中创造确定性,在企业经营中用标准化流程,为租客提供标准化产品。

(三)优客逸家创始人刘翔

刘翔用8个字进行自我总结:脚踏实地,仰望星空。"希望优客逸家能够做一家受人尊敬的企业,引领美好生活方式,成为全球领先的不动产整合运营商"。据悉,接下来,优客逸家将重点布局全国百万以上的人口流入性城市,计划2年内拓展房源100万间。

B.13
中介系长租公寓
——自如、世联红璞

郭德荣 熊林 甘伟*

摘　要： 积累多年的线下房源及客群，为中介系长租公寓的经营打下了基础。通过线上运营能力，为租客提供便捷的租房入口。"C2B2C"的经营模式，给予了中国长租公寓市场更多可能。将大量第一手存量物业委托过来，进行标准化的管理和服务，提供给广大租客，提升了人民对美好生活的期待。

关键词： 存量物业　委托管理　C2B2C

中介背景的公寓企业在租赁房源以及客户渠道两个方面拥有先天的优势。中介企业自有业务决定了其房源信息获取的便利性。在做二手房屋交易或租赁的同时，可将房源与客户资源引用至自身长租公寓业务，促进公寓业务快速发展，实现全国布局。目前，市场上较为成功的品牌包括链家自如、我爱我家相寓、世联红璞、合富辉煌创寓等。

---

* 郭德荣，迈点网主编兼迈点研究院研究总监，研究方向为商业空间品牌及运营；熊林，清华大学经济管理学院工商管理硕士，自如CEO，研究方向为互联网O2O创业平台；甘伟，世联行集团副总裁、世联红璞公寓总经理，研究方向为解决中国房地产存量物业空置问题而生的创新平台。

一 发展历程

（一）自如

自如成立于2011年10月18日，隶属于北京自如生活资产管理有限公司，是一家提供高品质居住产品与生活服务的科技公司。发展至今，自如已在北京、上海、深圳、杭州、南京、广州、成都、天津、武汉九座城市布局，为超过35万业主委托管理70万间房源，累计服务160万租客，管理资产价值超过8000亿元人民币，其发展历程见表1。

表1 自如发展历程

时间	发展历程
2011年10月18日	自如成立
2013年3月18日	第一栋自如寓,将府公园自如寓成立
2013年5月21日	第一季"海燕计划"月付0押金启动
2015年1月15日	自如上海站成立
2015年7月1日	自如深圳站成立
2016年3月10日	自如客累积达50万人
2016年5月12日	自如宣布独立运营
2016年10月18日	自如成立5周年,推出上海其灵自如寓及箱货搬家服务
2017年4月1日	自如进入第四城杭州
2017年6月1日	累计自如客突破85万人
2017年6月16日	自如进入第五城南京
2017年8月20日	累计自如客突破100万人,累计房源40万间
2017年12月1日	自如进入广州、成都、武汉、天津
2018年1月	自如完成A轮40亿元融资
2018年5月	自如ABS二期在上交所挂牌,未来一年将发行20亿元资产证券化产品
2018年6月20日	自如召开资管平台战略发布会,旨在打造中国最专业、最高效的整栋资产管理平台
2018年12月	自如首栋全智能公寓北京将府自如寓开业

资料来源：迈点研究院整理。

（二）世联红璞

世联红璞是上市公司世联行旗下的长租公寓品牌,是专注为解决中国房地产存量物业空置问题而生的创新平台。2015年5月成立,3年来已布局全国30个城市,拓展房源超过10万间,运营房源超过3万间。世联红璞致力于让每个人都可以住得好一点,力争成为推动中国城市住房租赁发展的市场力量,其发展历程见表2。

表2 世联红璞发展历程

时间	发展历程
2015年8月	首个白领公寓项目落地广州
2016年6月	首个酒店公寓项目落户重庆
2016年12月	拓展至全国10个城市,累计全国运营间数超过1万间
2017年4月	首个委托管理项目在惠州上线
2017年6月	整体运营间数超过2万间
2017年11月	拓展至全国29个城市,签约间数超过10万间
2017年12月	购买杭州、重庆物业,探索自持性物业商业模式
2018年4月	企业公寓产品"家寓"上线,落地苏州、武汉双城
2018年6月	累计全国运营超过3万间

资料来源：迈点研究院整理。

二 商业模式

自如通过现代科技的广泛应用,为人们提供了更美好的居住体验,也将引领居住消费市场向高质量发展。目前,自如覆盖了租住生活全场景,旗下拥有自如友家、自如整租、自如寓、自如精选、自如豪宅等产品,为客户提供保洁、搬家、维修等服务。

其中,自如友家、自如整租、自如寓、自如三居、自如精选、自如豪宅六类产品聚焦于长租板块,自如寓聚焦于旅居板块,无界生活空间Z-SPACE则是集大成者。自如友家和自如整租所有房屋均经过专业设计,实行统一时尚装修、原创家居及品牌家电配置等，同时提供租期内的保洁、专业维修、搬家及自如优品等多项O2O生活服务。据悉，自如保洁的年服务单量超过350万单。从品牌指数表现来看，自如友家和自如寓保持波动增长态势。尤其是在应届毕业生客群找房集中期和融资消息发布点，自如的影响力明显提升（见图1）。

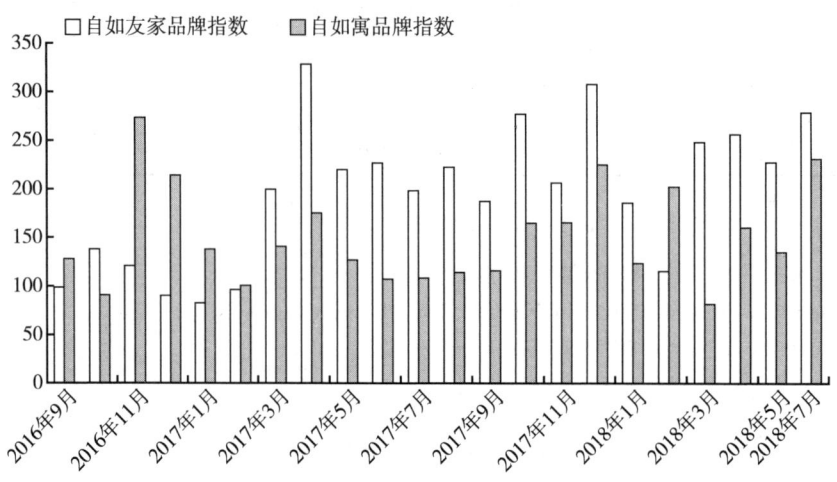

图1　自如旗下品牌指数表现

资料来源：迈点研究院。

世联红璞构建了红璞公寓（白领公寓）、红璞家寓（企业蓝领公寓）、红璞礼遇（服务式公寓）三大产品线，以满足多种人群的租住需求。红璞公寓面向初入社会的广大青年群体，致力于点燃都市人心中的希望；红璞家寓专业服务于企业客户，为企业定制居住解决方案；红璞礼遇打造行旅居住美学的酒店式服务公寓，引领城市商旅的全新生活方式。

世联红璞采用轻重模式结合发展，从直营模式向专业服务模式并行。在资产运营管理方面，通过运营创造更高的资产价值；在城市公共服务方面，成为租赁市场的发展力量，以目前三大产品线为主，向纵深延伸。白领公寓、酒店式服务公寓、企业蓝领公寓，结合不同城市，三条主线下做人群的市场细分，来保持在行业的领先地位。从品牌指数表现来看，其数据呈现波动上升态势，认知度随着产品延伸和市场规模增大而不断提高（见图2）。

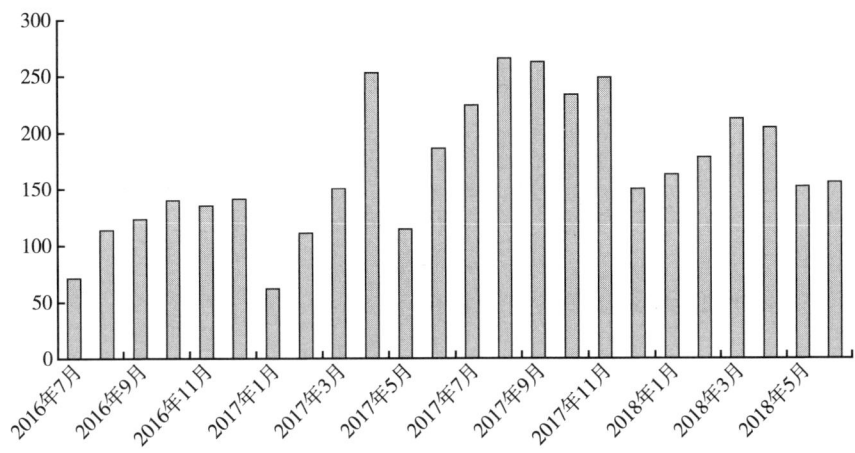

图2　世联红璞品牌指数表现

资料来源：迈点研究院。

三　领袖观点

（一）自如CEO熊林

在城镇化快速发展的过程中，城市人口不断涌入引发大量的租赁需求，而"90后""00后"这批未来的社会主流人群买房观念开始变化，从购到租的市场演变不可忽视。

"住房租赁其实是一个'老行业'，存在信息、产品、服务错配的问题。"熊林认为，随着政策、资本契机和消费升级不断释放的需求，给住房租赁市场注入了一些新元素，而自如等长租公寓的出现更是租赁领域中相对独特的"物种"。

自如与房东签订资产管理协议和与租客签订租赁协议，同时提供统一的

家装设计、装修、保洁、搬家、维修服务等,整个交易、管理系统非常互联网化。这种"C2B2C"的交易模式,左手对接供应端、右手对接服务需求端,要求平台拥有对商品较强的把控力和用户体验的输出能力,这样才能保证客户的信任相对稳定,从而提高运营能力和服务品质。

"2018年,长租行业受到了舆论广泛的关注和审视,可见短短几年长租虽已成行,但有待树业。面对未来,行业需要自审在产品、服务、团队和客户方面的不足之处,努力做到行有道、行有品才能为客户创造更大的价值,为行业赢得更大的发展空间,成为现代化城市有效运营的一部分。"

(二)世联红璞公寓总经理甘伟

甘伟认为,目前行业的盈利模式并没有完全形成,轻、中、重模式都在持续实践中。同时,政府保障型租赁用房以及市场化运营机构也在不断做更多的尝试。存量物业的盘活与增量物业的建设也在并行发展。"目前,行业尚处于群雄逐鹿且行业模式并不清晰的阶段。这个时候谈品牌、模式、规模、价值和排名,还为时尚早。"

甘伟表示,"现在不是谁在干的问题,而是怎么干这个事情还没想清楚"。增量存量关系、政府与市场化物业关系等还需要探索。在他看来,2019年行业将会有更清晰的认知,比如政策导向、盈利模式等。在这些都确定的情况下,才能确定各个领域细分的品牌是否采用重模式、中模式或者轻模式。国有企业与民营机构是不是做不同的事情,政府、国企、央企承担什么样的角色,金融机构如何对行业进行投融资,可能都需要慢慢建立和理顺。

B.14 酒店系长租公寓

——窝趣、城家公寓

郭德荣 刘辉 金辉*

摘　要： 借助酒店背景优势，酒店系长租公寓采用委托管理、加盟管理以及直营管理等多种轻资产运营模式，并通过酒店标准化产品来为长期租客群体提供相关服务。在实际运营中，与酒店物业资源获取存在上下游冲突，且标准化服务在不同客群的需求上体现并不突出等，导致市场的接受度相对偏低。未来，长租公寓市场上的"酒店系"或将满足部分需求，对于整体客群的影响较弱。

关键词： 长租公寓　轻资产运营　酒店式服务

酒店系企业在酒店行业往往有较长时间的经验积累，有完善的运营体系以及丰富的运营经验。因此，对于酒店系企业切入长租公寓领域，原有酒店行业丰富的经验可以快速指导公寓任务有效开展。从经济型酒店的短租模式向下占领长租市场，在经营和城市布局上，依托原有的酒店业务，也可以快速实现规模化扩张，实现区域深耕或规模化布局。目前，酒店系的典型企业代表包括华住城家、如家雅住、铂涛窝趣、住友漫果、99旅馆艾陌等。

---

* 郭德荣，迈点网主编兼迈点研究院研究总监，研究方向为商业空间品牌及运营；刘辉，窝趣创始人、CEO，研究方向为为都市青年提供新享乐租住生活方式；金辉，中欧国际商学院管理学硕士，华住集团总裁、城家董事长兼CEO，研究方向为酒店式服务经营。

一 发展历程

(一) 窝趣

WOWQU 窝趣
重新定义享乐主义

窝趣 WOWQU 是铂涛集团旗下公寓品牌,成立于 2015 年 4 月,其核心价值主张"我·享·趣",并倡导"重新定义享乐主义",意在为都市青年提供新享乐生活方式。2017 年,窝趣品牌获 58 集团战略领投,并发布"深耕一公里"品牌战略。

目前,窝趣 WOWQU 已在北京、上海、深圳、广州、杭州、成都、厦门、合肥、济南、长沙、南昌、衡阳、佛山、东莞、肇庆、中山、珠海、清远、大连、福州、乐山、广元、娄底、苏州、新余等 25 个城市管理超过 80 个项目,房量突破 20000 间(见表 1)。

表 1 窝趣品牌发展历程

时间	发展历程
2015 年 4 月	窝趣品牌正式对外发布,全面开启品牌公寓轻资产运营道路
2015 年 5 月	首家白领公寓"广州窝趣天平架地铁站轻社区"成功签约,同年 9 月正式开业
2016 年 12 月	窝趣服务式公寓面世,惊艳亮相铂涛新品时尚秀
2017 年 8 月	强势引入 58 集团战略投资,并发布"深耕一公里"品牌战略
2018 年 2 月	融合铂涛集团和 58 集团赋能,进一步提出窝趣独有的"全链条运营管理体系",3 大板块、6 大体系,助其全面提升项目收益
2018 年 5 月	在广州、深圳、北京、上海、杭州、珠海、佛山等一二线城市管理超过 80 个项目,房量突破 20000 间

资料来源:迈点研究院整理。

(二) 城家公寓

城家公寓成立于 2015 年,是一家由华住酒店集团和 IDG 资本投资创建

城家公寓
CJIA APARTMENT

的专业公寓服务运营商。基于长年积累的酒店管理与服务经验,以及对"住"这个概念的反复理解,城家公寓把华住的优势由酒店延伸到周租、月租和长租,并提供公寓、酒店、服务不同的产品选择。城家公寓以匠心精神营造高品质的居住环境,以酒店式的服务精心照顾每一位住客,致力于打造温馨、舒适、有温度的家外之家。

成立 3 年来,城家公寓已初步完成了中、低、高端公寓的全品类布局。据悉,城家公寓现已在上海、北京、深圳、广州和杭州等一线和"新一线"城市布局物业近 100 家,开业 40 家,房源量达到 5000 多间,其发展历程见表 2。

表 2 城家公寓品牌发展历程

时间	发展历程
2015 年	城家公寓品牌由华住酒店集团和 IDG 资本共同出资成立 金辉担任华住酒店集团旗下城家公寓 CEO
2017 年 3 月 31 日	华住酒店集团旗下轻奢品牌城家 CitiGO 全国首家直营店上海静安店首度亮相
2017 年 4 月	城家公寓发布新概念轻奢酒店品牌——城家 CitiGO
2017 年 7 月 7 日	城家公寓宣布完成 5000 万美元 Pre-A 融资,由华住酒店集团和 IDG 资本增投
2017 年 8 月	城家公寓 2.0 新品发布
2017 年 10 月	城家公寓首个高级公寓华林路店在上海闵行盛大开业
2018 年 1 月 9 日	城家公寓正式入驻北京
2018 年 5 月	城家公寓联合华住、雅诗阁成立合资公司,独家代理"馨乐庭"品牌规模化发展

资料来源:迈点研究院整理。

二 商业模式

目前,窝趣 WOWQU 旗下拥有窝趣轻社区和窝趣服务式公寓两大类产品。窝趣轻社区定位于白领轻奢公寓,旨在为一、二线城市 25~30 岁追求生活品质和生活乐趣的新享乐青年提供一种新享乐生活方式。窝趣服务式公寓定位于中高端服务式公寓，旨在为一、二、三线城市28～35岁城市精英，包括中高层管理者、外出同城住宿3天及以上的商旅人士和亲子游客提供高品质、自在的居家生活。

在发展模式上，窝趣采取"管理直营"的轻资产运营模式，通过"委托运营管理"和"品牌输出"，帮助投资人进行资产管理，实现收益的最优。未来，窝趣将坚持轻资产运营模式。除主打白领长租公寓市场外，还将推出2个新品牌，1个主打中高端长短租服务式公寓市场，1个主打员工公寓市场。从品牌指数表现来看，窝趣的影响力呈现波动性回落（见图1）。

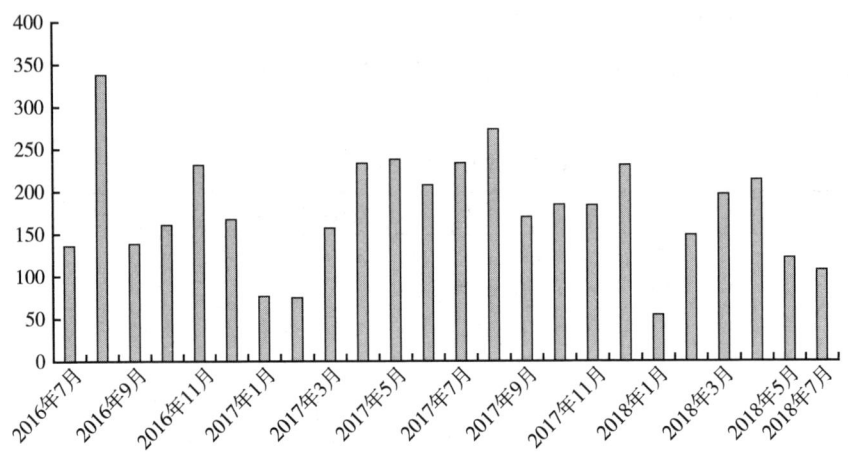

图1　窝趣品牌指数表现

资料来源：迈点研究院。

目前，城家公寓主要为不同需求租户提供两大核心产品：一是以"城家公寓"为核心的标准版产品，定位于提供年轻人就近上班、便捷、高性价比的独立住宿空间。"城家公寓"的特色体现为标准版、大公区和美好独居，目前全国已开业门店数量为34家。二是以"城家高级公寓"为核心的高端版产品，主打服务的品质住宿空间。"城家高级公寓"的特色是高品质套房和酒店服务，目前全国已开业数量达到6家。

与其他类型公寓品牌不同,"酒店系"公寓往往会将其服务做到极致。据悉,城家公寓提供"五星租房选城家"、"5～365 天灵活居住"、"7 天无理由退房"、"酒店级消防标准"、"三重智能防护"、"中央热水系统,保证 15 秒出热水"、"酒店式保洁"、"商用级洗衣烘干"以及"7×24 小时服务响应"等服务内容,标准化程度较高。从品牌指数表现来看,城家公寓市场接受度波动上升,运营模式受到较大肯定(见图 2)。

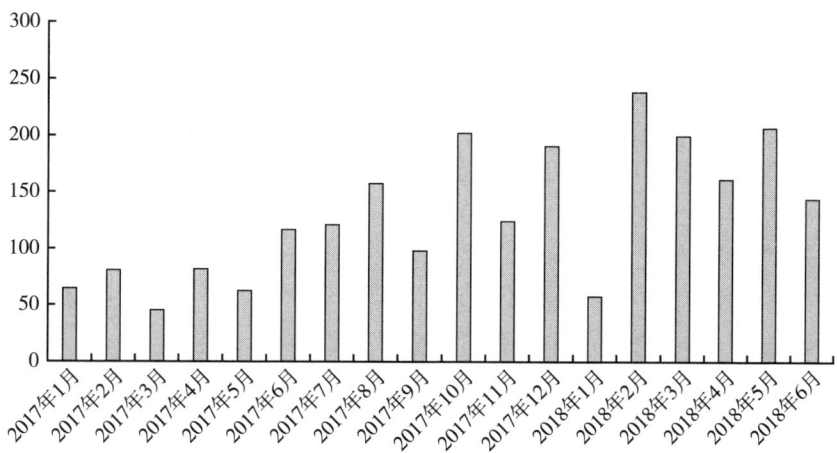

图 2　城家公寓品牌指数表现

资料来源:迈点研究院。

三　领袖观点

(一)窝趣创始人、CEO 刘辉

刘辉认为,长租公寓是一个重度运营的服务行业。"长租公寓企业应回归到对客户的关注上,品牌调性、产品设计、服务细节以客户感受为出发点,不仅要满足消费者的表层需要,更要满足他们的内在需求"。长租公寓需要回归生意的基本逻辑,需要有合理的投资回报。"要深度研究如何提高

投资回报率,一味地追求概念、资本运作,偏离了生意的本质"。

刘辉表示,希望行业回归理性。"长租公寓还处于生命周期的早期阶段,行业快速发展中出现个别赛道选手不理性行为,如未经过市场调研高价拿房、过度使用金融杠杆、忽略用户体验等。只有市场越来越理性,公寓企业都练好内功,行业才会迎来高速发展"。

在其看来,公寓行业还需进一步创新。"最近三四年,公寓行业有非常多创新的地方,如不同于民宅的产品、服务等。今天的市场,还需要在生意模式、金融手段、政策等方面进一步创新。行业头部企业需要引领这一方向,让行业健康发展,我们责无旁贷"。

(二)城家董事长兼CEO金辉

金辉认为,整个公寓行业管理运营者的初心和使命,是为中国几百万乃至上千万的都市年轻人或是需要住房的人提供好的产品,而不是去赚金融的钱。

他希望,整个公寓行业能够真正崛起,共同创造更多好的产品,让年轻人或者需要租房的人享受到更好的住宿体验,让他们不用买房也能过上美好的生活。

B.15
"国家队"代表企业
——城方、宁巢公寓

郭德荣 郑华 王翼飞*

摘　要： 国企系企业的入局，是住房租赁市场的稳定器和压舱石。通过品牌化运营，可以为人民美好生活的租住服务设立标准，给予政策部门参考。同时，通过存量房的资源盘活，也能提升中国整体租住面积、环境，稳定租金，给予租客生存信心。

关键词： 城市更新　城中村改造　压舱石

国企以背靠国家特殊政策的自有优势异军突起，在房源获取、拿地和成本方面，有着其他企业所不具备的优势。国企系企业自身具有存量房，可进行盘活运营。在政策指导下，也可以以低于市场价的成本低价拿地或包租。无论是在供应端，还是在成本端，都拥有明显优势。目前，入局的"国家队"包括上海地产集团、上海张江（集团）、深圳人才安居集团、杭州钱江新城投资集团、科学城（广州）投资集团等。

一　发展历程

早期的国家公租房、人才公寓等，保障了人民的基本居住需要。伴

---

* 郭德荣，迈点网主编兼迈点研究院研究总监，研究方向为商业空间品牌及运营；郑华，城方董事、总经理，研究方向为租赁业务专业化、市场化运作的运营服务；王翼飞，杭州市会展旅业有限公司副总经理、杭州宁巢公寓运营管理有限公司总经理，研究方向为全新概念的居住、交流、生活产品经营与管理。

随着社会经济的发展和消费需求的不断升级,品质化的产品和服务亟须推出。

(一)城方

城方成立于2018年1月,是上海地产集团旗下租赁住房运营服务品牌,也是上海租赁住房"国家队"成立的首个租赁住房业务品牌,以"都市梦生活"为品牌核心理念,努力形成市场稳定器、人才孵化器、资产优化器、生活加速器、文化培育器。以"让更多人安居都市宜居生活"为愿景,为留在城市的各类优秀人才提供更好的生活和发展服务。

目前,城方业务布局覆盖上海六大核心区域,规划项目数量超过20个,总建筑面积约110万平方米,主要位于古北、虹桥、大陆家嘴、张江、世博等中心城区中央活动区和黄金地段,周边产业集聚、交通便利、生活配套齐全,更便于促进产城融合、职住平衡。其发展历程见表1。

表1 城方品牌发展历程

时间	发展历程
2018年1月20日	沪上首个国企租赁住房业务品牌——城方,由功能性国企上海地产集团正式发布
2018年6月	定位为租赁住房行业风向标的《城方》期刊创刊号面世
2018年7月	城方国际创新中心(城创品牌总部)亮相并开始试运营
2018年8月	城方首个社区共享客厅并自营"城方堂"开业和试运营
2018年9月	城方租赁住房项目城寓超级社区·华山路店全装配式内装示范样板间亮相
2018年10月	城方租赁住房项目城寓活力社区·江月路店全装配式内装示范样板间亮相
2018年年底	城方租赁住房项目城寓超级社区·华山路店开业

资料来源:迈点研究院整理。

（二）宁巢公寓

宁巢公寓成立于2016年12月，其隶属于杭州市钱江新城投资集团旗下杭州市会展旅业有限公司，致力于为年轻人打造一个集居住、交流、生活、会客、休闲、娱乐等于一体的精品公寓产品，为住客提供品牌化、标准化的服务。

2017年10月，杭州市钱江新城投资集团成功摘得浙江省内首宗住房租赁用地（即宁巢白石公寓），建筑面积约9万平方米，预计可提供近1500套租赁用房。此外，2017~2018年，宁巢公寓先后完成石桥路项目、戒坛寺项目等国有闲置资产改造升级，并通过市场化运作及拓展，储备了包括明星村、备塘路、原禾大厦等项目，预计到2022年将供应10000套以上集中式公寓房源。其发展历程见表2。

表2 宁巢公寓品牌发展历程

时间	发展历程
2016年12月	集中式长租公寓品牌——"宁巢"正式推出
2017年3月29日	宁巢分公司成立，经营长租公寓业务板块
2017年9月30日	杭州市属首个国有长租公寓——宁巢石桥路公寓开业
2018年6月15日	杭州市民政局旧楼经精心改造，华丽转型为宁巢戒坛寺公寓

资料来源：迈点研究院整理。

二 商业模式

城方目前旗下涵盖城寓、城享、城创和城智四大品牌。其中，城寓品牌定位于美好生活理想家，旗下包含三类社区产品系：城寓活力社区、城寓高能社区以及城寓超级社区，重点打造建筑面积约50㎡、70㎡、90㎡三个标准产品区间；城享定位于美好生活集合体，重点打造文化娱乐、生鲜便利、形象美学、健身康养、轻食客厅、品牌食集6大核心生活服务配套；城创定位于个人理想实验室，重点打造创新孵化、数字平台、科技物联、能源管理4大核心发展配套；城智定位于智慧生活联合体，为支持优秀的创享者、艺术家、设计师以及新兴品牌而推出。

依托上海地产集团城市更新平台，城方充分发挥功能性平台优势，构建6+4"大生活+大发展"核心配套服务系统，即文化娱乐、生鲜便利、轻食客厅、健身康养、形象美学、品牌食集6大类生活服务系统，以及创新孵化、数字平台、科技物联、能源管理4大类发展服务系统，让各个层级的人才在上海这座城市生活得到满足，事业得到发展（见图1）。

目前，宁巢公寓为客户提供年轻版、标准版、奢华版等多种系列的不同类型住房产品，并根据公司丰富的酒店运营管理资源优势，针对不同系列住房产品配备不同服务。以年轻版为例，在设计风格、功能区、设施设备等方面，为年轻人量身定制咖啡机、书吧、按摩椅、健身房、桌游室、E邮柜、自助售卖机等。

宁巢公寓还将在加快资产存量利用、探索租赁住房用地合作开发、参与城市更新、城中村改造再利用及推行人才与新市民安居计划四个方面发力，积极与政府合作，提供专业公寓运营服务，保障房源的可靠性，为杭州筑"巢"引凤，吸引人才流入贡献绵薄之力。从品牌指数表现来看，宁巢公寓数据呈现波动起伏，影响力与本地市场行情关系密切。因此，当"国家队"产品对外面世时，也将对区域住房租赁市场的稳定起到关键作用（见图2）。

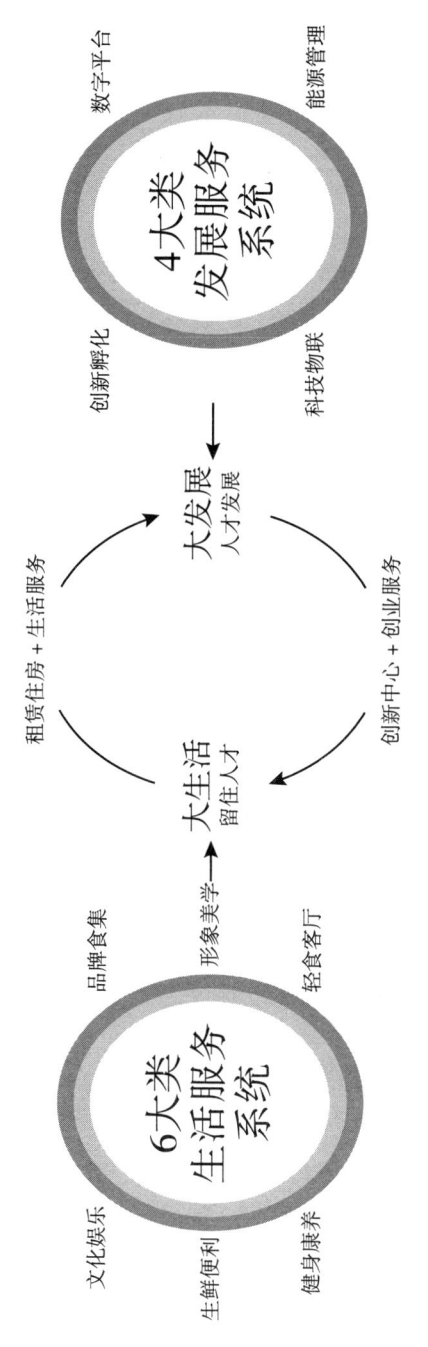

图1 城方品牌平台优势

资料来源：迈点研究院整理。

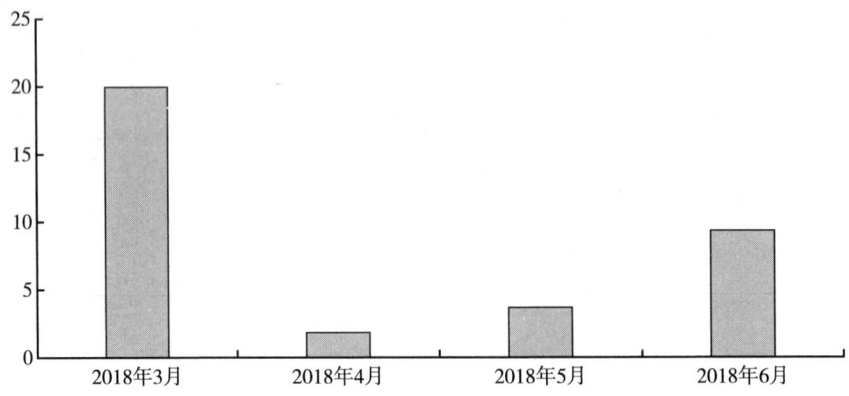

图 2　宁巢公寓品牌指数表现

资料来源：迈点研究院。

三　领袖观点

（一）城方董事、总经理郑华

中国房地产发展 30 多年，推动了国民经济的高速发展和中国的城镇化进程，带动了居民生活环境的改善。"但现在应该是进入换挡的时间窗口"。郑华认为，"一二挡"提供了超级扭矩和加速度，推动了 GDP 两位数增长，但代价是高企的房价和租金收入比，还附带出现了资源没有有效利用、房屋空置等问题。当需要更加安全稳定地推动经济时，"八九挡"一定是大势所趋，高速行驶同时节能增效且持久安全。因此，稳定的房价、合理的租金、更多的居民可支配收入，这三者之间的平衡是中国住房经营未来必须关注和贡献的。

"国家要的是经济增加值，老百姓要的是新时代更美好的生活，那我们就把居民在减掉住房开支后的可支配收入提高上去，让大家更愿意去花钱消费，在安居宜居中去为社会做贡献。坚持长期运营、坚定服务经营、做好消费产业、推动实业供给侧应用场景升级，用控制租金上涨促进消费增长"。

郑华表示，城方租赁住房运营管理要去房地产化，要做服务经营。对于住房租赁行业未来,城方要承担好国企应有的责任,努力发挥市场稳定器、压舱石的作用,同时以"都市梦生活"为品牌核心理念,以"更多人安居都市宜居生活"为愿景,满足人才对"美好生活"的多元化需求。在帮助他们实现自我个人价值的同时,也给城市消费真正升级、社会经济发展活力带来持续不断的推动力。

(二)杭州宁巢公寓运营管理有限公司总经理王翼飞

王翼飞认为,国有租赁房源最大的意义在于"四两拨千斤"的示范效应以及规范市场的作用。"私人业主的可租赁房源仍将是未来租赁市场的主体。公共租赁房源并不是要取代私人的租赁房源,而是要让整个住房租赁市场的运转更有效率"。

她认为,国有租赁房源的优势主要体现在三个方面。

1. 跑通长租公寓运作模式,了解行业痛点,低成本试错

无论是政策还是资金、运营、管理,当国企尝试长租公寓之后,会有意想不到的改变,包括产业园区租赁配套的完善、税收制度的完善等,有利于租房市场的快速推进。

2. 盘活下属存量物业,实现盈利

租赁市场房源紧缺,国企自身资源又在闲置,打通之后,可以充分发挥资源优势,也能获取盈利,符合政策方向。

3. 规范市场,惠及企业以及租客

通过国资背景的"国家队"来提供租赁住房,在房屋品质和管理上能进一步规范租赁市场,对租房人的权益也更有保证。另外,在一定程度上也可以缓解租金高企的市场局面。

"就像长租市场需要房企这些巨头一样,同时也需要国有企业的加入"。王翼飞表示,一方面有助于稳定租金水平,满足年轻人租房需求;另一方面也能真实感受公寓运营商、二房东运营的现实痛点,及时探索、快速解决。通过先行先试,提供一个市场化租赁住房规划和解决方案,建立相对的长效机制,形成一套可复制、可推广的经验做法。

区域篇
Region Study

B.16
北京住房租赁发展回顾与经验总结

穆 林 郭德荣*

摘　要： 北京作为国家首都，外来人口比例较大，城市租赁需求旺盛。作为较早颁布住房租赁政策及相关标准的城市之一，其实践经验对于其他城市具备参考意义。同时，在当地成立并发展起来的行业品牌，处理的问题和碰到的挑战也更丰富，对于其他品牌的指导意义和借鉴价值较为全面。

关键词： 城市规划　保障房　集体用地

北京是国内租赁需求最为旺盛的地区，根据2015年人口抽样调查数据，

---

* 穆林，青岛酒店管理学院酒店信息化研究中心主任，研究方向为住宿业管理、住宿业信息化；郭德荣，迈点网主编兼迈点研究院研究总监，研究方向为商业空间品牌及运营。

租赁占比为33.1%。北京具有金融、文化、互联网产业优势,2018年第三产业位居直辖市第一。作为有着独特的资源优势的首都,北京依然是众多人才趋之若鹜的城市。从租金来看,北京2018年平均月租金为78.2元/平方米;从地区分布看,北京各区的租金差异较大,从市中心向外从高到低扩散,中心城区的平均月租金超过100元/平方米,而延庆、怀柔、密云则在30元/平方米左右,周边区域燕郊的平均月租金为21.5元/平方米(见图1)。

图1 北京各区租金价格情况

资料来源:58集团。

北京也是品牌公寓接受度最高的地区之一,其平均月租金为86.5元/平方米,略高于城市平均租金。品牌公寓市场作为可以标准化、大规模复制的租房产品,需要大力发展和政策支持,同时也需要进行规范化管理,以避免恶意抢占房源、违规"租金贷"、装修质量参差不齐、甲醛超标等现象发生。品牌公寓以其特有优势受到了越来越多年轻用户的青睐,而随着用户体量不断增大,品牌公寓如何实现良性、健康、有序发展成为企业和平台需要共同思考的问题。

品牌蓝皮书

一 北京政策出台早，引领作用强

1987年，北京市政府、公安局、房管局联合颁布《关于加强暂住人员租赁私有房屋管理的规定》①，要求租赁双方"签订租赁合同，并按一定程序申报审核备案"。1995年，北京市发布实施《北京市外地来京人员租赁房屋管理规定》②、《北京市外地来京人员租赁房屋治安管理规定》，并于1997年、2004年对后者进行了两次修订。③ 2007年北京市发布《北京市房屋租赁管理若干规定》，并于2011年5月进行了第五次修订。④

这一系列的政策完善措施，对于规范北京租赁市场、保护租赁双方合法权益、稳定租赁关系等起到了重要作用。比如人均居住面积，出租房间达到10间以上或者出租房屋居住人员达到15人以上的，出租人应当建立相应的管理制度，已成为各地区住房租赁管理办法的重要参考。

二 集体用地建设租赁住房是北京未来重要供给

2011年4月，经前期调研、沟通，原北京市国土资源局向国土资源部（现自然资源部）提出利用集体土地建设公共租赁住房的试点申请。2011年9月，国土资源部（现自然资源部）批准本市开展试点工作，北京市成为全国第一个利用集体土地建设租赁住房的试点城市。2012年2月，经北京市政府批准和国土资源部（现自然资源部）备案同意，正式启动了第一批试

---

① 《关于加强暂住人员租赁私有房屋管理的规定》，北京市人民政府，1987年8月15日，https://www.lawxp.com/Statute/s1101421.html。
② 《北京市外地来京人员租赁房屋管理规定》，北京市人民政府，1995年第12号，1995年7月15日，https://www.lawxp.com/Statute/s426554.html。
③ 《北京市外地来京人员租赁房屋治安管理规定》，北京市人民政府令第150号，2004年7月1日，https://wenku.baidu.com/view/3dea859a18e8b8f67c1cfad6195f312b3169eb8c.html。
④ 《北京市房屋租赁管理若干规定》，北京市人民政府令第231号，2011年7月13日，http://www.gov.cn/flfg/2011-07/13/content_1905555.htm。

点——唐家岭地区集体土地租赁住房试点项目,标志着本市试点工作进入项目实施阶段。2014年10月,北京市国土资源局联合市发展改革委、原市规委、市住房城乡建设委、市农委、市财政局、市税务局等7个部门,下发了《关于印发北京市利用农村集体土地建设租赁住房试点实施意见的通知》,从指导思想、试点范围、政策措施、组织领导等方面进行规范,为开展集体租赁住房工作提供政策保障。[①]

2013年前后,房源陆续交付入住。在价格方面,唐家岭的公开摇号公租房租金为每平方米每月32元,租金中已经包括了物业费。按照海淀区公租房趸租和补贴政策,政府按照市场价格将房屋趸租来,作为社会化公租房出租给保障家庭时,先承担其中20%的租金和装修成本,再将房屋以80%的市场租金价格面向被保障家庭出租。

2017年4月21日,北京市发布《北京市2017~2021年及2017年度住宅用地供应计划》,提出未来五年安排租赁用地1300公顷,集体建设用地1000公顷。[②] 其中2017年目标为200公顷,且全部为集体用地(见图2)。

2017年9月29日,北京市对外发布《北京城市总体规划(2016~2035年)》,其中对住房租赁有了明确的描述:完善购租并举的住房体系,增加共有产权住房与中小套型普通商品住房供应,研究扩大租赁住房赋权,公共租赁住房向非京籍人口放开。未来五年,计划新供应各类住房150万套以上,其中租赁住房50万套。2017年,北京确定集体土地租赁住房项目44个,主要涉及朝阳、海淀、丰台、顺义、昌平、大兴等12个区,建设用地约203公顷,总建设面积约321万平方米(见表1、表2)。[③]

[①] 《北京市关于农村集体土地建设租赁住房试点实施意见》,京国土耕〔2014〕467号,2014年10月28日,https://www.tuliu.com/read-32130.html。

[②] 《关于印发〈北京市2017~2021年及2017年度住宅用地供应计划〉的通知》,市规划国土发〔2017〕113号,2017年4月21日,http://zfxxgk.beijing.gov.cn/110014/zxgh32/2017-04/21/content_806148.shtml。

[③] 《中共中央国务院关于对〈北京城市总体规划(2016~2035年)〉的批复》,人民网—人民日报,2017年9月28日,http://politics.people.com.cn/n1/2017/0928/c1001-29563785.html。

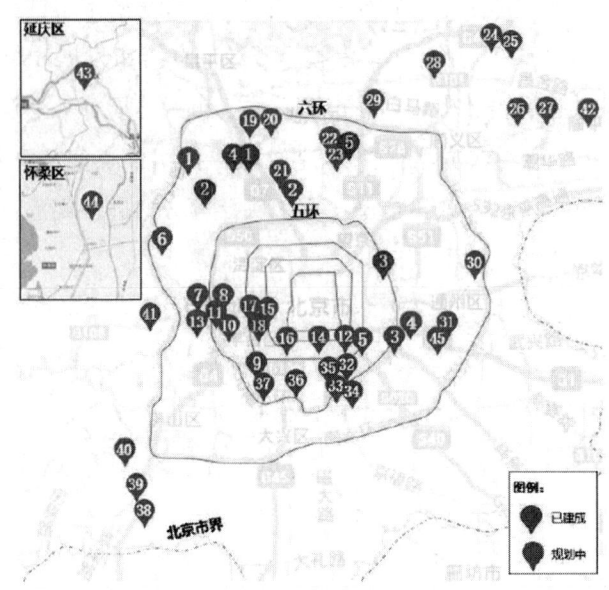

图 2　2017 年北京市集体租赁住房项目分布图

资料来源：中国指数研究院整理。

表 1　北京市集体租赁住房项目（已建成）

序号	项目名称	年度
1	唐家岭集体租赁住房项目	2013 年
2	温泉镇太舟坞村集体租赁住房项目	2013 年
3	平房乡平房村集体租赁住房项目	2013 年
4	西北旺镇皇后店村集体租赁住房项目	2013 年
5	北七家镇海鹠落村集体租赁住房项目	2013 年

资料来源：迈点研究院整理。

表 2　2017 年北京市已公布集体租赁住房项目（规划中）

序号	项目名称	年度
6	苏家坨镇集体租赁住房项目	2017 年
7	中关村东升科技园园区集体租赁住房项目	2017 年
8	十八里店乡西直河集团租赁住房项目	2017 年
9	黑庄户乡郎辛庄村集体租赁住房项目	2017 年

续表

序号	项目名称	年度
10	小红门乡37#、40#集体土地租赁住房项目	2017年
11	五里坨集体租赁住房项目	2017年
12	古城集体租赁住房项目	2017年
13	八宝山集体租赁住房项目	2017年
14	花乡葆台村集体租赁住房项目	2017年
15	卢沟桥乡郭庄子、小屯村集体租赁住房项目	2017年
16	卢沟桥乡张仪村集体租赁住房项目	2017年
17	南苑乡成寿寺村集体租赁住房项目	2017年
18	长辛店镇张郭庄村集体租赁住房项目	2017年
19	南苑乡果园村集体租赁住房项目	2017年
20	卢沟桥乡东管头村集体租赁住房项目	2017年
21	花乡草桥村集体租赁住房项目	2017年
22	卢沟桥乡西周村集体租赁住房项目（一）	2017年
23	卢沟桥乡西周村集体租赁住房项目（二）	2017年
24	沙河镇东一村、南一村集体租赁住房项目	2017年
25	沙河镇松兰堡村集体租赁住房项目	2017年
26	回龙观镇三合庄村集体租赁住房项目	2017年
27	北七家镇海鹄落南侧集体租赁住房项目	2017年
28	北七家镇海鹄落北侧集体租赁住房项目	2017年
29	木林镇东沿头村集体租赁住房项目（居民楼南侧）	2017年
30	木林镇东沿头村集体租赁住房项目（居民楼西侧）	2017年
31	杨镇二三产业基地集体租赁住房项目	2017年
32	张镇张各庄集体租赁住房项目	2017年
33	牛栏山镇官志卷村集体租赁住房项目	2017年
34	高丽营镇四村集体租赁住房项目	2017年
35	宋庄镇瞳里村集体租赁住房项目	2017年
36	梨园镇大稿村集体租赁住房项目	2017年
37	旧宫镇集体租赁住房项目	2017年
38	瀛海镇区级统筹集体租赁住房项目	2017年
39	瀛海镇西一村集体租赁住房项目	2017年
40	旧宫电商谷租赁住房项目	2017年
41	西门红镇寿保庄村、老三余村集体租赁住房项目	2017年
42	黄村镇狼垡集体租赁住房项目	2017年
43	琉璃河镇兴礼村集体租赁住房项目	2017年
44	窦店镇窦店村A地块集体租赁住房项目	2017年

续表

序号	项目名称	年度
45	窦店镇下坡店集体租赁住房项目	2017年
46	永定镇集体租赁住房项目	2017年
47	大兴庄镇白各村集体租赁住房项目	2017年
48	康庄镇三街村集体租赁住房项目	2017年
49	雁栖镇（陈各庄村）集体租赁住房项目	2017年
50	梨园镇孙庄村集体租赁住房项目	2017年

资料来源：迈点研究院整理。

截至2018年10月，20个集体土地建租赁房的项目获批，总建筑规模约为158.6万平方米，合计479.6万平方米（见图3）。①

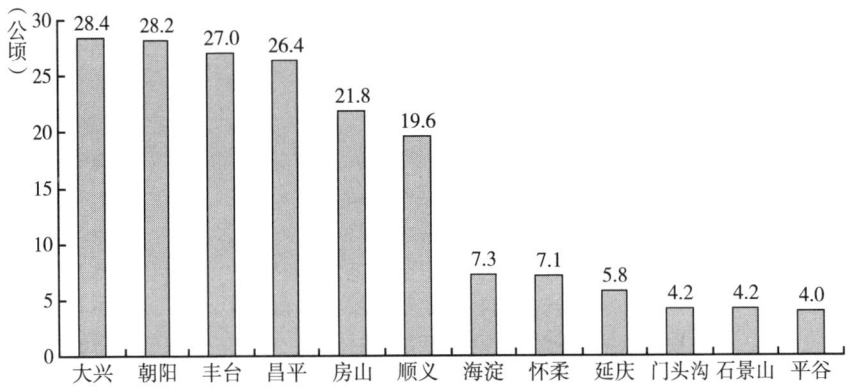

图3 2017年各区规划供应集体租赁用地面积

资料来源：中国指数研究院整理。

三 自持用地成租赁用房第二支力量

2016年"930"新政后，北京加大住房用地供给侧结构性改革力度，在

---

① 《北京租赁住房用地分布在哪儿》，中国指数研究院，2018年2月8日，http://fdc.fang.com/news/2018-02-08/27768445.htm。

"招拍挂"市场首次引入"竞自持"规则,通过房企"自持租赁"面积的不断增加,保障租赁住房的基本建设。2016~2017年,北京自持宅地共成交27宗,累计规划建面约142.4万平方米,自持比例达44%,预计可提供租赁住房1.6万套。其中,2016年成交4宗,累计建面约55.7万平方米,自持比例全部达100%;2017年成交23宗,累计建面约86.8万平方米,同比增加56%,自持比例达33%。

四 发展租赁型职工集体宿舍,为城市运行和服务保障行业人员提供住房保障

2018年5月23日,北京市住房和城乡建设委员会、北京市公安局、北京市规划和国土资源管理委员会联合发布《关于发展租赁型职工集体宿舍的意见(试行)》(征求意见稿)[①] 和《租赁型职工集体宿舍建筑消防安全导则(试行)》[②]。同年6月15日,北京市住建委正式发布《关于发展租赁型职工集体宿舍的意见(试行)》。[③]

北京市是国内首个单独明确提出集体宿舍标准的城市,其中内容大多数引用了《〈宿舍建筑设计规范〉(JGJ36-2016)》,比如"人均使用面积不得低于4平方米,每间宿舍居住人数不得超过8人"以及"单元式集体宿舍公共走道净宽度不应小于1.40m;其他宿舍走道净宽度,当单面布置居住房间时不应小于1.60m,当双面布置居住房间时不应小于2.20m"等。[④] 这些细则具有很强的示范作用,但也存在一些执行上的难度。比如对于公共走

---

① 《关于发展租赁型职工集体宿舍的意见(试行)》(征求意见稿),北京市住房和城乡建设委员会,2018年5月23日,http://www.bjjs.gov.cn/bjjs/xxgk/xwfb/515893/index.shtml。
② 《关于发展租赁型职工集体宿舍的意见(试行)》,北京市住房和城乡建设委员会、北京市公安局、北京市规划和国土资源管理委员会,京建法〔2018〕11号,2018年6月15日,http://www.bjjs.gov.cn/bjjs/xxgk/gfxwj/fwgl-fdcjy-tzgg/519149/index.shtml。
③ 《关于发展租赁型职工集体宿舍的意见(试行)》,北京市住房和城乡建设委员会,2018年6月15日,http://www.mohurd.gov.cn/dfxx/201806/t20180619_236452.html。
④ 《宿舍建筑设计规范》,中华人民共和国住房和城乡建设部公告第1392号,2017年6月1日,http://www.zzguifan.com/webarbs/book/406/2897264.shtml。

道的要求，一方面是存量宿舍很多难以达到该标准，另一方面是该标准高于酒店行业，使得酒店物业改造为宿舍的难度加大。

北京市的住房租赁发展迅猛且较为成熟，是最早在城市规划中明确住房租赁目标与规划的城市，通过目标来引领制度转型、政策改革。在供给上，通过集体用地建设租赁用房、加强自持租赁用房建设、推进租赁型职工集体宿舍建设等，充分体现了"多主体供给，多渠道保障"。未来，随着大量新建租赁用房的出现，将为缓解北京住房供需矛盾、提供品质租赁，起到重要作用。

参考文献

［1］《2018 京津冀城市群租赁报告》，58 安居客房产研究院，2018 年 10 月 10 日，http：//house.china.com.cn/newscenter/view/1535911.htm。

［2］《北京租赁住房用地分布在哪儿》，中国指数研究院，2018 年 2 月 8 日，http：//fdc.fang.com/news/2018 – 02 – 08/27768445.htm。

B.17
上海住房租赁发展回顾与经验总结

穆 林 郭德荣[*]

摘 要： 上海是中国人口最大的城市，也是最早出台租赁管理办法的地区，其示范作用显著。同时，在集体用地使用、群租房管理等方面，也为行业品牌提供了很好的借鉴。目前，上海租赁住房户型仍以中小套型为主，1室户、2室户是租赁成交最热门的户型；单位标准租金达到64.2元/平方米·月，其中内环内租金为101元，而郊环外的租金只有26元；另外，统计显示，品牌公寓要比一般公寓租金高20%~30%。

关键词： 租赁地块 租赁人口 房屋租赁

一 上海住房租赁市场基本情况

上海是国内住房租赁需求最为旺盛的地区，根据2015年人口抽样调查数据，租赁占比为34.8%，租赁人口位列全国第一。

（一）上海市住房租赁市场交易状况

在交易数据方面，上海市住房租赁市场成交呈现增长势头，租赁市场供求总体平衡。通过对2018年上半年成交租赁住房样本约15万套，

---

[*] 穆林，青岛酒店管理学院酒店信息化研究中心主任，研究方向为住宿业管理、住宿业信息化；郭德荣，迈点网主编兼迈点研究院研究总监，研究方向为商业空间品牌及运营。

900万平方米左右进行分析,第二季度成交套数环比上涨20%,成交面积上涨24%。① 主要是受到第二季度大学毕业季的因素影响,总体租赁成交呈现上涨趋势,增长明显。从监测的租赁住房成交区域结构看,租赁住房成交仍主要集中在市中心城区,其中浦东新区租赁成交量占比最高,达到全市租赁成交量的37%;其次是徐汇、闵行等租赁活跃的区域,占比均在10%~20%。从监测到的房型看,租赁住房户型仍以中小套型为主,1室户、2室户是2018年上半年租赁成交最热门户型(见图1)。

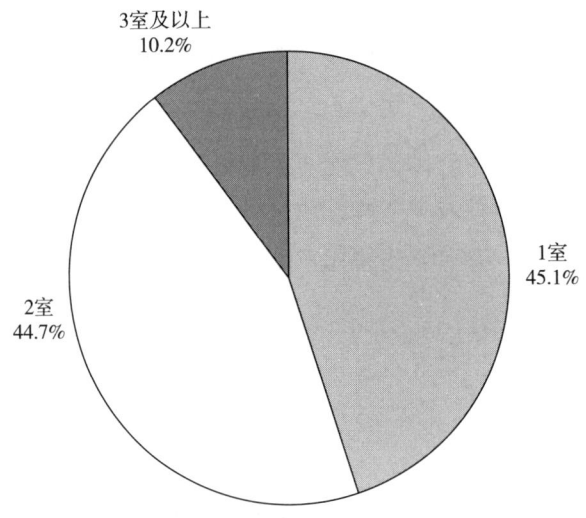

图1 上海租赁住房户型分布情况

资料来源:前瞻产业研究院。

(二)上海市住房租赁价格状况

2018年上半年住房租赁价格总体呈现上涨趋势,累计上涨2.7%。连续两个季度租金指数呈现上涨趋势,指数达到1006,超过基准期租赁价格指数6

---

① 《2018~2023年中国住宅产业化发展模式与投资战略规划分析报告》,前瞻产业研究院,2018年9月7日,https://www.qianzhan.com/analyst/detail/220/180906-2a93207a.html。

个点，其中第一季度租赁指数为996，环比上涨1.7%；第二季度为1006，环比上涨1.0%。2018年上半年租赁市场在经历第一季度的上涨调整后，受季节性因素影响，第2季度住房租赁价格延续了第一季度的上涨趋势（见图2）。①

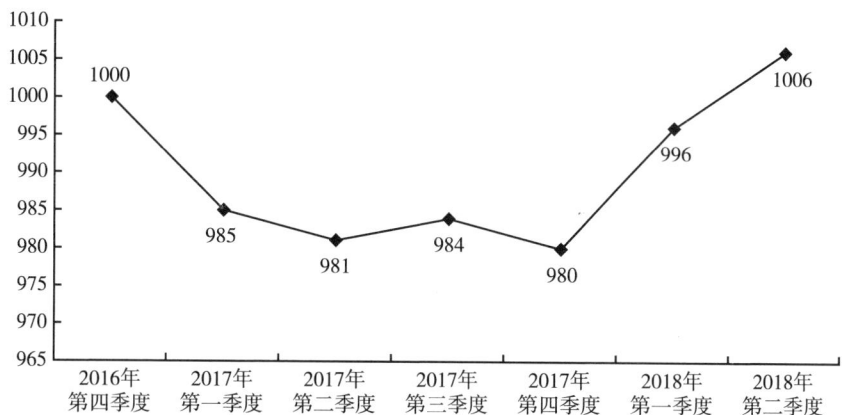

图2　上海市住房租赁价格指数（2016年第四季度至2018年第二季度）

资料来源：上海市房地产经纪协会。

区域特征上，除远郊区崇明、金山和嘉定区出现租金价格指数环比下跌外，其余区域价格指数全部环比上涨。中心区域（如徐汇区、长宁区、黄浦区、静安区、闵行区等）价格指数涨幅较大，远郊区域（如浦东新区、宝山区、奉贤区、松江区等）涨幅较小，呈现涨幅从中心区域向外围区域缩小的态势。

2018年上半年全市平均单位标准租金为64.2元/平方米·月，较2017年全年平均单位租金62.5元/平方米·月，上涨2.7%。单位标准租金价格从内向外也呈现同样的递减规律：内环内租金为101元，而郊环外的租金只有26元。

2018年上半年上海全市住房租售比平均为1.44%。租售比由内向外呈现U形态势。内环内的租售比最高为1.53%，外郊环的租售比最低为1.38%。

---

① 上海市房地产经纪行业协会、上海中估联信息科技有限公司、上海师范大学房地产研究中心：《2018年上半年上海市住房租赁市场发展报告》，2018年7月17日，http：//sh.qq.com/a/20180722/012867.htm。

从所有住宅小区的住房租售比看,中心城区租售比较高,其中内环内区域租售比最高,外环线外一些中心城镇的核心区域租售比也比较高,比如松江南部、漕泾、奉城、金山中部、青浦北部等板块。

2018年上半年一般活跃度以上的租赁小区占比为31.1%。内环内活跃小区占比最高达到39.1%,其次是内中环活跃小区占比为38.4%,外郊环、中外环次之,最低是郊环外。外环附近交通便捷和生活配套成熟的板块成为热门租赁板块。①

(三)品牌企业受到市场认可

市场上"长租公寓"发展迅猛。代理经租的住房,通过增加配套增值服务,提升居住品质,仍可以产生明显的租金溢价,多数区域的租金水平比上一年平均值都有所提高。如2018年上半年一居室租金均价为3700元/月,一般可以高于普通社会租赁住房20%~30%(见图3)。说明品牌长租公寓企业受到市场和客户的认可。

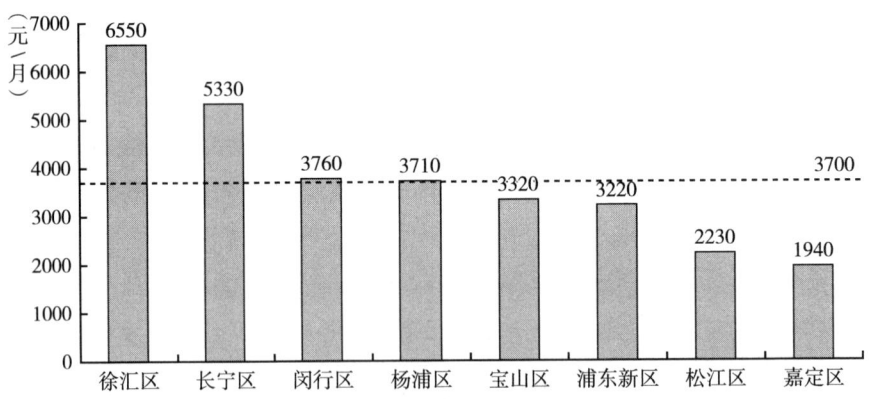

图3　上海市集中式代理经租模式下一居室租金均价(2018年上半年)

资料来源:上海市房地产经纪协会。

---

① 上海市房地产经纪行业协会、上海中估联信息科技有限公司、上海师范大学房地产研究中心:《2018年上半年上海市住房租赁市场发展报告》,2018年7月17日,http://sh.qq.com/a/20180722/012867.htm。

二 上海也是全国最早出台租赁管理办法的地区，示范作用强

1999年12月27日，上海市第十一届人民代表大会常务委员会第十五次会议通过《上海市房屋租赁条例》①。2004年8月发布《上海市居住房屋租赁管理实施办法》，对人均居住面积提出明确要求：租赁居住房屋，承租的人均建筑面积不得低于10平方米，或者人均使用面积不低于7平方米；其中，向单位出租用作集体宿舍的，承租的人均建筑面积不得低于6平方米，或者人均使用面积不低于4平方米。②

2011年7月7日，上海市人民政府令第68号公布《上海市居住房屋租赁管理办法》，2014年5月4日进行修订。③ 其中，人均居住面积的要求成为各地办法的参考：（最低人均承租面积和居住人数限制）出租居住房屋，每个房间的居住人数不得超过2人（有法定赡养、抚养、扶养义务关系的除外），且居住使用人的人均居住面积不得低于5平方米。

2017年7月，上海市发布的《上海市住房发展"十三五"规划》显示，"十三五"（2016~2020年）期间，上海市将新增住房供应170万套，比"十二五"增加60%左右。④ 新增的170万套住房中，租赁住房约为70

---

① 《上海市房屋租赁条例》，上海市人民代表大会常务委员会公告第23号，1999年12月27日，https：//baike.baidu.com/item/%E4%B8%8A%E6%B5%B7%E5%B8%82%E6%88%BF%E5%B1%8B%E7%A7%9F%E8%B5%81%E6%9D%A1%E4%BE%8B/7943525。
② 《上海市人民政府关于发布〈上海市居住房屋租赁管理实施办法〉的通知》，沪府发〔2004〕29号，2004年9月13日，http：//www.shanghai.gov.cn/nw2/nw2314/nw2319/nw10800/nw11407/nw12940/u26aw2139.html。
③ 《上海市人民政府关于修改〈上海市居住房屋租赁管理办法〉的决定》，上海市人民政府令第15号，2014年5月4日，http：//www.shanghai.gov.cn/nw2/nw2314/nw2319/nw2407/nw32093/u26aw38946.html。
④ 《上海市人民政府关于印发〈上海市住房发展"十三五"规划〉的通知》，沪府发〔2017〕46号，2017年7月7日，http：//www.shanghai.gov.cn/nw2/nw2314/nw2319/nw12344/u26aw53000.html。

万套。

上海新增租赁供应,租赁专用地是供给的主要形式。2017年7月24日,上海第一块纯租赁用地"浦东新区张江南区配套生活基地A3－06地块"被上海张江(集团)有限公司竞得。截至2018年10月,上海共成功拍卖40块纯租赁地块,约占全国纯租赁土地的50%,总面积达965783.6平方米,规划建筑面积超过250万平方米(见表1)。

表1 上海纯租赁地块出让信息

竞得公司	地块名称	面积(平方米)	竞得价(万元)	竞得日期
上海地产(集团)有限公司	浦东新区北蔡社区Z000501单元03－02地块	53108	89593	2017/9/13
	浦东新区北蔡社区Z000501单元03－03地块			2017/9/13
	长宁区古北社区W040502单元E1－10地块	9316.4	35669	2017/9/13
	徐汇区漕河泾社区196a－08地块	7745	9014	2017/9/13
	浦东新区世博会地块政务办公社区控详15－01地块	49165.2	113838	2017/10/31
	长宁区古北社区W040502单元E1－06地块	38131.7	112941	2017/10/31
	浦东新区上钢社区Z000101单元10－2地块	27111.1	54030	2017/10/31
	浦东新区上钢社区Z000101单元11－3地块	38223.2	76186	2017/10/31
	虹桥商务区C1MH－0001单元Ⅲ－T01－A02－02地块	10370.2	12824	2017/10/31
	黄浦区南浦社区S010601单元F01－01地块	20038.1	48949	2017/12/12
	嘉定区嘉定工业区南门社区53－01地块	16531.7	17193	2018/9/11
上海张江(集团)有限公司	浦东新区张江南区配套生活基地A3－06地块	65007.6	72392	2017/7/24
	浦东新区孙桥社区单元(部分)08－01地块(张江南区配套生活基地A5－01地块)	29662.4	21361	2017/11/2
	浦东新区孙桥社区单元(部分)10－01地块(张江南区配套生活基地A7－01地块)	26623.2	19172	2017/11/2
	浦东新区孙桥社区单元(部分)09－05地块(张江南区配套生活基地A6－05地块)	28496.4	31347	2017/11/2

续表

竞得公司	地块名称	面积（平方米）	竞得价（万元）	竞得日期
上海市莘庄工业区经济技术发展有限公司	闵行区莘庄工业区MHPO-0501单元32A-05A-a地块	34088.8	39750	2017/12/12
	闵行区莘庄工业区MHC10501单元34A-01A-c地块	13386.2	16067	2017/12/12
	闵行区莘庄工业区MHPO-0501单元34AA-01A地块	27356.8	33743	2017/12/12
上海浦东开发（集团）有限公司	浦东新区16号线周浦站周边地区10-01地块	32703.3	25401	2017/12/12
	浦东新区16号线周浦站周边地区控制性详细规划10-05地块	38735.2	30051	2017/12/12
上海中建东孚投资发展有限公司	松江区中山街道SJC10032单元10-07号地块	62693.6	40060	2018/3/21
上海市北高新集团不动产经营管理有限公司	静安区市北高新技术服务业园区N070501单元22-01地块	25838.1	61743	2018/1/16
	静安区市北高新技术服务业园区N070501单元15-02地块	19456.6	46866	2018/1/16
	静安区市北高新技术服务业园区N070501单元02-16A地块	7768.6	16281	2018/1/16
上海城投置地（集体）有限公司	杨浦区新江湾社区N091104单元A3-05地块（新江湾城街道原D4）	33806.1	67615	2018/5/31
	杨浦区新江湾社区E2-02B地块（新江湾城街道439街坊）	19084.9	35508	2018/8/14
上海陆家嘴（集团）有限公司	浦东新区黄浦江南延伸段前滩地区Z000801编制单元41-01地块	42266	69342	2017/11/2
	浦东新区黄浦江南延伸段前滩地区Z000801编制单元42-01地块			
	浦东新区黄浦江南延伸段前滩地区Z000801编制单元47-01地块			
	浦东新区黄浦江南延伸段前滩地区Z000801编制单元53-01地块			
上海长兴岛置业有限公司	崇明区长兴镇C9CM-0901单元（局部调整）12-04地块	30621.2	9297	2018/1/3
上海嘉定新城发展有限公司	嘉定区嘉定新城E17-1地块	28513.4	42417	2017/7/24

续表

竞得公司	地块名称	面积（平方米）	竞得价（万元）	竞得日期
有巢科技投资（深圳）有限公司	松江区工业区 SZC10024 单元 09-11 号地块	28224.3	18250	2018/8/23
深圳市中集产城投资发展有限公司	宝山区罗店镇美罗家园大型居住社区 02 单元 0218-02 地块	25007.7	28446	2018/1/3
上海盛青房地产发展有限公司	青浦区盈浦街道漕盈路东侧 07-05 地块	22426.7	16047	2018/1/3
上海新松江置业（集体）有限公司	松江区工业区 SZC10024 单元 09-10 号地块	22346.3	14440	2018/1/16
上海卫百辛（集体）有限公司	杨浦区平凉社区 03F3-02 地块（平凉街道 44 街坊）	5867.1	9331	2018/1/16
	杨浦区定海社区 H3-6 地块（定海街道 153 街坊）	9502.7	17107	2018/7/12
	杨浦区江浦社区 02-03 地块（江浦街道 77 街坊北）	3489	7800	2018/7/12
上海任徐置业有限公司	徐汇区康健新村街道 N5-03 地块	13070.8	30200	2018/3/21

资料来源：迈点研究院整理。

二 集体用地建设租赁用房作为补充，实现路径通过拍卖经营权实现

早在2010年，上海就已探索在集体建设用地上建设租赁住房。闵行区七宝镇联明村进行首批试点，建设了试点项目"联明雅苑"。在建设模式上，400余套房源由村民集资8000余万元建设，并由村集体下属企业统一运营，每户村民年底分红2万~3万元，年租金回报率达到15%，集体土地的利用效率和土地价值得到明显提高。

2018年10月22日,上海首个公开出让、用于建设租赁住房的农村集体建设用地,其使用权被有巢科技投资(深圳)有限公司(以下简称"有巢")以1.25亿元底价竞得。"有巢"为央企华润置地旗下公司,该土地采取70年经营权出让的形式,土地面积2.1万平方米,计容建筑面积约4.03万平方米,需建设租赁住房套数下限为825套。

上海住房租赁产业同样发展迅猛,除了传统商改住、工改住等模式之外,主要采取"推出租赁专用住房,本地国企和央企作为主体"的模式。与此同时,集体用地也作为有益的补充,成为上海未来租赁用房供给的主体。

参考文献

[1]《2018-2023年中国住宅产业化发展模式与投资战略规划分析报告》,前瞻产业研究院,2018年9月7日,https://www.qianzhan.com/analyst/detail/220/180906-2a93207a.html。

[2]《2018年上半年上海市住房租赁市场发展报告》,上海市房地产经纪行业协会、上海中估联信息科技有限公司、上海师范大学房地产研究中心,2018年7月17日,http://sh.qq.com/a/20180722/012867.htm。

B.18
广州住房租赁发展回顾与经验总结

穆 林 郭德荣*

摘 要： 广州住房租赁市场较为成熟，政策落地最为迅速，产协融合模式创新，为全国其他地区提供了多个参考样本。目前，广州租赁人口占比接近40%，住宅租金为53.01元/平方米·月，其中中心城区55.28元，外围郊区34.26元，差距并不明显。未来，广州租客也将由中心向外围扩展，低成本的合租产品会更受欢迎。尤其是以YOU+国际青年社区等为代表的新型公寓品牌，不仅提供了更多房源，也让产品更加丰富和多样化，提供了更多租住美好生活的选择。

关键词： 城中村改造 租购同权 住房租赁

一 广州市住房租赁基本情况

（一）广州市住房租赁数量及规模

根据2017年3月3日发布的《广州市人口发展和基本公共服务体系建设第十三个五年规划（2016～2020年）》，[①]"十三五"时期，到2020年，

---

* 穆林，青岛酒店管理学院酒店信息化研究中心主任，研究方向为住宿业管理、住宿业信息化；郭德荣，迈点网主编兼迈点研究院研究总监，研究方向为商业空间品牌及运营。
① 《广州市人民政府办公厅关于印发〈广州市人口发展和基本公共服务体系建设第十三个五年规划（2016～2020年）〉的通知》，穗府办〔2017〕7号，2017年2月16日，http://zwgk.gd.gov.cn/007482532/201703/t20170324_697546.html。

广州全市常住人口数量预计将会增长至1550万人,根据2015年人口抽样调查,其中租赁占比约为39.3%。2016年,广州市二手住宅租赁套均面积为73.61平方米,同比增加0.65平方米。

(二)广州市住房租赁价格情况

根据2018年6月数据,全市监测点住宅租金为53.01元/平方米·月,环比上涨幅度为0.61%,同比上涨幅度为1.02%。[1] 其中,中心城区监测点与外围区域监测点租金分别为55.28元/平方米·月及34.26元/平方米·月。随着毕业季的到来,毕业生的租赁需求带动了租赁市场成交,部分较受毕业生群体青睐的板块成交量提升明显(见表1、表2、图1)。

表1 2018年6月全市监测点住宅租金价格

单位:元/平方米·月

区域	监测点租金(元/平方米·月)	环比(%)
广州全市	53.01	0.61
中心城区	55.28	0.66
外围区域	34.26	-0.14

注:中心城区指的是:荔湾区、越秀区、海珠区、天河区、白云区、黄埔区(含原萝岗区);外围区域指的是:番禺区、花都区、南沙区、增城区、从化区。
资料来源:房博士。

表2 2018年6月全市监测点(电梯楼、楼梯楼)住宅租金价格

单位:元/平方米·月

行政区	电梯楼	环比(%)	楼梯楼	环比(%)
全市	61.51	1.17	44.50	-0.16
中心城区	64.53	1.15	46.03	-0.02
外围区域	36.63	1.43	31.89	1.89
荔湾区	58.65	-2.68	44.22	2.13
越秀区	73.69	2.38	56.19	3.56
海珠区	6.13	2.37	48.42	0.79
天河区	79.72	1.48	47.65	-2.88

---

[1] 《2018年6月广州市住宅租金动态监测报告》,房博士,2018年7月24日,http://gz.fangdr.com/newsdetail?id=37331。

续表

行政区	电梯楼	环比(%)	楼梯楼	环比(%)
白云区	45.39	0.10	36.45	-1.09
黄浦区	42.54	-1.09	30.71	1.73
花都区	24.54	0.51	20.54	-0.58
南沙区	14.43	-0.62	11.03	-0.27
增城区	24.00	-0.35	23.16	3.72
从化区	11.46	-1.04	10.74	-1.10

资料来源：房博士。

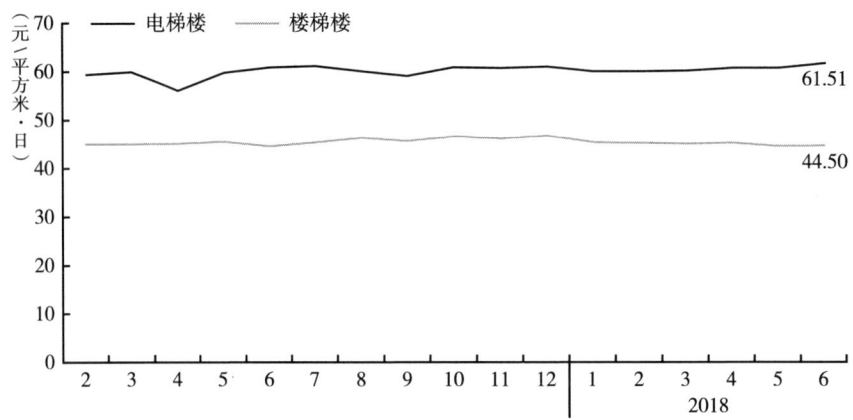

图1　2018年6月全市监测点住宅租金走势

资料来源：房博士。

（三）广州市住房租赁成交量分析

中心城区监测点租赁成交占比方面，天河区与海珠区监测点租赁成交占比自2018年5月双双下跌后，6月实现止跌回升，环比分别增长1.2%与1%。据前线经理人介绍，在过去的一个月中，车陂—东圃、客村—赤岗等板块因通勤时间较短、更具租金性价比等优势吸引了众多毕业生前来寻租，部分热门板块租赁成交量环比上涨幅度高达三成左右。广州各区租赁占比情况见图2。

在面积方面，60平方米以下的小户型租赁成交占比扩大7.1个百分点至57.3%，而60平方米以上的中大户型成交均出现了不同程度的下跌，其中60~90平方米的户型占比回落最为明显，降幅达到4.6个百分点。毕业生由于

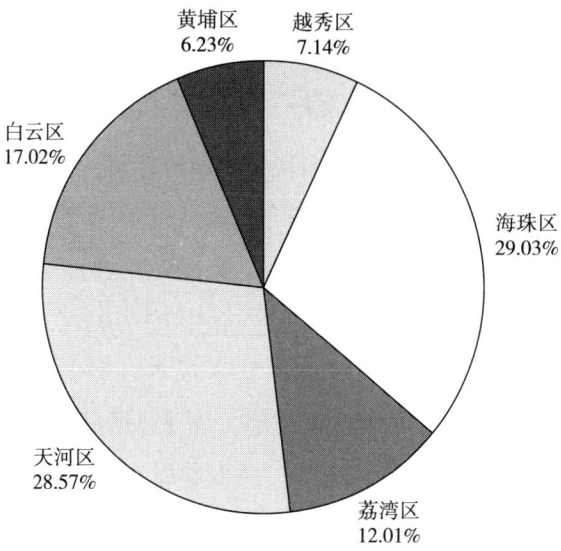

图 2　广州各区租赁占比情况

资料来源：房博士。

初入职场，房租承受能力比较有限，大多选择 20～30 平方米的单间或通过合租的形式承租两居室，导致 60 平方米以下户型成交占比明显增长（见图 3）。

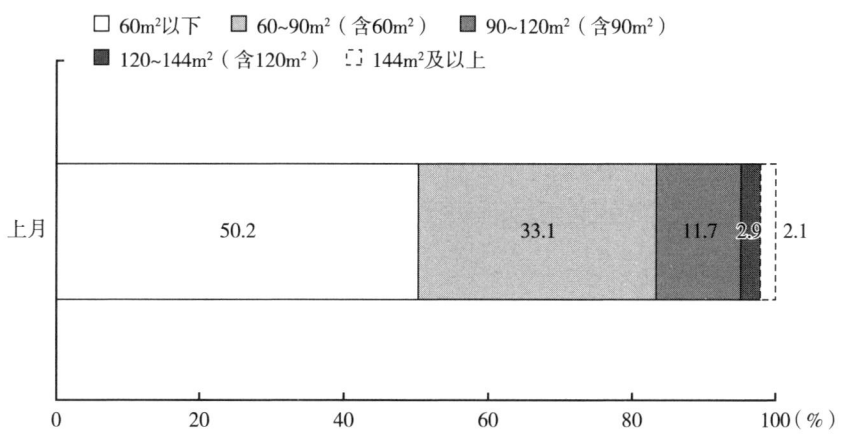

图 3　广州中心城区各户型租赁成交占比

资料来源：房博士。

（四）近年来广州住房租赁市场的变化

（1）租客的选择地段开始向外围区域侧重。价格因素仍然是应届毕业生租房的首要考虑因素，受公共交通快速发展的影响，外围区域的租赁房源性价比得以提升，"毕租族"的地段选择有向外围区域侧重之势，往年较为冷门的外围板块例如南洲、西塱、滘口、大沙头及黄村等区域的租赁市场2018年6月均同比明显上升。

（2）因成本稍低，合租愈受欢迎。出于成本与安全考虑，应届女性毕业生在选择房源时更倾向于合租小区住宅。统计数据显示，一房房源租金成本最高，分摊三房租金最实惠。例如，凭借着周边大学教育资源丰富优势，五山板块一直受到应届毕业生喜爱。目前该板块一房均价已达2000元/月左右，两房均价为3500～4000元/月，每人分摊的月租为1700～2000元，三房均价为4500～5000元，相比较而言分摊月租最低，仅为每月1500～1700元。

（3）房源选择更多样化。随着长租公寓的发展，市场房源的选择空间有所扩大。自广州市提出租购同权以来，冠寓、泊寓、世联红璞、乐乎、蛋壳及自如等多家大型长租公寓入驻广州，为应届毕业生提供了更多的租房选择。虽然与周边的楼盘相比，长租公寓的价格较高（比周边小区房价格高出20%～30%，比周边城中村住宅价格高出70%～80%），但凭借着时尚的装修风格、人性化的物业管理等优势，部分毕业生不惜在房租上"下血本"。①

二 广州住房租赁相关政策及其发展情况

在众多城市中，广州市在住房租赁多个环节中处于改革领先地位，各项文件和政策推出早，更具创新性和可行性，对广州市住房租赁产业发展的历程进行梳理，有助于总结发展经验。以下是其主要实践内容：

---

① 《2018年6月广州市住宅租金动态监测报告》，房博士，2018年7月24日，http：//gz.fangdr.com/newsdetail？id＝37331。

（1）2014年底，小米创始人雷军投资广州的YOU+国际青年社区，引发了社会、媒体和市场对长租公寓的关注。广州就此成为住房租赁市场发展的重要风向标，也是住建部、财政部考察住房租赁市场、倾听企业声音的根据地。

（2）2016年4月，国务院总理李克强考察YOU+青年创业社区，这也是总理考察的第一个国内长租公寓项目。

（3）2016年10月19日，广东省公寓管理协会在广州成立，是国内首个省级住房租赁行业协会。

（4）2017年7月10日，广州首个发布《广州市加快发展住房租赁市场工作方案》，[①] 具体创新点如下：

1）从思想上将住房租赁与城市发展、民生关切紧密关联，提出"加快发展住房租赁市场是落实中央经济工作会议精神的重要举措。各单位要高度重视现代租赁产业这一新的经济增长极的发展潜力，加快建设租购并举的住房体系，促进我市经济长久向好发展"。

2）明确组织领导，广州是首个建立住房租赁管理联席会议制度的城市。"建立市住房租赁管理联席会议制度。由分管副市长担任联席会议负责人，市教育局、国土规划委、住房城乡建设委、地税局、来穗人员服务管理局、广州住房公积金管理中心为成员单位，各成员单位有关负责同志为联席会议成员。联席会议办公室设在市住房城乡建设委，负责工作统筹协调、督促落实和信息沟通等日常工作。联席会议原则上每半年召开一次，可根据工作需求临时召集或邀请其他相关部门参加"。

3）国内首次提出"赋予符合条件的承租人子女享有就近入学等公共服务权益，保障租购同权"。

4）在扩大供给方面创新众多。首先制定了明确的目标和规划，将租赁住房用地供应纳入年度土地供应计划；其次，明确允许将商业用房等按规定

---

① 《广州市人民政府办公厅关于印发〈广州市加快发展住房租赁市场工作方案〉的通知》，穗府办〔2017〕29号，2017年7月10日，http://www.gz.gov.cn/gzgov/s2812/201707/3cec198881d44d33a80a145ff024a164.shtml。

改造成租赁住房；再次，明确了住房分隔的标准，N+1 被明确为"租赁住房应当以原设计的'卧室'、'起居室'为最小出租单位，不得按床位出租"；最后，明确允许"城中村"租赁，提出发展城中村现代租赁服务业，鼓励村集体、经济联社租赁经营"城中村"住房，将符合安全、消防、卫生等条件的住房统一出租，规范管理。鼓励并扶持住房租赁企业、物业服务企业参与老旧社区、"城中村"和厂区租赁住房微改造，实施专业化运行管理。

5）明确了协调机制和协调部门，充分发挥行业协会作用。指导租赁企业成立广州市房地产租赁协会，引导社会力量参与房屋租赁日常管理。

6）成立运作主体。成立广州住房租赁发展投资有限公司，负责统筹全市政策性住房（含公共租赁住房、棚户区改造、人才安居住房、直管公房等）的投资、融资、建设和运营管理，将政策性住房纳入市场化、专业化、社会化供应和管理。

（5）2017年10月19日，广州市房地产租赁协会在广州成立，成为国内最早的市级住房租赁行业协会。

（6）2017年10月19日，获得建设银行广东省分行支持，开创产协融合作新模式。

（7）2017年10月30日，广州市发布《广州市房屋租赁合同网上备案规则》[1]、《关于广州市住房租赁标准有关问题的通知》[2] 和《广州市住房租赁合同》[3]，进一步规范房屋租赁行业。其中《关于广州市住房租赁标准有关问题的通知》中在国内首次提出"宿舍式公寓"的说法，明确了城市企业宿舍的相关要求："居民小区住宅套房不得改为宿舍。单位宿舍或住房租赁

---

[1] 《广州市住房和城乡建设委员会关于修订〈广州市房屋租赁合同网上备案规则〉的通知》，2017年10月29日，http://www.gz.gov.cn/gzccjg/tzgg/201710/85575429d35a4beab2c9eedac75216fd.shtml。

[2] 广州市住房和城乡建设委员会、广州市公安局、广州市来穗人员服务管理局：《关于广州市住房租赁标准有关问题的通知》，2017年10月30日，http://www.gz.gov.cn/gzgov/gsgg/201710/ac602898bbea4cffbf7b22d583ac7323.shtml。

[3] 《广州市住房和城乡建设委员会、广州市工商行政管理局关于推行使用〈广州市住房租赁合同〉（示范文本）的通知》，2017年10月26日，http://www.gz.gov.cn/gzgov/gsgg/201710/bc011f2af3ea4b3892c10fee36ddf6af.shtml。

企业经营的宿舍型公寓和集中式公寓，应当符合宿舍建筑设计规范的相关标准和要求。宿舍各类居室的人均使用面积不得小于宿舍建筑设计规范的相关规定。"首次将城市中的员工宿舍纳入管理范围，并且该办法依托国家相关标准《宿舍建筑设计规范》（JGJ 36 - 2016），其本质是"商改宿舍"。[1] 作为行业内的重大实践创新，其为城市服务业大发展带来的员工居住问题提供了可行的解决方案。

（8）在2017年10月30日发布的《关于广州市住房租赁标准有关问题的通知》中，以附件形式引用国家相关标准，明确了租赁住房在水电、消防、装饰等方面的要求，尽管其中的条文、要求、规范大都引用自国家标准和行业标准、地方规范、细则等，但将多个文件、标准合并发布，极大地提高了文件可执行性。这一文件是地方主管机构首次明确提出租赁住房的相关要求，有利于企业遵照执行，对于增加租赁住房作用明显。

（9）2018年1月，国土资源部（现自然资源部）批复11个利用集体建设用地建设租赁住房试点实施方案，在11个城市试点方案中，广州提出总量控制，至2020年，全市计划利用集体建设用地建设租赁住房建筑面积300万平方米，每年批准建筑面积按100万平方米控制，目标为所有试点城市最高。试点方案字数为10948字，为11个试点城市最多。方案中附《广州市利用集体建设用地建设租赁住房试点项目审批程序》，是唯一附审批程序的城市，将集体建设用地建设租赁住房实施分类管理，分为节余存量宅基地、旧村改造中保留集体用地性质的用地、经审批的村经济发展用地（含留用地）、经审批的集体土地性质住宅用地、依法流转后的集体建设用地五种类型，实施分类管理，这极大地提高了广州方案的可行性，提高了政策执行的速度和力度。[2] 2018年9月1日，广州市国规委发布对番禺谢村、花都

---

[1] 住房和城乡建设部：《宿舍建筑设计规范》，中华人民共和国住房和城乡建设部公告第1392号，2017年6月1日，http://www.zzguifan.com/webarbs/book/406/2897264.shtml。

[2] 《广东省国土资源厅、住房建设厅关于转发〈利用集体建设用地建设租赁住房试点方案〉的通知》，2017年9月13日，http://www.gdlr.gov.cn/gdsgtzyt/_132477/_132501/_134112/1866780/index.html。

狮岭镇旗新村、白云钟落潭镇长腰岭村三个村庄村集体建设用地规划调整的征询意见公示。同年9月10日《集体用地建设租赁住房试点项目控制性详细规划》获得通过，分别是花都区狮岭镇旗新村地块、番禺区钟村街谢村地块、白云区钟落潭长腰岭村地块和花都区花山镇小布村地块，4个项目建设条件成熟，可以开始建设。

对广州市推进住房租赁的举措、方法进行总结，可以得到一些重要经验和做法。

（1）理念基础。作为中国城市改革开放的重要策源地，政府、企业、民众的创新意识、改革意识较强，对新事物、新思想具备较强的承受力。

（2）思想保障。各部门对住房租赁关注多、重视早，服务意识突出。将住房租赁作为城市发展、民生改善的重要领域，提出"加快发展住房租赁市场是落实中央经济工作会议精神的重要举措。各单位要高度重视现代租赁产业这一新的经济增长极的发展潜力，加快建设租购并举的住房体系，促进我市经济长久向好发展"。

（3）组织保障。一开始就认识到住房租赁政策的关联性，建立了市住房租赁管理联席会议制度。由分管副市长担任联席会议负责人，由相关单位为成员单位，各成员单位有关负责同志为联席会议成员。联席会议办公室设在市住房城乡建设委，负责工作统筹协调、督促落实和信息沟通等日常工作。联席会议原则上每半年召开一次，可根据工作需求临时召集或邀请其他相关部门参加。

（4）经济发展。广州经济稳步发展，外来人口众多、住房租赁涉及面广、需求较大，为扶持行业奠定了物质基础。

（5）协会推动。广州最早成立了行业协会，发挥了政府—企业—市场的纽带作用，有助于政策的制定和落实。

（6）企业聚合。广州住房租赁企业发展早，更具开拓和创新意识。同时，广州也是众多房地产企业的总部所在地，更容易形成聚合效应。

广州正处于国内住房租赁制度建设、行业促进、市场发展的领先地位，政府—协会—企业联动效果明显。随着政策的逐步落地实施、政府资源的逐步释放、社会资源的深度参与,广州住房租赁产业的优势将逐步显现,"住房租赁改革看广州"的态势有可能在未来2~3年内显现。

总体上来看,党中央、国务院已经明确了住房租赁产业的基本定位、重要任务、发展方向、主要分工、主要手段以及最终目标。自2015年起,中央持续推出政策,推进住房租赁和长租公寓产业发展,极大地促进了政府关注、政策支持和企业进入,为住房租赁的发展指明了方向并做出了部署,各部委、各地正在逐步落实、加紧推进。从2017年起政策进入各城市落地周期,中央文件、政策将陆续在各地出台细则、落地实施,尤其是12个租赁试点城市和13个集体建设用地建设租赁住房试点城市,随着试点成果逐步落地,各地政策体系将逐渐完善。

参考文献

[1]《2018年6月广州市住宅租金动态监测报告》,房博士,2018年7月24日,http://gz.fangdr.com/newsdetail?id=37331。

[2] 住房和城乡建设部《宿舍建筑设计规范》,中华人民共和国住房和城乡建设部公告第1392号,2017年6月1日,http://www.zzguifan.com/webarbs/book/406/2897264.shtml。

借鉴篇

Borrowing Ideas

B.19
日本市场及品牌经验借鉴

穆 林*

摘 要: 本文通过分析日本长租公寓市场的现状及住房租赁市场的特点,来详细阐述日本四种长租公寓的运营管理方式。其中,约有65.2%的业主将全部业务委托给托管机构进行管理,称为全部委托管理;另有25.5%的业主只将部分业务委托给托管机构进行管理,称为部分委托管理。这一模式在中国占比还较低。同时,本文从法律体系、服务水平和长租公寓的形式等方面,总结了日本住房租赁市场对中国的借鉴,关系到政策、市场、客群、经营企业等。

关键词: 长租公寓 都市再生机构(UR) 租金指数

---

* 穆林,青岛酒店管理学院酒店信息化研究中心主任,研究方向为住宿业管理、住宿业信息化。

一 日本长租公寓的占比及来源

1968年,日本的住宅总量达到2559万户,已经超过当时全国2492万户的家庭总数。这也就意味着房屋已经出现"剩余"。因此,自那时候起,租赁住房就开始兴起,以减少住宅的"空置期"。1973~2013年的四十年间,日本租赁住房的占比基本维持在35%~40%,处于较为稳定的局面(见图1)。

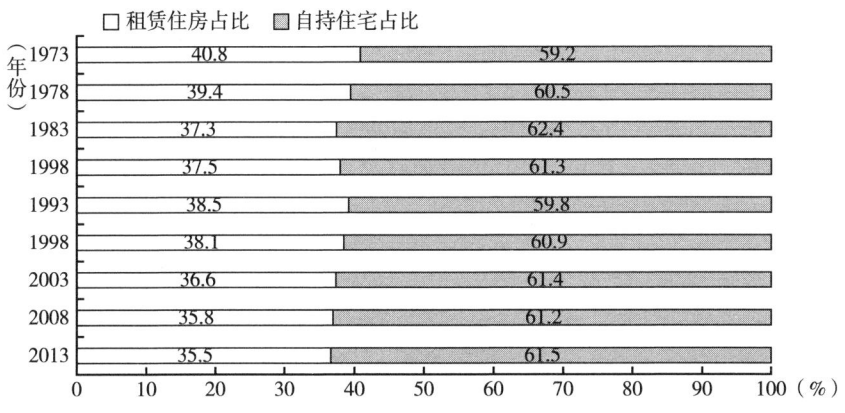

图1 租赁住房与自持住宅的占比

资料来源:日本总务省统计局:《住宅与土地统计调查》。

在总人口租赁占比基本维持不变的同时,年轻人住房租赁比例大幅上升,这一方面与住房价格大幅度上升、购买难度加大有关,另一方面也和消费观念有关。随着20世纪80年代日本六大城市区引领的全国地价和房价暴涨,各个年龄段的住房自有比率都出现了不同程度的下降。其中以30岁以下群体的下降趋势最为明显。相比1978年,在房价接近最高点的1988年,25岁以下青年群体中能够拥有住房的不到1978年的一半,而25~29岁群体中住房自有率也随着房价的上涨而下降了10个百分点,从27.9%下降到了17.9%。但同时,在这一房价暴涨时期,由于政府以住房自有为导向的各种政策支持,30~39岁青年群体中拥有住房的比例下降幅度并不大,尤其是35~39岁年龄段,住房自有率仅仅下降了1.4个百分点。另一个需要关注的趋势是：20世纪90年代初日本房地产泡沫破裂后，在迅速暴跌之后又长期处于下降趋势的房价并没有让日本年轻人更容易获得自有住房。相反，相比于日本全国平均的住房自有率并没有太大波动的情况，青年群体的住房自有率却呈现普遍、明显与持续的下降趋势。也就是说，相比房价上涨的20世纪80年代，在之后的房价持续下降时期，日本青年更难以负担购买自有房屋，并且这一难度还在进一步加大。截至2013年，经过25年的房价持续走低，相比房价接近最高点的1988年，不仅20~29岁群体更难以拥有住房，30~34岁以及35~39岁的群体住房自有比例也分别大幅降低了9.6个百分点和10.6个百分点（见图2）。①

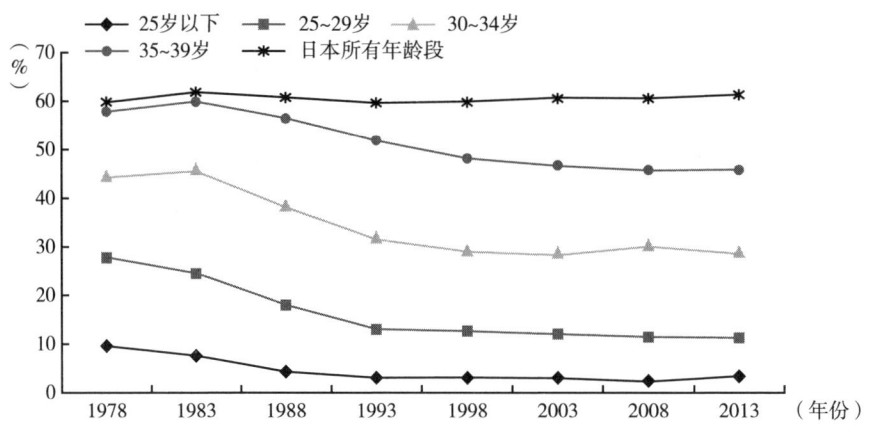

图2 日本各年龄段住房自有率变化趋势

资料来源：日本住房土地普查数据（1978~2013）。

在住房自有率持续下降的同时，日本青年居住私人租赁住房的比例更高，持续时间更长。在日本房价暴涨的20世纪80年代，青年群体的租房比例开始增加。然而，在之后房价崩溃并且持续走低时期（1990~2013年），各年龄段的青年租房比例呈现继续上升的趋势。截至2013年，在离开父母家的日本青年群体中，已经有接近4/5的25~29岁群体租住私人租赁住房。

---

① 聂晨、方伟：《当代日本青年住房现状及对中国的启示》，《青年探索》2017年第2期。

而在30~34岁群体和35~39岁群体中，租住私人租赁房屋的比例分别是61.2%和45.4%，私人租赁房屋已经成为日本青年离家后最主要的住房形式，而且租房比例的上涨说明了随着时间推移，各年龄段青年群体中居住在私人租赁房屋中的数量继续增加，青年群体已经越来越难"离开"私人租赁房屋的路径（见图3）。

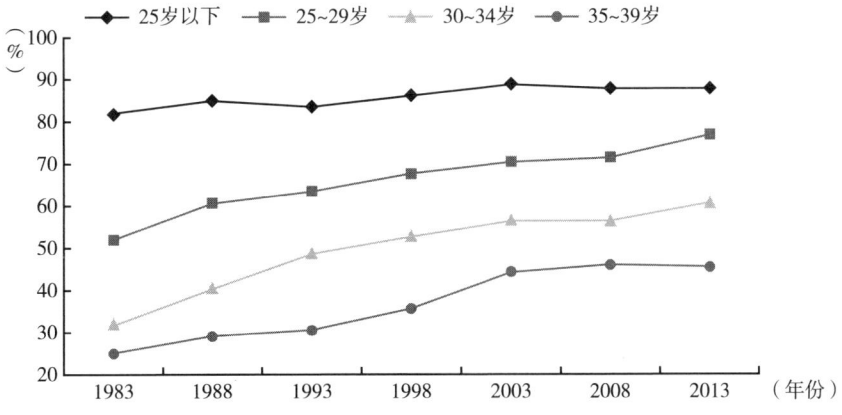

图3　日本青年各年龄段租住私人租赁房屋的比例变化

资料来源：日本住房土地普查数据（1978~2013）。

日本的租赁住房主要指的是"租赁专用住房"，即为了租赁而建造的住宅。市场上也存在部分自持住宅的出租，即"商品房租赁住宅"。但是，商品房租赁住宅在长租公寓市场中的占比非常小，基本可以忽略不计。这与我国当前的市场情况差异较大。

与此同时，日本租赁住房的主要持有者为私人，占比达到85%；只有15%的租赁住房为法人所有，法人所有的物业主要为高级长租公寓（在日本的定义是月租为30万日元以上的长租公寓）和REITs的长租公寓。

与国内不同的是，日本个人业主自行管理占比只有9.3%，90%以上的业主委托专门托管机构进行运营管理。其中约有65.2%的业主将全部业务委托给托管机构进行管理，称为全部委托管理；另有25.5%的业主只将部分业务委托给托管机构进行管理，称为部分委托管理。

二 日本住房租赁的分类

目前，日本租赁住房主要分为四类，分别是公营长租公寓、都市再生机构（UR）长租公寓、民营长租公寓以及工资公寓。其中，公营长租公寓类似于我国的廉租房，是地方政府为低收入者建造的出租公寓，其根据1951年日本发布的《公营住宅法》规定进行建设与运营；都市再生机构（UR）曾是以支援大城市和地方中心城市的开发建设、商品住宅和长租公寓的供给与管理为主要目的的专门机构，其前身为日本住宅公团；民营长租公寓分为木造和非木造两类，木造指的是木结构楼房，非木造指的是钢筋混凝土等结构楼房，近年来非木造民营长租公寓占比增加；工资公寓是指企业或机构用工资部分抵扣而提供的住宅，包括企业宿舍、公务员专用公寓、政府要员官邸等。[①]

其中，都市再生机构（UR）所持有的长租公寓总数达到737320套（2016年末数据统计），是日本最大的业主。但就整体供给来看，日本民营长租公寓才是最大的供给方，2013年占比达到78.7%，其中非木造占比过半（见图4）。

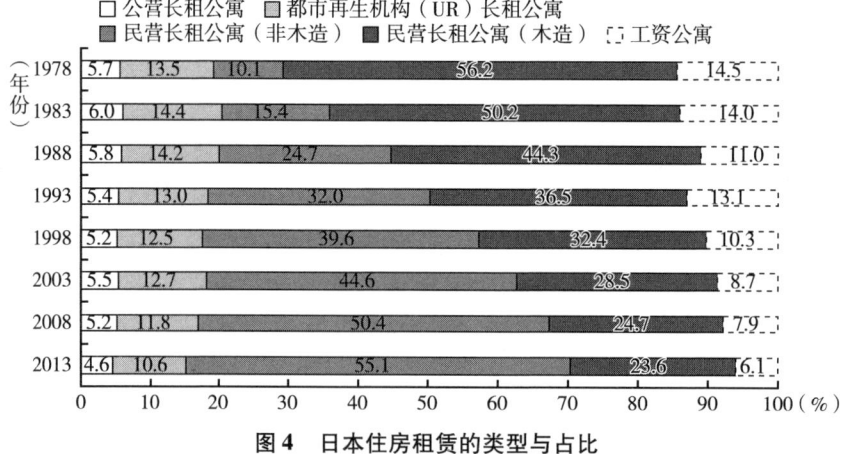

图4 日本住房租赁的类型与占比

资料来源：日本总务省统计局：《住宅与土地统计调查》。

---

① 曹云珍：《日本长租公寓市场的经验与借鉴》，《中国房地产估价与经纪》，2018年第2期。

三 日本租赁住房居住品质较高

从数量上来看，日本租赁住房总量均衡，住房套数与租赁家庭户数接近。日本租赁住房品质较高，1998年租赁人群人均住房1.35间、人均使用面积13.38平方米，2013年上升到1.48间、人均使用面积16.12平方米。近年来，为了体现室内宽敞度，客厅、餐厅、卧室设计为一体的单身小户型公寓开始在市场上流行，这也促使日本人均居住面积增加（见表1）。

表1 日本租客的平均居住水准

年份	总套数（套）	家庭总数（户）	总人数（人）	每套平均房间数（间）	每套平均面积（m²）	每人平均居住面积（m²）
1998	16730000	16824200	35476600	2.84	44.49	13.38
2003	17166000	17239600	34912500	2.85	46.30	14.49
2008	17770000	17833200	34109800	2.75	45.49	15.28
2013	18518900	18566100	33915400	2.67	45.95	16.12

数据整理：迈点研究院。

在日本，也存在2人及以上合租一套房子的现象，但总数并不多。2011年3.11地震之后，年轻人开始重视交流互动，促使共享公寓快速增长。但是，整租租客依然占绝大多数。①

四 日本租赁市场租金与GDP高度关联

根据1978~2013年日本全国、东京圈以及大阪圈的租金指数数据，日本租金指数与其GDP高度关联。在20世纪90年代以前，其租金涨幅明显，1978~1993年涨幅为65%~80%。1993~2008年，日本经济陷入停滞，同

---

① 聂晨、方伟：《当代日本青年住房现状及对中国的启示》，《青年探索》2017年第2期。

期租金价格也处于稳定状态。2012年前后，日本经济进入负增长阶段，同期全国租金价格也开始下跌（见表2）。

表2 1978~2013年日本全国、东京圈、大阪圈的租金指数

年份	全国		东京圈		大阪圈	
	木造	非木造	木造	非木造	木造	非木造
1978	54	89	86	126	49	85
1983	69	108	109	154	62	106
1988	78	121	127	171	71	119
1993	98	151	160	210	91	155
1998	103	151	161	198	100	161
2003	99	144	154	189	95	147
2008	99	147	152	198	92	145
2013	96	141	142	187	89	139

数据来源：迈点研究院整理。

五 日本租赁市场对我国的启示

（一）机构运营、全民持有是主要模式

尽管日本租赁住房主要采取机构运营的模式（占比90%以上），但个人依然是住房租赁供给的主体（85%）。要满足大城市快速增长的租赁需求，需要国家搭台、全民参与，由国家和地方政府提供税收、金融、政策等方面的优惠，鼓励"多主体供给"。日本对租赁住房业主提供税收优惠，应对遗产税（34.7%）和应对土地保有税（13.5%）是非常重要的原因。

（二）租金价格与GDP和国民收入关联系数高

日本租金价格与经济发展关联系数高，租金价格随经济变化而涨跌，与房价关联系数较低。1990~2008年，日本房价暴跌，其中东京房价下跌了

60%，但同期租金价格稳定。2008～2013年，日本房价稳定，但经济开始负增长，日本租金随之开始负增长（见图5）。

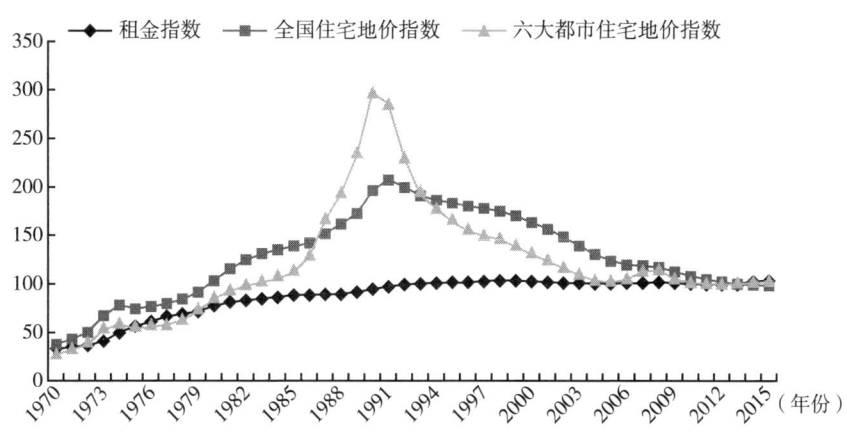

图5　日本租金与住宅地价指数

资料来源：日本总务省统计局、日本不动产研究所。

（三）住房租赁品质提升是大势所趋

近年来，随着我国经济的不断发展，人口流动性增强，住房租赁的缺口不断扩大。尽管我国住房租赁水平有很大提高，但总体供应品质还有待提升。在集中式公寓方面，以"开间"为主要供给类型；在分散式公寓方面，采取N+1模式的合租房是供给主体。这一方面是我国住房租赁发展时间短、起点低、优质物业稀缺导致，另一方面则是因为租金价格较高，租客难以承受。随着我国政府出台的一系列促进发展住房租赁的相关政策落地，尤其是针对住房租赁的土地供给，未来市场上以租赁为目的而设计、施工、运营的"租赁专用"物业将越来越多，租客的选项也将不再单一化，住房租赁市场会逐步进入品质化和多样化的时代。

（四）市场波动不会自动解决城市青年群体住房问题

日本的经验显示，住房价格的下跌并没有自动解决青年的住房问题。反

而，由于房地产市场与经济发展联系紧密，房价的下跌从供给和需求两个方面同时加剧了青年面临的自有住房的负担能力问题。因此，在见证了目前房价上涨对青年群体伤害的同时，也要注意到房价下跌也有可能对青年住房选择造成的负面影响。

目前，中国对于住房市场的重心是对于房价的调控，但日本的情况给我们的启示是：政策制定者不能期望于房价调控后出现的孤立的住房市场价格变化能够自动解决青年的住房问题，而应该考虑在市场价格调控之外拥有更多元化的政策工具和综合性的配套政策来解决这一问题。[1]

六 日本住房租赁企业典型案例——Leopalace21

（一）Leopalace21公司简介

Leopalace21公司成立于1973年，1989年于日本JASDAQ市场挂牌，2004年在东京证券交易所上市。公司早期以建造开发起家，并且随着日本房地产市场的变化，其业务模式先后经历了"新房销售"、"建造+租赁"以及"聚焦租赁"三个发展阶段。目前，公司已经发展成为日本最大的公寓运营商之一，主营业务为公寓建造以及公寓租赁，同时辅助发展酒店、度假村以及老人看护等其他业务。

截至2016年年末，公司运营的租赁房间数量达56.87万间，数量位列日本第二，仅次于大东建托，运营物业主要分布在日本的7大区域，其中东京区占比第一，占比29%。

公司经营的特点在于"建造+租赁"协同发展的商业模式（但在不同阶段，对业务模式侧重不同），其中，建造业务主要是房屋建设分包，在为土地所有者提供土地规划、房屋建造或重建服务的同时，也为租赁业务提供

---

[1] 日本总务省统计局：《住宅与土地统计调查》，日本不动产研究所，http://www.cnki.com.cn/Article/CJFDTotal-ZGMI201311004.htm。

租赁房源保障。

租赁业务则主要指房屋的转租，以一定的租金承租物业后，充当"二房东"角色，对物业进行租客招揽、租赁管理和房屋维护，并在转租过程中赚取租金价差。租赁业务的发展也为建造订单的获取提供了支撑（租赁业务实际上解决了业主房屋管理耗时耗力的痛点）。公司"建筑+租赁"两大业务，分别从房源（房东）以及客源（租客）两端出发，通过土地规划、公寓建造以及租赁管理等全流程的各类服务，最终形成了房屋全生命周期的业务闭环（见图6）。①

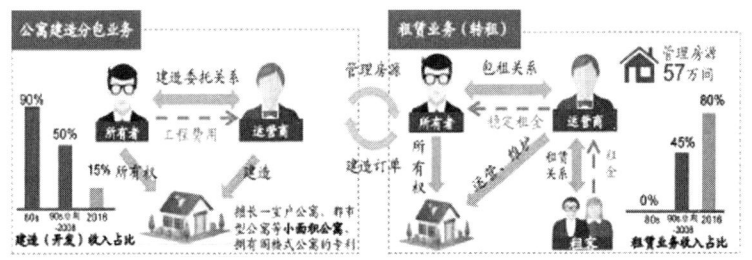

图6　Leopalace21 主要商业模式示意图

数据来源：迈点研究院整理。

2016年，公司总资产为3378.28亿日元，净资产为1588.70亿日元，公司营业收入为5204.88亿日元，其中租赁业务占比81%，建造业务占比14%，实现营业利润228.9亿日元，其中租赁业务实现营业利润224.6亿日元，建造业务实现营业利润50.5亿日元，2016年全年实现归属净利润204.01亿日元，按照2017年8月14日收盘价计算，公司总市值为2107.551亿日元。

（二）发展阶段

尽管Leopalace21作为当前日本最大的租赁公寓运营商之一，并且是

---

① 《2017年长租公寓专项研究白皮书》，睿信地产研究院，2017年12月1日，http://www.docin.com/p-2082172087.html。

包租模式的典型代表，但实际上其在成立之后，经历过多次战略转型，伴随着日本房地产市场的整体变化，其业务模式也几经变更，顺势而为。根据公司的战略方向与经营模式，以20世纪90年代初日本房地产泡沫破裂和2008年全球金融危机两次危机为划分界限，将公司的发展分为三大阶段。

第一阶段（1973年成立至20世纪90年代），以开发销售为主。

Leopalace21成立于1973年，1989年于日本JASDAQ市场挂牌，在其上市前后，即发展的第一阶段，适逢1985年"广场协议"签订后美元贬值，日元升值，大量国际资本进入日本的房地产业，加之日本央行采取宽松的货币政策并且鼓励资金流入房地产，日本房价呈现持续快速上涨。这种背景下，公司该阶段的业务重心为新房销售业务，1986~1990年，公司营业收入复合增长率接近30%，平均年经常性营业利润率稳定在10%以上，其中公寓销售收入平均占比超过80%。

第二阶段（20世纪90年代初至2008年），"以租引建"，建造与租赁协同发展。

20世纪90年代，日本房地产市场泡沫破灭，房价持续下跌。与此同时，尽管日本城镇化率趋向稳定，但人口在城市之间的结构性流动持续进行，流动人口持续向都市圈流入，并由此带动了旺盛的租赁需求。

而在租赁房源供给端，政府的土地税收支持政策也使得土地拥有者更加倾向于将土地用作租赁房屋的建设。在日本，土地或建筑物等房地产持有者将缴纳固定资产税。固定资产税是根据市区镇村发布的土地和建筑物的固定资产税评价额以及对象房地产利用状况来决定征税标准额，一般税率为1.4%。

除此之外，日本继承税针对租赁住宅也有一定的减免，继承税评估额可减免18%~24%。固定资产税和继承税的双重减免，加上租赁需求旺盛，客观上推动了土地所有者将土地用作租赁住宅的建设。

这种背景下，公司新房销售业务逐步收缩，而租赁业务以及与租赁相关的建造业务的规模开始扩大。其中尤其是在1993年，公司首创

"MasterLease"的租金保障模式，为土地或不动产所有者提供长达30年的从房屋建造到租赁管理的一揽子服务。该举措的推出，确立了公司"以租引建"，建造与租赁协同发展的商业模式。

具体来看，公司推出的"MasterLease"租金保障制度是指公司为土地所有者建造房屋后，双方签订可长达30年的租赁管理合约，在规定年限之内，无论房屋出租与否，Leopalace21都向房屋所有者支付一定的保障租金，并提供房屋的管理和运营。保障租金一定期限内保持固定，但在一定年限后根据市场情况进行重置，2010年之前，重置年限为10年，2010年之后重置年限改为2年。

"MasterLease"租金保障制度一方面为土地及房屋所有者提供了稳定的租金收入以及省心的托管服务，进而为建筑物业的扩张提供支撑。另一方面，大量的建筑业务订单也为公司的租赁业务提供了大量的租赁房源。"MasterLease"租金保障制度是公司建造业务和租赁业务协同的纽带。

需要指出的是，尽管该时期公司"建造＋租赁"处于协调发展阶段，但公司业务更加侧重于建造业务，主要是租赁需求旺盛加上租赁住宅赋税减免，使得一段时间内租赁住宅的建造端仍存在大量的需求。

与此同时，建造业务相对较高的利润率也使得公司更加侧重于建造端，Leopalace21的经营数据从侧面验证了这一点，2000～2008年，其建造业务的营业利润率平均在20%以上，租赁业务的平均营业利润率仅为4%，建造业务营业利润占比80%以上。因此，从这个角度来看，"MasterLease"的推出本质上是"以租引建"，通过为土地及房屋所有者提供全周期的服务来吸引建造订单。①

当然，建造业务的发展反过来也推动了租赁业务的扩张，这一阶段，公司旗下管理的公寓数量及公寓租客都实现了快速增长。到2008年年末，公司管理房间数量已超过50万套，是20世纪90年代初期的10倍，年均复合

---

① 《日本长租公寓的运营模式》，广发证券研究中心，2017年8月17日，https://www.sohu.com/a/165363183_99944130。

增长率高达 14%。

需要指出的是，规模扩张离不开资金的支持，2000 年之前，公司主要通过债权融资获得资金，资产负债率稳定在高位。与此同时，公司利用上市公司平台，适时进行了股权融资，2000 年之后合计进行了 3 次股权融资，在补充资金的同时有利于降低资产负债率，2005 年之后，公司资产负债率持续处于低位，财务比较稳健。

第三阶段（2009 年至今），"以建引租"，租赁成为利润的主要来源。

随着次债危机波及日本，其失业率开始攀升，公寓租赁的需求萎缩，许多工厂附近的公寓房间空置，租金水平也随之下降，公寓的空置率大幅度上升。

对于公司而言，由于租金收入呈现市场化调整，加上承租端的租金费用"MasterLease"租金保障制度更加刚性（2010 年之前，10 年内支付的租金费用保持固定，实际上，在市场整体向上时期，租金费用的刚性支付会使得利润端呈现更快增长，相反，市场下行时，费用端的刚性也会加剧亏损），导致公司租金业务 2008 年开始出现亏损，并在 2009 年亏损扩大。

而在建造端，经济危机同样使得公寓短期内建造订单大幅萎缩，并且利润率大幅下滑，公司建造业务的营业利润呈现持续回落，最终导致公司总体营业利润在 2009 年、2010 年连续两年出现亏损。

这种背景下，公司转变了发展战略侧重点，开始放缓规模扩张，战略重点聚焦在精细化发展租赁业务上。具体来看，首先是收缩建造业务，并配合租赁业务的精细化发展战略，进行有选择性布局（着重在租赁需求大的地区开发房源），一方面可以缩减建筑业务本身，另一方面也可以减少租赁房源端的无序扩张。此外，积极调整"MasterLease"租金保障制度，将租金固定年限由 10 年调整至 2 年，减少成本刚性带来的亏损。

而在租赁业务方面，公司精细化发展的重点首先就是在房源区位选择上。与以往全国分散布局不同，该阶段 Leopalace21 执行"选择与关注"策略，将开发重心聚焦在房屋自有率低、人口正向流入、经济发展迅速、租赁需求量大的核心城市地区。

虽然在现阶段，公司的租赁业务与建造业务仍为协同发展，但与第二阶段最本质的不同在于，公司不再追求规模上快速扩张，而是通过运营服务增加物业附加值，提高单项目入住率来提升租赁盈利水平。建造业务作为公司获取核心区域潜在优质租赁项目的手段，成为租赁业务的辅助，规模大幅度缩减。公司的发展战略从"以租引建"转变为"以建引租"，公司由此全面转型为一家专业的租赁公寓运营商。

（三）模式分析与启示

Leopalace21租赁业务为典型的包租模式，其成本主要是支付给房屋所有者的保障性租金，收入则主要来自租客支付的租金，公司从中赚取租金差。若承租端所获项目质地较差，价格较高，而出租端租金溢价少，以及出租率低于预期，都会缩小租金价差从而影响公司的盈利水平，甚至出现上下游租金倒挂的亏损情况。如何提高租金水平（租金差）以及出租率是长租公寓企业实现盈利的第一步。此外，运营过程中的运营费用也是影响公司盈利转化的关键因素，如何在通过高效的运营实现收入端增长的同时使得运营费用集约化，是包租模式下公寓运营商需要关注的另一个重点。

Leopalace21作为日本规模化运营的公寓企业，其各方面优势的构建都紧紧围绕着物业获取、收租以及运营的"降本增收"来实现。

首先，公司依托于建造优势，围绕"房屋生命周期"开展一系列服务使得其获取优质房源的能力大大增强。

其次，在招租端上，公司灵活地将长租与短租结合在一起，使空置房源尽可能得到高效利用；而在租后服务端，公司在完整配备基本设施并叠加个性化定制的基础上，通过合作的方式，为租客提供了全流程服务，在降低空置率的同时产生了一定的租金溢价。

最后，公司构建的完整的信息服务平台贯穿了从前端的招租到后端的租赁服务，强大的IT化能力，加上"重服务但轻运营"的模式（指尽管为租客提供全流程服务，但均采用市场化的合作方式，避免了产生冗杂的运营后台），显著提高了运营管控效率，单位运营费用逐年下降，保障了盈利的最

终转化。

包租模式是国内长租公寓市场的现阶段主流模式,虽然中国现阶段和日本无论是从宏观环境方面还是中观租赁市场方面均存在较大差异,但Leopalace21 的一系列举措必将给国内的长租公寓运营商带来一定的启发,尤其是正处于"黄金时代"到"白银时代"转型期的中国房地产企业,Leopalace21 逐渐从开发企业转型为"以租引建"直到"以建引租",再转化为租赁公寓运营企业的历程,具有极强的示范作用,值得地产企业深入学习。

参考文献

[1] 聂晨、方伟:《当代日本青年住房现状及对中国的启示》,《青年探索》2017 年第 2 期。

[2] 曹云珍:《日本长租公寓市场的经验与借鉴》,《中国房地产估价与经纪》2018 年第 2 期。

[3] 日本总务省统计局《住宅与土地统计调查》,日本不动产研究所,http://www.cnki.com.cn/Article/CJFDTotal-ZGMI201311004.htm。

[4] 《2017 年长租公寓专项研究白皮书》,睿信地产研究院,2017 年 12 月 1 日,http://www.docin.com/p-2082172087.html。

[5] 《日本长租公寓的运营模式》,广发证券研究中心,2017 年 8 月 17 日,https://www.sohu.com/a/165363183_99944130。

B.20
美国睿星资本及EQR模式

穆 林*

摘　要： 通过分析美国睿星资本（Grey star）和EQR两大企业的业务范围、发展模式和运营体系，来详细阐述其优势所在和对国内企业的借鉴意义。同时，通过对美国特殊税制、REITs的分析，也为未来中国租赁住房的发展提供模式参考。

关键词： EQR　Grey star　REITs

一　睿星资本（Grey star）

睿星资本（Grey star）成立于1993年，创始人Bob Faith同时也是喜达屋资本联合创始人。它是专注于多家庭（multifamily）的租赁房地产开发企业，业务涉及投资、开发、资产管理、运营等方面，是目前全球最大的集中式公寓运营商，管理超过480000单位/床（其中自持10万套以上），总价值超过800亿美元。其总部位于美国南卡罗莱纳州查尔斯顿，在英国、欧洲大陆、拉丁美洲和亚太地区均设有分支机构。①

同时，睿星资本（Grey star）拥有一个强大的机构投资管理平台，管理全球机构投资者资产总值约310亿美元。因为企业没有在美国上市，其公开资料较少，所以一直未进入国内学者、媒体和企业视野。但其公寓数量和床

---

* 穆林，青岛酒店管理学院酒店信息化研究中心主任，研究方向为住宿业管理、住宿业信息化。
① 《中骏置业与美国睿星资本签署战略合作协议》，《第一财经日报》2017年8月10日。

位数量规模均为全美第一,远超美国其他竞争对手。2018年9月20日,睿星资本(Grey star)收购纽交所上市REITs企业EDR。EDR是自1964年以来大学生住房行业的领军企业,是高质量大学生住房领域中最大的开发商、业主和管理者之一,在纽约证券交易所上市交易。收购EDR,将进一步强化睿星资本(Grey star)在学生公寓领域的领先地位。

(一)睿星资本(Grey star)的发展模式和商业模式

睿星资本(Grey star)专注于多家庭租赁地产,实现了从产品设计到管理、垂直一体化的公寓投资运营,我们将其称为"租赁地产开发商"或"长租公寓地产商"。其主要业务覆盖:

1. 投资管理

- 制定投资策略、维护投资者关系。
- 资产管理规模超过264亿美元,其中包括来自多家机构的投资者。
- 拥有强大的当地专家来识别潜在的收购价值和低估的机会。

2. 收购

- 在不同市场、不同周期锁定并挖掘具有增值潜力的交易机会,每年参与1000多宗交易。
- 2008~2009年美国次贷危机期间,连续收购JPI、Archon、Glacier等多家地产企业;2012年以来,收购了超过98亿美元的资产,其中2015年收购资产达34亿美元。
- 从事收购业务的专业人员分布于纽约、洛杉矶、旧金山、华盛顿、坦帕、查尔斯顿、伦敦、海牙和墨西哥城等,专门负责制定可提升现金流和回报的全面资产再定位策略。

3. 开发和建设

- 拥有本土市场和建筑专长的一体化内部开发管理团队,能力覆盖选址、设计、施工、水资源保护、环境保护等。
- 2012年以来,开发近20亿美元项目,另外批建项目达54亿美元,在建项目达43亿美元。

● 约240名员工分布于旧金山、洛杉矶、圣地亚哥、休斯顿、达拉斯、亚特兰大、查尔斯顿和华盛顿。

4. 房地产运营与住房租赁

● 专业服务涵盖地产运营管理的各个方面,包括物业运营、建筑管理、信息系统、尽职调查服务、业主保险、市场营销、财务服务、采购等。

● 在全球市场占据领导地位,在全球150多个城市、1600多个社区中管理着约437000套住宅。

● 10500名专业人员,拥有丰富的管理经验,其中涉及业态包括:高层、隔断式公寓、养老公寓和学生宿舍等。

(二)睿星资本(Grey star)的主要产品线

睿星资本(Grey star)产品线包含学生公寓、白领公寓、服务式公寓以及活跃长者公寓等全系列品类,共计7大品牌(见图1)。

图1 睿星资本(Grey star)品牌产品线

资料整理:迈点研究院。

(三)发展经验:多种融资手段结合,迅速扩大管理规模并开拓新产品线

初创成长阶段(1993~2000年):

Grey star成立于1993年,刚成立的Grey star,是一个地区性较强,规模

较小的房屋管理公司,当年管理的公寓数量仅为9000套。1999年,首次进入 Top 50 Manager 榜单,排名第34位,共有24406套公寓使用其管理服务。在90年代末,Grey star 开启了通过投资机构进行收购的方式,2000年,Grey star 与俄勒冈公务员退休基金机构设立了3亿美元基金,为日后大量收购奠定了基础。

全国化阶段(2001~2011年)。

进入21世纪,Grey star 的规模一直处于平稳上升阶段。直至金融危机前后,Grey star 开始了由区域性的房屋管理公司,转变为全国性质的房屋管理公司的过程。一个重要的标志是在2007年高盛买下了 Grey star 20%的股权后,一举在2008年收购了 JPI 管理服务公司,成为真正的全国性的管理公司,将管理服务成功地扩张至加州、中西部和西北部,提供管理服务的公寓数量上涨了近41000套。之后的2010年,Grey star 被 Archon Group 委任管理其27处房产,共计7600套公寓,成功将业务扩展或稳固在弗吉尼亚州、佛罗里达州、德州、亚利桑那州、内华达州和加州;同年,收购了位于西雅图的 Glacier 房产服务公司,共获得位于华盛顿和俄勒冈州的32处房产,成功打入了西北部市场。2011年,Grey star 拓展中大西洋区域市场,提供服务的公寓数量不断攀升,2011年,首次在 NMHC top50 manager 上位列第一,成为全美管理规模最大的房屋管理公司,并一直保持榜首的位置。

国际化+多元化阶段(2012年至今)。

在此期间,Grey star 进行了频繁的收购、合资等,并在此基础上将业务多元化,进入了高速发展时期。

2012年设立了投资品牌 Avana 和开发品牌 Elan。

2013年,Grey star 买下了 Inland American Real Estate Trust Inc. 近4.6亿美元的军事住房资产,为军队提供了共4371套公寓、14个公寓社区。

2013年,Grey star 开启了国际化历程。首先进入墨西哥,进一步打开北美洲市场;接着将业务延伸至英国,并大力发展在英国的学生公寓业务。9月联手高盛以3亿英镑的价格从皇家苏格兰银行手中购得 Opal 集团的21栋学生公寓,共计6900个床位;12月 Grey star 再联合美国公共机构养老金投资联合会,以 1.9 亿英镑购得 Unite 和 OCB 三栋学生公寓,共计 1135 个床位。

2014 年,Grey star 收购了 Riverstone Residential Group,管理公寓数量由原来的 214696 套跃升至 393079 套,是自成立以来上升幅度最大的一次。此前,Riverstone 在 NMHC 排行榜上位居第二,是 Grey star 最大的竞争对手之一。Grey star 继续开展其海外学生公寓收购,5 月再次从 Unite 公司收购伦敦市中心的 3 栋学生公寓,共计 1129 个床位;7 月,从 Lone Star 收购了 8 栋学生公寓、2 栋租赁住宅楼以及 2 栋酒店资产,共计 5000 个床位。

2015 年,Grey star 进入了荷兰市场,再次拓宽了欧洲业务版图。近几年,Grey star 将目光放在南美洲和亚太地区,2016 年与智利当地 Creditcorp Capital 联合开发多户出租公寓;同年,与 Macquarie Capital(国内翻译为麦格里资本)合资开发亚太出租公寓资源,市场扩张至东京、北京、上海、悉尼和墨尔本。2017 年至今,Grey star 继续在欧洲拓展其学生公寓业务,先后在欧洲多地收购学生公寓公司,如收购了在西班牙为 14 个城市提供学生公寓的 Resa 公司,以及 2018 年 9 月以 46 亿美元收购美国最大的学生公寓运营商之一的 Education Realty Trust,EDR 是自 1964 年以来大学生住房行业的领军企业,是高质量大学生住房领域中最大的开发商、业主和管理者之一,在纽约证券交易所上市交易。同年,在法国巴黎设立办公室,进一步拓展在欧洲的学生公寓以及房屋出租市场。①

(四)睿星资本(Grey star)运营模式对我国的启示

睿星资本(Grey star)专注于多家庭住房租赁产业,其全产业链和垂直整合能力值得中国房地产企业对标学习。未来,在中国也将出现类似的"长租公寓地产商"。

由于采取持有物业、重资产运营的模式,我国现有房地产企业开发业务

---

① 《探秘美国最大公寓运营商:轻资产模式之王 Greystar》,中国指数研究院,2018 年 12 月 4 日,http://wemedia.ifeng.com/91300003/wemedia.shtml。

快周转、低存货的经营模式无法套用,强大的运营能力、保障物业高回报率是基础,实现资产流动性是商业循环的关键。睿星资本(Grey star)采取广泛的合伙人制度,强大的项目募资能力是其发展前提。另外,美国特殊的税制、REITs 高度透明也为其发展提供了保障。

早在 2016 年,睿星资本(Grey star)便联合澳大利亚麦格里资本进入中国,重点关注北京、上海等一线城市发展机会。2017 年,睿星资本(Grey star)与中骏置业建立战略合作伙伴关系,计划 3 年内投资 5 万间中高端长租公寓。但是,由于中国特殊的税制(高交易环节税收、低保有环节税收)以及 REITs 市场的不成熟性(它既是 REITs 市场的买家,也是 REITS 市场的卖家),睿星资本(Grey star)在海外的成功商业模式很难被直接套用,针对中国市场的持续创新还有待观察。

二 美国 EQR 的模式剖析

EQR(Equity Residential)是一家房地产投资信托(REIT)公司,成立于 1969 年,在 1993 年正式上市,是美国第一家上市的公寓型 REITs,市场份额始终位居前列。2017 年,EQR 拥有物业数量 303 个,公寓房间数共计 7.83 万间,拥有数量为全美第三。其定位于在美国最高增长和最繁华地区收购、开发和管理高品质公寓,出租率高达 95%,是重资产运营出租公寓的成功典范。

(一)EQR 股权结构

根据 EQR2017 年年报,其前 5 大股东占比为 42.89%,满足美国对于 Reits 前 5 大股东占比不超过 50% 的要求(见图 2)。其中 The Vanguard Group, Inc.(先锋集团)是 EQR 第一大股东,其是全球第二大基金管理公司,管理金额高达 3700 多亿美元的资产,投资风格安全、平稳,着眼于长期收益。

美国睿星资本及 EQR 模式

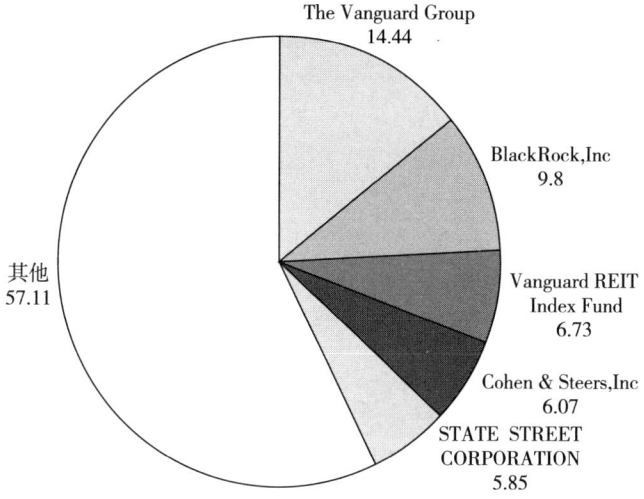

图 2　2017 年 EQR 股权结构

资料来源：EQR 年报。

（二）EQR 主要产品线

EQR 提供三种户型的产品：平层型、花园型和中高层型。其中中高层户型为主要产品。截至 2017 年末，EQR 只提供花园型洋房和中高层住宅两种产品（见表1）。

表 1　2017 年 EQR 各类型产品数量

单位：个，间

种类	物业	房间数	平均房间数
花园型	107	27007	252
中高层型	198	51604	261
合计	305	78611	258

资料来源：EQR 年报。

产品线 1——中高层住宅。

交通便利、需求旺盛的中高层住宅是 EQR 近年来重点推行的产品，一

般地处繁华大都市，月租金在2000～14000美元，配套设施完善，周边生活便利。

户型和面积：一室、二室、三室，面积为60～160㎡。

价格区间：根据每户房间数量、大小不同，月租金在3570～13100美元。

租期：1年起租。

房间设施：阳台、镶木地板、衣橱、空调、热水器、冰箱、微波炉、洗碗机、花岗岩灶台等。

- 公共设施：24小时前台、24小时健身房、停车场、洗衣房等。
- 其他：无中介费，可以养宠物，租客公共活动，不能吸烟，打包服务等。

产品线2——花园型洋房。

花园型洋房一般为3层左右建筑，户外有草坪、游泳池、花园等开阔区域，屋内配有基本家电，但没有家具。月租金较中高层型便宜，一般为1000～3000美元。

户型和面积：一室、二室、三室，面积为68～120㎡。

价格区间：根据每户房间数量、卫生间数量不同，月租金在1611～2095美元。

租期：1年起租。

房间设施：阳台、室内洗衣机、烘干机、壁炉、衣帽间、洗衣房、厨房及厨房设施。

公共设施：大门、公园、湖、储物间、24小时健身房、停车场、户外游泳池、烧烤区、温泉等。

其他：可以养宠物，租客公共活动，不能吸烟，打包服务等。

（三）EQR以REITs为主的商业模式

1. EQR融资方式——股权融资为基础

EQR是一个典型的UPREIT结构（伞状结构），属于公开募集交易REITs常采用的结构之一（见图3）。在此结构下，EQR除了可以向合格投资者募集资金外,还可以通过发行 operating partner shipunits 向有限合伙企业募集资金。REITs 的上市流通为 EQR 的资本募集奠定基础。

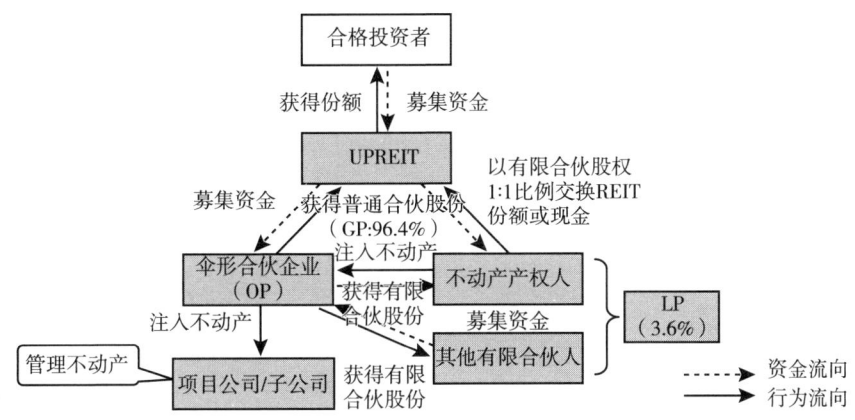

图 3　EQR UPREIT 结构

资料来源:同策研究院整理。

2. EQR 融资方式——债权融资作为补充

EQR 以股权融资为主的融资结构,使得公司财务表现较为稳健,近年来资产负债率一直处于持续下跌的状态（2017 年跌破 50%）。EQR 稳健的财务杠杆,加之其在运营端长期以来优秀的表现,贡献了稳定的现金流,使得公司维持较高的信用评级,公司的发债成本维持较低水平,2017 年加权平均利率为 4.33%。

3. 以租金为主、出售资产为补充的收入模式

租金收入是 EQR 的主要收入来源（租金收入占比稳定在 99% 以上）。2017 年,EQR 年租金收入达 24.7 亿美元（见图 4）。

此外,2015~2017 年,EQR 不断有资产出售,规模缩减聚焦核心区域,尤其是 2016 年卖出的资产较多。因此,EQR 近年来有相当一部分的利润来源为资产出售（见图 5）。

4. EQR 利润保障——严格运营管理费用实现成本控制

2017 年,在不考虑资产出售的收入情形下,EQR 公司租金毛利率为

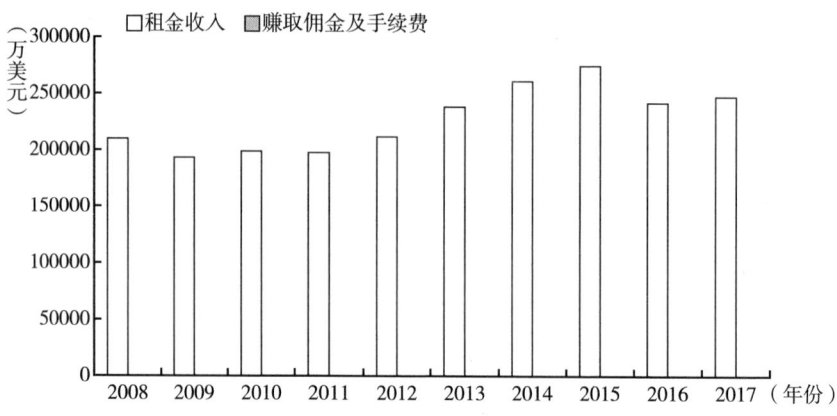

图 4　EQR 租金收入结构

资料来源：同策研究院。

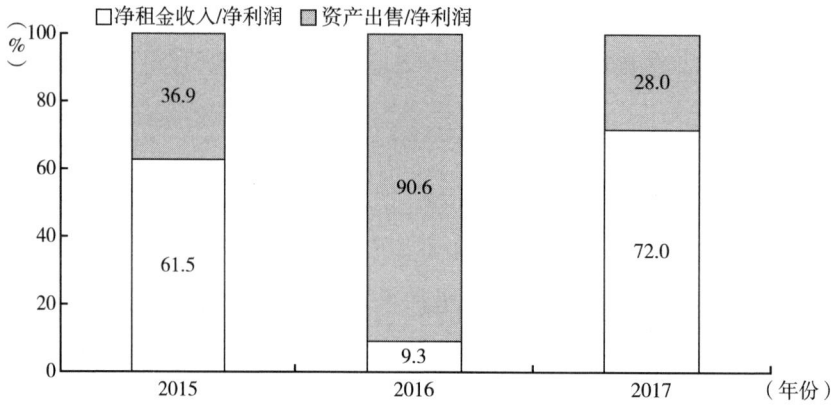

图 5　EQR 净利润来源

资料来源：同策研究院。

34.29%。营业成本中，折旧摊销占比46%、一般管理费用占比3%、房产税和保险占比21%、资产管理（店面日常运营管理）占比5%、维修占比25%。由此可见，EQR 的运营管理费用非常少。①

---

① 《美国 EQR 经营现状及商业模式分析》，同策研究院，2018 年 7 月 28 日，http://mini.eastday.com/a/180728085824244.html。

（四）总结与启示

（1）EQR本质是以长租公寓为投资标的REITs企业，其利润主要来自金融工具，国内许多住房租赁企业、房地产企业以EQR作为对标和学习企业，应充分分析，避免走入歧途。

（2）REITs在我国发展最大的困难在于资产收益率不足，资产权属难以达到要求和税收制度不支持。如何提升租金回报，制定更完善的税收支持制度，是REITs大规模在我国发展的前提条件。

（3）EQR的物业获取主要采取收购为主、自建为辅的方式，与租赁房地产企业互为上下游企业，我国未来租赁专用地将为REITs提供新的内涵。

参考文献

［1］《探秘美国最大公寓运营商：轻资产模式之王Greystar》，中国指数研究院，2018年12月4日，http：//wemedia.ifeng.com/91300003/wemedia.shtml。

［2］《美国EQR经营现状及商业模式分析》，同策研究院，2018年7月28日，http：//mini.eastday.com/a/180728085824244.html。

Abstract

Originated from China Brand Strategic Planning Institute, edited by Meadin Academic Institute and published by Social Sciences Academic Press (China), 〈Reporton the Brand Development of Chinese Rental Housing Industry (2018)〉 is planned to be published as a periodical once a year.

The report is divided into six parts: the first part is General Report, it includes the overall development of Chinese rental housing industry, the introduction of Brand Evaluation Index of Rental Housing Industry, the analysis of Long-stay residence brands ranking and the prospect of Chinese rental housing industry development trend. The second part is Industry and Policy Interpretation, this section focuses on the current status of Chinese rental housing industry, national and regional policies of Chinese rental housing industry, company operation modes, and finance and supporting industry chain. The third part is Index Study, it analyzes the brand evaluation index data performance of service residence brands, centralized Long-stay residence brands and distributed Long-stay residence brands, also this section makes suggestions on market investment, brand operation and consumer portrait for investors and the enterprise managers. The fourth part is Case Study of Domestic and International Residence Brands, this section reflects the activeness of different market segments by analyzing brands with different background such as "hotel background", "real-estate corporate background", "real-estate agency background", "signature brands" and "state enterprise background". The fifth part is the Case Study of Reginal Market, it summaries industry standards by interpreting government policy and marketing development of first-tier cities such as Beijing, Guangzhou, Shanghai. The last part is Enlightenment and Inspiration from the Foreign Leasing Market, it fully explains the leasing market in America and Japan from law system, service level, business scope, development patterns, operation system and other aspects.

Abstract

In recent years, with the development of Chinese rental housing industry, the research on rental housing industry in developing countries and classic case studies from domestic and overseas are becoming more and more popular, and there are lots of research achievements have been made and number of industrial reports have been published. However, most reports are lack of quantitative and sustainable study, and few reports are made from the perspective of brand and industry, the society public and customers receive cannot get enough directive suggestions. Rental Housing Brand Evaluation Index is a system which concludes the enterprise scale, consumer evaluation and other aspects. The sustainable study of Rental Housing Brand Evaluation Index system could guide rental housing brand operators to strengthen brand strategic, lead the market development and consuming trend, and that is also very helpful for the sustainable development of leasing market.

The institutional business entity system is the foundation of industry development, and branding is regard as the corollary result of industry development, in the process of promoting rental housing industry. The readers could deeply understand the brand development strategy and catch up with the industry trends through this report, and that is very meaningful for the sustainable healthy development of Chinese rental housing industry.

As the first publish of the periodical, this report clarifies clear research orientation and rang, terms main definitions. It distinguishes vocabularies of rental housing industry, Long-stay residence and leasing apartment. This report points out the differences between the traditional brand connotation and actual brand meaning, by combining with brand development tendency and most current industry development standardization, it also reflects spirit of 19th National Congress— "Multi-body supply and multi-channel security". The report is very meaningful to satisfy people's increasing wonderful leasing lifestyle demand.

Keywords: Brands; Rental Housing Industry; Long-stay Residence; Brand Index; Brand Evaluation System

Contents

I General Report

B. 1 Brand Index Report on Chinese Rental Housing Industry
Xiaoyu Ding, Kaihui Ren / 001

Abstract: Meadin brand index (MBI) is an index system which is developed by Meadin Academic institution independently. Based on economic internet trend, MBI focuses on factors of market and consumer, it could measure the relationship between consumers and brands dynamically. Regarding brand as intangible assets, MBI evaluates extra value of brand for enterprises, by taking brand awareness, enterprise service and brand image as key factors. MBI clarifies Long-stay residence into three categories according to types of property and groups of target customer, which includes service residence, centralized Long-stay residence and distributed Long-stay residence, and ranking them by monitoring specific dimension performance. Somerset Serviced Residence, Youplus and Danke Apartment are ranked first in different categories respectively in the first half year of 2018.

Keywords: Brands; Long-stay Residence; Brand Evaluation System

Ⅱ Industry and Policy

B.2 Policy and Environment Interpretation of Chinese Rental Housing Industry *Lin Mu / 014*

Abstract: Firstly, this chapter defines the important definitions and essential connotation of rental housing industry. Secondly, it presents the whole development status of Long-stay residence brands, by analyzing macro-environment, characteristics and challenges of Chinese Rental Housing Industry, and compiling relevant governmental policies and system. Lastly, it shows brands the upgrading trend by introducing industrial supporting and industry chain.

Keywords: Governmental Policies; Macro-environment; Industrial Supporting

B.3 Analysis of Industry Chain on Leasing Market

Lin Mu, Sicong Shen / 044

Abstract: As one of segments of real estate industry, Long-stay residence has the essential features of real estate industry, so the industry chain of Long-stay residence is basically same as real estate industry. Long-stay residences are fully furnished, for meeting the needs of "wonderful life", it is necessary for Long-stay residences to be equipped electric appliances, furniture, soft-decoration, and rent-tracking service. The operating characteristics also makes long-stay residence require IT, smart homes and software development supporting. In addition, the heavy-asset strategy and costly investment are also industry attributes of Long-stay residence, since without the supporting of finance, enterprises could not expanding business rapidly. Analyzing the relevant industry chain is deeply helpful for us to understand business model and service value of long-stay residence brand,

and it is also meaningful for accelerating the healthy development of rental housing industry.

Keywords: Long-stay Residence; Asset Securitization; Supply Chain Finance

Ⅲ Index Study

B.4 System and Method of Rental Housing Brand Evaluation Index

Kaihui Ren, Xiaoyu Ding / 075

Abstract: At present, there is a large number of urban floating population in China, however the development of supply and demand of rental housing market is structural imbalance. Promoting the development of rental housing industry is meaningful for people to pursue wonderful life. Recently, the long-stay residence brands have emerged, and the number of long-stay residence brands has already exceeded 2000 in 2018. Operators, consumers, owners and investors all require scientific Brand Evaluation Index which could help them do brand evaluation, construction and management and promote industry development. Rental Housing Brand Evaluation system is a scientific model and it focuses on rental housing market. It is established on the basis of "Report on the Evaluation of Chinese Brand" and other classical brand evaluation systems, also it takes Interbrand brand evaluation system as an important reference model. This system could monitor the relationship between brands and consumers dynamically, and evaluate rental housing brand sustainably.

Keywords: Brand Evaluation System; Long-stay Residence; Brand Evaluation

Contents

B.5　Analysis of Service Residence Brand Evaluation Index
　　　　　　　　　　　　　　　Kaihui Ren, Derong Guo / 095

Abstract: In the early years, service residences are situated in Zhujiang River Delta region, their target customers are foreign executives who have long-term travel and accommodation demand in China. With the development of service residences, they are becoming more and more popular with high spending businesspeople who has medium or long term travel accommodation demand, so the target customers of service residences has changed. Nowadays the distribution of service residence potential customer is expanding from eastern coastal China to northern and western areas, and the percentage of the tourist cities is rising. Earlier, most of service residence brands choose expansion as the primary strategies, with brands matures, they began to pay more attention to costumers, and for example, they start to focus on customer feedback, enhance service quality and strengthen customer loyalty by taking online marketing methods.

Keywords: Service Residence; Brand index; Data Analysis

B.6　Analysis of Centralized Long-stay Residence Brand
　　　Evaluation Index　　　　　　*Kaihui Ren, Derong Guo* / 112

Abstract: Centralized Long-stay residences are commercial real estate which are decorated and rented out as apartments by operators, most of centralized Long-stay residence brands are concentrated in large cities. With more and more burgeoning brands emerged, the industry development foundation is becoming more solid in recent years, especially, since major real estate enterprises, hotel management companies and property agency firms joined centralized Long-stay residence industry. Behind the industry booming, however, centralized Long-stay residence brands also faced difficulties, such as low rental rate, low rate of return and fund flow difficulties. Centralized Long-stay residence brands began to adjust corporation strategy from expansion to operation, for example, exploring customer demand to enhance products premiums.

Keywords: Centralized Long-stay Residence; Brand Index; Profit Model

B.7 Analysis of Distributed Long-stay Residence Brand Evaluation Index　　　　　*Kaihui Ren, Derong Guo* / 127

Abstract: Distributed Long-stay residences are residential property which are rent by operators from individual house owners, they are dispersed over different residential communities, and usually the operators do unity decoration, management and rental to the property. Unlike centralized Long-stay residences most of distributed Long-stay residence brands expand faster, because most of brands adopt asset-light strategy, and the channels of housing supply are more diversity, however, the result of this phenomenon is that most of distributed Long-stay residence brands are local brands, the brand awareness presents obvious regional.

Distributed Long-stay residence brands usually develop rapidly at the early stage, but they need to face more challenges in the process of development. Firstly, the operating cost is much higher compare to centralized Long-stay residence brands, due to the housing supply is highly dispersed; secondly, the distributed Long-stay residence brands need more powerful financial support since the rapid expansion; lastly, the anti-risk capability of centralized Long-stay residence brands is comparatively lower, because most of brand operators are entrepreneurial firms, and the financial reserves is insufficient.

Keywords: Distributed Long-stay Residences; Asset-light Strategy; Brand Index

Ⅳ　Case Study

B. 8　Case Study of International Service Residence Brands
　　　—*ASCOTT, Fraser Residence*　　　*Derong Guo, Zhishang Chen* / 143

Abstract: With 30 years development history, nowadays the international service residence brands are dedicated to provide quality service for long-term residents.

In the earlier stage, most of international service residence brands are distributed in CBD areas of global metropolis, aimed to solve long-term residence problem for the top customers; with the formation of brand matrix, the operators began to segment market according to various demands of consumers. The choice of properties will become more diversify in the future, since more international service residence brands began to target rental housing industry. The case study of ASCOTT, Fraser Residence and other international service residence brands, provides living example and helpful thoughts and for Chinese Long-stay residence brands' upgrade.

Keywords: Service Residence; Business Model; Brand Value

B. 9　Domestic Service Residence Brands
　　　—*Yuju Service Residence, Suisse Place, Poltton International Service Apartment*
　　　　　　　　Derong Guo, Bin Liu, Ye Yuan and Lei Hao / 150

Abstract: In the early years, domestic service residence brands learnt advanced experience from the international service brands. Recently, domestic service residence brands start to increase the area-effectiveness and improve dedicated service with the demand of Gold-collar worker upgrading, and domestic

service residence brands are becoming an important driving force on the market. Nowadays domestic service residence brands made certain achievements in brand construction, service and operation, the mature localization strategy also become one of their advantages. Doing case study of domestic service residence brands is meaningful for the sustainable development of Chinese rental housing industry. We could make clear forecast for the development of rental housing industry, by taking attention to the development and evolvement of the regional brands, traditional brands and the brands with hotel background, which are, the top brands of service residence brands need to do rapid expansion to obtain the leading position in the industry, upgrade service and interact product according to consumers demand; and operate intensively to reduce operational cost and boost profit.

Keywords: Service Residence; Brand Value; Profit Model

B.10 Centralized Long-stay Residence Brands with Real-estate Corporate Background
——Guanyu, Liveyu

Derong Guo, Zhicong Zhang and Aihua Zhang / 159

Abstract: In recent years, large-scale enterprises of top 100 real estate industry began to entry Long-stay residence field, and "human resource competition" and "expansion" become common situation. The abundant property resource and great capital reserves of real estate enterprises enable the Long-stay residence field with much more potentials. The relatively more mature real estate enterprises provide rich experience for the development of Long-stay residence brands, meanwhile, according to the study of real estate operation management, we could found that, it is essential to guarantee the scientific and systemic during the substantial products building, branches expansion and making long-term strategic planning. Real estate enterprises start to put developing Long-stay residence on the core strategic plan, as the developing rental housing industry is becoming more significant for promoting people's life qualities.

Keywords: Renting and Purchasing; Long-stay Residences; Strategic Planning

B. 11 Centralized Long-stay Residence with Signature Brands
　　　—*Youplus, Mofang Apartment, Lefull Youth Community and CYPA*
　　　　　Derong Guo, Yang Liu, Jia Liu, Yi Luo and Gehong Wang / 168

Abstract: Since Youplus raised 100 million yuan from Leijun in 2014, Long-stay residence has experienced three stages from "spirit", "capital" to "product". As the first batch of Long-stay residence brands, centralized Long-stay residence brands are facing a lot of challenges such as polices, environment and marketing, and also they are seeking solutions actively. With the outbreak of incidents, such as "property", "fire protection" and "environment", centralized Long-stay residence brands enhance the customer loyalty by taking "community marketing" approach; they also take talent training seriously to enhance their competitiveness in the competitive environment of expansion, merger and reorganization. That is also the charisma of this industry.

Keywords: Long-stay Residence; Community Marketing; Talent Training; Asset Securitization

B. 12 Distributed Long-stay Residence with Signature Brands
　　　—*Danke Apartment, Qingke, UOKO*
　　　　　Derong Guo, Jing Gao, Guangjie Jin and Xiang Liu / 179

Abstract: Since the property requirement of distributed Long-stay residence is relatively lower, most of brands reduce cost and increase operational efficiency by taking economics of scale strategy, which is expanding intraregional business. Rental housing industry also widely adopt intelligence, and new technique,

internet commercial. Analyzing the development progress, business model, and leader's sentiments of major brands, we found that, enhancing consumers' efficiency of searching apartment, and increasing rental rate of owners, are the two important factors which affected the competitiveness of the enterprises.

Keywords: Long-stay Residence; Internet Thinking; Big Data

B.13 Long-stay Residence Brands with Real-estate Agency Background
—Ziroom, Homeplus   *Derong Guo, Lin Xiong and Wei Gan* / 187

Abstract: Year's accumulation of housing resource and customers, Long-stay residence brands with real-estate agency background has established solid basis for their business operation. They provide accommodation website for customers. The innovative business model of "C2B2C" gives more possibilities to the development of Long-stay residence in China. The operators run companies with standard management, they rent out the apartment with quality service to tenants which are first rented from owners in the stock market. That is very meaningful to meet the people's expectations for better life.

Keywords: Stock Market; Commission Management; C2B2C

B.14 Long-stay Residence Brands with Hotel Background
—WOWQU, Cjia Apartment
Derong Guo, Hui Liu and Hui Jin / 193

Abstract: Taking the advantages of hotel background, most Long-stay residence brands with hotel background adopt asset-light strategies, which concludes, mandatory administration, franchise businesses and line department, and they also provide hotel service for the consumers. However, due to the channel conflicts of obtaining housing resources and the disadvantages of standardized service, the residence brands still have not gain much market acceptance. In the future, Long-stay residence brands with hotel background will meet part requirements of customer group, but they can only make a small effect on the whole customer group.

Keywords: Long-stay Residence; Asset-light Strategy; Serviced Apartment

B.15 Company with State Enterprise Background
—*WONDER LIFE*, *Iningchao*
Derong Guo, Hua Zheng and Yifei Wang / 199

Abstract: The participation of state enterprises stabilized the development of rental housing industry. They provide references to government sectors by doing brand building and setting rental service standards. The revitalization of the real estate stock market could enlarge the rentable area, enhance the environment and stabilize the rent, also they could inspire survival confidence of renters.

Keywords: Urban Renovation; Urban Village Renovation; Stabilization

V Region Study

B.16 Review and Enlightenment of Beijing Leasing Market
Lin Mu, Derong Guo / 206

Abstract: As the capital city of China, there is a great deal of exotic floating population in Beijing, so the demand of rental market is pretty high. Beijing is one of the first cities which set housing rental policies and standards, and the practical experiences is also meaningful for the other cities. Meanwhile, during the process of growth, the local long-stay residence brands in Beijing also accumulated rich practical experiences, doing case study of the local brands in Beijing also have guiding significance for other brands.

Keywords: Urban Planning; Security Housing; Collective Land

B.17 Review and Enlightenment of Shanghai Leasing Market

Lin Mu, Derong Guo / 215

Abstract: Shanghai makes demonstration effect of the other cities, as the biggest city in China, it introduced leasing management rules in the early years. Shanghai provides a sound business environment for rental housing industry on the employment of collective construction land and the management of group-oriented leasing apartments. In the present, the type of rental housing in Shanghai is dominated by junior suites, studio apartment and two-bedroom apartment; the unit average rent in Shanghai is RMB 64.2 per sq m, the rent of Inner Ring Road is RMB 101 per sq m, and the rent of Outer Ring is RMB 26 per sq m. According to the statistics, the rent of Long-stay residence brands is 20% -30% higher than regular apartment in Shanghai.

Keywords: Leasing Land; Population of Leasing; Rental Housing

B.18 Review and Enlightenment of Guangzhou Leasing Market

Lin Mu, Derong Guo / 224

Abstract: Thanks to the local government of Guangzhou implements policies rapidly and carries out pattern innovation, the rental housing market in Guangzhou has developed comparatively maturely, and it set also a good example for other cities. In the present, the leasing population in Guangzhou is approaching 40%, compare to Shanghai the rent gap between different districts in Guangzhou is smaller, the unit average rent in Guangzhou is RMB 53.01 per sq m, the rent in the downtown area is RMB 55.28 per sq m, and the rent in the outlying suburban areas is RMB 34.26 per sq m. In the future, the renters in Guangzhou will moving from the city center to outskirts, and the shared accommodation will become more popular. As a representative of new brand Long-stay residence in Gaugnzhou, Youplus offers not only more housing resource, but also diversified options for customers,

Keywords: Urban Village Renovation; Equal Rights for Home Tenants and Owners; Rental Housing

VI Borrowing Ideas

B.19 Enlightenment from Japan Leasing Market *Lin Mu* / 234

Abstract: There are four operating approaches of long-stay residences in Japan, according to the analysis of Japan Leasing Market. This report will focus on introducing two approaches, one is called Fully Mandatory Management, there is about 65.2% owners choose this operating approach; another one is called Partly Commissioned Management, only 25.5% owners choose this approach, and the percentage of choosing this approach is even lower than it is in China. This chapter also summaries other advantages of Japan Leasing Market in several aspects which Chinese rental housing market could learnt from, such as the law system, service level and business model of rental housing industry.

Keywords: Long-stay Residence; UR; Rental Index

B.20　Inspiration from American Grey Star and EQR

　　　Operation Model　　　　　　　　　　　　*Lin Mu* / 249

Abstract: This chapter analyzes the business scope, development model and operation system of Grey star and EQR, it elaborates the advantages and referential significance of these two organizations. The particular tax system and REITs of American also provide reference pattern for the development of Chinese rental housing market.

Keywords: Grey Star; EQR; REITs

社会科学文献出版社　　**皮书系列**

❖ 皮书起源 ❖

"皮书"起源于十七、十八世纪的英国,主要指官方或社会组织正式发表的重要文件或报告,多以"白皮书"命名。在中国,"皮书"这一概念被社会广泛接受,并被成功运作、发展成为一种全新的出版形态,则源于中国社会科学院社会科学文献出版社。

❖ 皮书定义 ❖

皮书是对中国与世界发展状况和热点问题进行年度监测,以专业的角度、专家的视野和实证研究方法,针对某一领域或区域现状与发展态势展开分析和预测,具备原创性、实证性、专业性、连续性、前沿性、时效性等特点的公开出版物,由一系列权威研究报告组成。

❖ 皮书作者 ❖

皮书系列的作者以中国社会科学院、著名高校、地方社会科学院的研究人员为主,多为国内一流研究机构的权威专家学者,他们的看法和观点代表了学界对中国与世界的现实和未来最高水平的解读与分析。

❖ 皮书荣誉 ❖

皮书系列已成为社会科学文献出版社的著名图书品牌和中国社会科学院的知名学术品牌。2016年,皮书系列正式列入"十三五"国家重点出版规划项目;2013~2018年,重点皮书列入中国社会科学院承担的国家哲学社会科学创新工程项目;2018年,59种院外皮书使用"中国社会科学院创新工程学术出版项目"标识。

权威报告・一手数据・特色资源

皮书数据库
ANNUAL REPORT(YEARBOOK) DATABASE

当代中国经济与社会发展高端智库平台

所获荣誉

- 2016年，入选"'十三五'国家重点电子出版物出版规划骨干工程"
- 2015年，荣获"搜索中国正能量 点赞2015""创新中国科技创新奖"
- 2013年，荣获"中国出版政府奖・网络出版物奖"提名奖
- 连续多年荣获中国数字出版博览会"数字出版・优秀品牌"奖

成为会员

通过网址www.pishu.com.cn访问皮书数据库网站或下载皮书数据库APP，进行手机号码验证或邮箱验证即可成为皮书数据库会员。

会员福利

- 使用手机号码首次注册的会员，账号自动充值100元体验金，可直接购买和查看数据库内容（仅限PC端）。
- 已注册用户购书后可免费获赠100元皮书数据库充值卡。刮开充值卡涂层获取充值密码，登录并进入"会员中心"—"在线充值"—"充值卡充值"，充值成功后即可购买和查看数据库内容（仅限PC端）。
- 会员福利最终解释权归社会科学文献出版社所有。

卡号：524135488678

数据库服务热线：400-008-6695
数据库服务QQ：2475522410
数据库服务邮箱：database@ssap.cn
图书销售热线：010-59367070/7028
图书服务QQ：1265056568
图书服务邮箱：duzhe@ssap.cn

S 基本子库
UB DATABASE

中国社会发展数据库（下设12个子库）

全面整合国内外中国社会发展研究成果，汇聚独家统计数据、深度分析报告，涉及社会、人口、政治、教育、法律等12个领域，为了解中国社会发展动态、跟踪社会核心热点、分析社会发展趋势提供一站式资源搜索和数据分析与挖掘服务。

中国经济发展数据库（下设12个子库）

基于"皮书系列"中涉及中国经济发展的研究资料构建，内容涵盖宏观经济、农业经济、工业经济、产业经济等12个重点经济领域，为实时掌控经济运行态势、把握经济发展规律、洞察经济形势、进行经济决策提供参考和依据。

中国行业发展数据库（下设17个子库）

以中国国民经济行业分类为依据，覆盖金融业、旅游、医疗卫生、交通运输、能源矿产等100多个行业，跟踪分析国民经济相关行业市场运行状况和政策导向，汇集行业发展前沿资讯，为投资、从业及各种经济决策提供理论基础和实践指导。

中国区域发展数据库（下设6个子库）

对中国特定区域内的经济、社会、文化等领域现状与发展情况进行深度分析和预测，研究层级至县及县以下行政区，涉及地区、区域经济体、城市、农村等不同维度。为地方经济社会宏观态势研究、发展经验研究、案例分析提供数据服务。

中国文化传媒数据库（下设18个子库）

汇聚文化传媒领域专家观点、热点资讯，梳理国内外中国文化发展相关学术研究成果、一手统计数据，涵盖文化产业、新闻传播、电影娱乐、文学艺术、群众文化等18个重点研究领域。为文化传媒研究提供相关数据、研究报告和综合分析服务。

世界经济与国际关系数据库（下设6个子库）

立足"皮书系列"世界经济、国际关系相关学术资源，整合世界经济、国际政治、世界文化与科技、全球性问题、国际组织与国际法、区域研究6大领域研究成果，为世界经济与国际关系研究提供全方位数据分析，为决策和形势研判提供参考。

法律声明

"皮书系列"(含蓝皮书、绿皮书、黄皮书)之品牌由社会科学文献出版社最早使用并持续至今,现已被中国图书市场所熟知。"皮书系列"的相关商标已在中华人民共和国国家工商行政管理总局商标局注册,如LOGO（ ）、皮书、Pishu、经济蓝皮书、社会蓝皮书等。"皮书系列"图书的注册商标专用权及封面设计、版式设计的著作权均为社会科学文献出版社所有。未经社会科学文献出版社书面授权许可,任何使用与"皮书系列"图书注册商标、封面设计、版式设计相同或者近似的文字、图形或其组合的行为均系侵权行为。

经作者授权,本书的专有出版权及信息网络传播权等为社会科学文献出版社享有。未经社会科学文献出版社书面授权许可,任何就本书内容的复制、发行或以数字形式进行网络传播的行为均系侵权行为。

社会科学文献出版社将通过法律途径追究上述侵权行为的法律责任,维护自身合法权益。

欢迎社会各界人士对侵犯社会科学文献出版社上述权利的侵权行为进行举报。电话:010-59367121,电子邮箱:fawubu@ssap.cn。

社会科学文献出版社